BREAK

to be new and different

打開一本書
打破思考的框架，
打破想像的極限

高寶書版

老子說放下得失，人生更從容

不計較、不強求、不執著，大家反而來成就你的正向生活指引

羅大倫　著

為無為，事無事，味無味

……心中不再糾結
原本看不開的，現在都能看開了

—目錄—

—目錄—

—目錄—

一目錄一

—第六十一章—

好好「下流」，好好「守雌」

01 學會「下流」、「守雌」，你就立於不敗之地

大邦者，下流也，天下之牝。天下之交也，牝恆以靜勝牡。為其靜也，故宜為下。大邦以下小邦，則取小邦；小邦以下大邦，則取於大邦

像水的下游一樣，把位置放低，大家就會向你匯集

「大邦者，下流也，天下之牝。天下之交也，牝恆以靜勝牡。為其靜也，故宜為下。大邦以下小邦，則取小邦；小邦以下大邦，則取於大邦。」這句話是什麼意思？

「大邦者，下流也」的「邦」字，在後世的版本寫的是「國」，漢以後的版本皆為避諱劉邦的字。「邦」字是什麼意思？「邦」、「國」都可以理解為國家。

「下流」不是說做事流氓下流，這裡的「下流」是水的下游，指水往下流的意思。老子在本章中談的是外交，他的意思是領導者應該像水的下游一樣，把自己的位置放低，讓大家向你匯集。

雌性越安靜，雄性越會追著牠跑

「天下之牝」的「牝」指雌性動物。在《道德經》裡，老子特別強調女性的美德，很多學者都認為老子是一個崇拜女性美德的人，甚至有人說老子是女權主義者。未必如此，但是，老子確實經常用雌性動物或女性來比喻道。

老子在這裡打了兩個比方，一個是水的下游，另外一個是雌性。也就是說，在各國的位置裡，大國應該堅守雌性的特點，保持雌性的品性。

老子在本章中用雌雄動物的交合來比喻國家之間的邦交，很多人無法理解。其實老子那個年代的人都非常樸素，男女、雌雄的交配都當作正常的人間事來講。我覺得老子的態度是對的，後代人有點把這些東西太當回事了。

老子的意思是在雌雄交合的時候你會發現，雌性很安靜，可是牠越安靜，雄性越會追著牠跑，越會躁動不安。

養過狗的朋友可能會發現，當母狗發情時，公狗就受不了了，回到家以後，就算你餵牠平時最愛吃的狗糧，牠都不怎麼吃了，會在屋裡徘徊。為什麼？因為牠感受到母狗的味道，體內的激素發生了改變。尤其有的公狗能聽懂母狗的名字，聽到母狗的名字後會立刻跳起來，往門上抓。好多剛養狗的朋友一看見這種場面都嚇壞了，要是把門一打開，公狗就會朝著母狗住的方向瘋跑。

有的母狗是第一次發情，什麼都不懂，還趴草坪上啃草呢，旁邊的那些公狗就互相咬起來了，都在爭取接近這隻小母狗的機會，不斷地圍著牠轉。很多人看到這種情況笑一笑就結束了，但老子擅長觀察生活，他看到這種情況，就把這個跟大國的邦交結合起來了。

「為其靜也，故宜為下。」這句話是什麼意思？老子認為雌雄動物交合時，雌性保持安靜，處於下面的位置，引申為保持謙下的態度。

在老子那個時代，不避諱講這些的，這是自然界的一種正常現象。但老子講這個不是為了探討動物是如何繁殖的，而是拿這個做比喻，講大國和小國的邦交關係。

越是強大，越要對弱者低下謙和

老子接著講「大邦以下小邦」，如果大國在對待小國時能採取低下謙和的態度，「則取小邦」，小邦就會來歸附你。

有的人認為，大國把自己當作雌性，保持低下的狀態，多丟人啊！其實，這就是不同時代之人理解事物本質的不同。

在老子的時代，普遍認為陰陽調和、雌雄交合應該是平等的。就好像夫妻生活，你說女性吃虧了嗎？不是的，這只是後世一些人的思想。

老子認為女性非常重要，他在《道德經》裡無數次讚美女性，如果沒有女性、雌性，生物要如何繁衍？

老子並沒有說過保持一種雌性的狀態，把自己放得低下就吃虧了，而是認為這種行為非常了不起。

「小邦以下大邦，則取於大邦」的意思是，如果大國能把自己的位置放低，就得以讓小國歸附。

在老子生活的時代，諸侯爭霸，人人都覺得自己很厲害，尤其是大的諸侯，整天去攻打別人。老子對這種情況深惡痛絕，他認為這是一種霸權思想，長此以往國家就會倒楣。老子認為，越大的國家越應該謙和，將位置放低，這樣才能有更多的小國來歸附。只有以德服人，才能真正讓大家團結在一起，向你靠攏。如果你一味地憑藉霸權做事，也許能稱霸一時，但是最終會分崩離析。

老子的思想在一定程度上是對的。現在有的國家想稱霸世界，不斷對國際的事情進行干預，覺得自己的價值觀是最好的。其實，每個地方都有自己的民族文化和特點，如果直接進行干預，只會越來越亂。

很多東西都要因地制宜，在這裡好的東西，換一個地方就不一定適宜了。

雖然老子在本章把大國比喻成雌性，把小國比喻成雄性，很多人看了覺得轉不過來，但如果你能從老子的角度來看，會發現確實如此。也就是說，雄性無論怎麼樣，最終還是要來找雌性的。

老子的態度是以一種平和、公平的視角來看待自然界的各種事物。用這種比喻來看待兩國邦交，是有一定合理性的。

那麼，用這句話來比喻人和人之間的交往，它能提示我們什麼道理呢？

如果你處在領導者的位置，只有放低自己，大家才能向你團聚，才能來成就你。如果你把自己搞得高高在上，整天盛氣凌人，就不會有人向你靠攏了，那你的事情要怎麼做呢？

老子在本章講的內容，是《道德經》裡一個特殊的篇章，講的是國與國之間應該怎麼相處。在今天看來，這些話是有一定合理性的。

02 你的錢並不是都被老闆剝削了

故或下以取，或下而取。故大邦者，不過欲兼畜人；小邦者，不過欲入事人。夫皆得其欲，大者宜為下

如果你把自己的位置放低，就能得到自己想要的

「故或下以取，或下而取」是什麼意思？大國把位置放低了，就能得到小國的支持，從而會有萬國來朝的景象。小國把位置放低以後，就能跟大國相處得更融洽，這就叫「或下而取」，因為小國需要依附大國。在這裡，「以取」和「而取」是不一樣的。

「故大邦者，不過欲兼畜人」的意思是，大國不過是想讓大家來歸附，從而養活更多的人而已。老子的這種說法很有意思，一般人會認為大國兼併小國，是為了搜羅更多財富，但老子認為，大國不過是想養活更多老百姓而已，他的思想很正。

「小邦者，不過欲入事人」的意思是，小國不過是想依附大國，為大家服務而已。「事」是服務的意思。在古時候，「事」和「吏」是一個字，可以通用，講的都是處理政

務。大的政務叫「政」，小的政務叫「事」，但都指處理國家的事，後來就變成了「事」。

「夫皆得其欲」的意思是，如果大國和小國都能把位置放低，就能夠達到目的，還有什麼好愁的呢？

「大者宜為下」的意思是，大國首先要把位置放低，這個是關鍵。

老子在本章講的是大國和小國之間應該如何相處。在他那個年代，大國兼併小國的情況很常見，但老子對此深惡痛絕。首先，老子用雌雄動物的關係比喻大國和小國的關係，這麼比喻好像有點尷尬，但實際上老子選得特別得當，為什麼？生命是有陰陽、雌雄、男女之分的，就連花草都有雌雄，動物更是如此，基本上很少有動物是單性繁殖的，特別是高等動物都是有陰有陽才能生——老子在這裡探討的是「生」，是這個世界怎麼才能好好地運行下去。

老闆的使命就是養活眾生

在這裡，老子探討的好像是大國和小國，其實他說的是各方面的關係，比如人與人相處。我見過這樣的人，只要他當上領導者，說話的語氣馬上就變了，人也變得一臉嚴肅，開始拉幫結派，比如想方設法讓原來的主任走，讓他自己的親戚來做主任，搞出一套自己的小團體制度……

這是為什麼？這是他在為自己做事，通常這樣的領導者都比較喜歡親近他的人。但在一個公司裡，大多數人都是普通員工，大家一看你是唯親才重用，最後的結果就是離心離德。這樣的團體很快就會變得效率低下，人心渙散，結局會非常慘。這樣的領導者根本沒想過要怎麼跟大家一起共榮，或怎樣才能讓大家一起生活得更好，所以他和群眾的關係變成了爭奪關係。作為領導者，應該把團體氣氛搞好，帶領大家朝著同一個方向走，這樣員工的生活才能幸福，領導者的生活也會幸福。如果你做事只是為了自己的利益與榮譽等，整體氛圍不好，你的結局會很慘。

如果一個公司的領導者能把自己放低，和員工達成一致，一起朝同一個方向努力，整個團體的氣氛就會提升。大家一起努力，生活怎麼可能不幸福呢？

老子在本章沒有說大國為了征服更多人就去撈取。老子認為大國兼併小國，「不過欲兼畜人」，不過是想養活更多老百姓。這句話講得非常好，小國也在借用大國的平臺去養活人，才依附於大國。

現在很多私營企業的老闆都存在一種疑問，他們不清楚自己為什麼創業。很多人創業是因為家裡窮，開了公司以後，越做越好，越來越有錢，可是做到一定程度，他就會開始疑惑自己到底在做什麼？每天凌晨回家，累成這樣，為了貸款還要絞盡腦汁——我憑什麼要受這麼多苦？孩子會問：「爸爸，你為什麼不陪我？」老婆也會問：「你為什麼天天晚上不回家？」就連父母家都只能一年回去一次，這些企業老闆都在不斷地問自己究竟做這些是為什麼。

對於一些老闆來講，一年賺兩億[1]和二十億沒有多大的區別，他的生活品質沒有太大的改變。甚至有可能賺二十億的人，生活品質更差，感覺更累。所以，我一直認為企業的領導者是做慈善的人。

有人問這跟慈善有什麼關係？當然有關，比如我們捐錢給山區或捐物資給災區，這些都是慈善，但這只是慈善的一部分。**一個老闆，能把公司越開越大，讓更多的人在這裡工作，拿到薪水來養家活口，這就是最大的慈善。在養活眾生的同時，還在為社會提供產品和服務，這何嘗不是一種慈善呢？**

我總是講，一個人能當老闆，是上天看中了你的聰明才智，讓你付出更多心血去養活眾生。很多老闆都非常辛苦，消耗了很多精力，我覺得養活眾生是件功德無量的事。

這就是老子講的「大邦者，不過欲兼畜人」，**如果你把自己放到這個位置上，你就會**

1 若無特別標示，本書所指的皆為人民幣，人民幣兌新臺幣約為一比四點三。

把位置放低，從而跟員工達成一致。如果一個領導者能把養活眾生當成自己的使命，人與人之間就能夠少很多矛盾，而且能並肩作戰。

這種朝著同一個方向「走」的態度，才是企業文化的基礎。

無論領導者還是員工，都是在爲了養活更多人而努力

現在很多私營企業的員工都認為自己是在替老闆打工，給我錢我就做事，不給錢我就走人，我賺的錢都被老闆剝削走了……

如果你這麼認為，就會上下爭奪利益，離心離德，更談不上凝聚力了。

實際上，員工是在借用老闆搭建的平臺，為社會提供產品和服務。你要透過自己的努力，讓這個公司越做越大，從而養活更多眾生。如果大家都為了這個目標努力，公司會越做越大，你也可以更好地養家活口。我覺得這是作為員工的慈善。坦誠地講，我在商學院講了五年EMBA的課程，有很多學員都會私下和我溝通自己的心路歷程。有一些人說自己明白了道理以後，公司的變化很大。我聽了之後很開心。

我接觸了這麼多企業家，從沒見過一個人買十棟別墅，一天晚上換一棟住的。有的企

業家一年賺幾十億，結果這些錢不是存銀行，就是投入再生產。

我們追求的很多東西，最後都帶不走，而且這些企業家現在擁有的物質也享受不盡。無論他們多有錢，睡覺的時候也只能睡一張床，出去的時候也只能開一輛車，而且我沒有見過哪個企業家會開上千萬的車出去（企業家的孩子可能會），通常都是開很普通的車。因為這些企業家要養活幾萬人，為了讓幾萬人能吃飯，他們每天要付出無數心血，甚至有的人都得凌晨三點回家，而他自己享受到的，其實並沒有我們想像的那麼多。

作為員工一定要換一個角度想，並不是你的錢都被老闆剝削了，而是大家都在為了企業平臺的擴大而付出努力。實際最終的目標全是養活眾生。老子講得很好，「故大邦者，不過欲兼畜人；小邦者，不過欲入事人」，這兩句話裡都帶了「人」字，是說無論領導者還是員工，都在為了養活更多人而努力。

因此，老子最後說「大者宜為下」，因為你是領導者，你就要把位置放低點，不要為自己爭取太多。每個人都是在幫助平臺擴大，從而養活更多員工，這是所有人的慈善，老子說這叫「夫皆得其欲」，大家就都能得到自己想要的。

如果你把這種想法放到工作中，你的思想就理順了，否則上下爭鬥，公司怎麼會有前途呢？爭鬥的結果是大家都不幸福，那最初為什麼要創辦公司呢？

老子在本章講的道理，在生活中處處可用，放在任何地方都具有啟發和指導作用。

—第六十二章—

道，才是活在人間的保障

01 心有各種不忿，讀《道德經》都可以釋然

道者萬物之奧，善人之寶也，不善人之所保也

「道」是萬物中最珍貴的

「道者萬物之奧」的意思是，道是萬物中最尊貴的。「奧」字在過去指人居住屋子的西南角，西南角在過去專門用於祭神，於是很多人認為房間的西南角是最尊貴的位置。所以，「奧」也當尊貴講。

這句話在帛書甲乙本裡寫的是「道者萬物之注也」，我推測很可能這個「注」字寫的是「主」，但後人不知道為什麼加了三點水。

老子在《道德經》裡講過，雖然道生養萬物，但從不以主人自居。老子也講過道「淵呵，似萬物之宗」，道像萬物的祖宗、源頭一樣。因此，我覺得老子在這裡講的是，道是萬物的主人。雖然道從不說自己是主人，但是我們應該知道，它是萬物的源頭。

雖然這句話有不同寫法，但並不影響我們理解，其涵義都是道是萬物中最尊貴的。

「善人之寶也，不善人之所保也。」老子說，道是善良人的寶貝，不善人的保障。

「善人」指有道的領導者。悟道的領導者管理大家，可以讓社會變得和諧，讓每個人各盡其用，所以人們會越來越善良。而不善良的人，會被善良的人用各種方法啟發、教化，最終影響他逐漸變成一個好人，在社會上好好地生活。

因為有道之人的存在，那些無道之人才有希望，以後慢慢變好。道是整個社會的保障，如果所有人都無道，不善良的人會越來越多，這樣下去社會就沒指望了。所以，老子才說道是善良人的寶貝，也是不善良的人保護自己的工具，有了道的存在，大家才能有保障地活下去。

實際上，老子講的是善良的人明白道以後，生活會越來越幸福；不善良的人明白道以後，也會慢慢改變。也就是說，人們接觸了道以後會逐漸改變。

明白道以後，你的生活會越來越好

我曾經和大家分享過，我小時候家裡的書很多，平時我在家就是看書。很遺憾，那時候我沒有看過《道德經》、《論語》、《大學》、《中庸》這類書，我常看的是《戰國策》

這類教人怎麼打仗的書。

我上學時成績還可以，我們中學老師有一個方針，就是分配座位的時候，一個好學生必須配一個壞學生。這種分配會導致兩種可能：一種是學習好的學生，把壞學生帶動得願意學習了；還有一種可能，是壞學生把好學生影響得不愛學習了。我就屬於後者。

因為我的成績還可以，老師就不斷地把淘氣的學生安排到我隔壁座位，讓我去帶動他們。我本來就沒有受過什麼道德教育，結果被這些同學一影響，就開始變得逐漸有社會習氣了，這種社會習氣影響了我幾十年。

記得我三十多歲時，有一次在家裡自己唱卡拉OK，唱得很高興，但唱歌的時間是在半夜。樓下的鄰居可能被我吵得睡不著覺，就直接把我們家的電閘給拉了。當時一下就沒電了，我找了半天也不知道哪裡出問題了，最後我想起來是不是電閘出問題了。我出去一看，發現電閘被人拉了，我很惱火，把閘拉起來以後回家接著唱，唱著唱著電閘又被拉了。當時我都要氣死了，就從廚房拿了把菜刀，往衣服口袋裡一放，下樓之後就開始罵：「誰做的！」然後把閘又拉上去了。

這時，正好撞見樓下鄰居開門，他看到我就笑，我就問他：「誰把我的閘給拉了？」他說：「不知道誰做的。」因為他年紀比我大一些，一直裝糊塗，我也沒辦法說什麼，畢竟我也沒有當場看到他拉閘，發火也沒地方發。我就只好很氣憤地上樓了，唱歌的興致也沒了……

現在我想起這件事覺得很慚愧。坦誠地講，如今我絕對不會這麼處理問題了，因為結果並不好，基本上兩家人結下梁子了。

那時候的我，其實品性不太好，情緒也不怎麼穩定，有著很多人都有的缺點。如果我能再見到當年的鄰居，會認真地表達我的歉意。

我之所以把過去的劣跡講出來，並不是為了博大家一笑，而是為了告訴大家，我並不會隱藏自己，一直和大家說我是一個君子，我的人生是經過大改變的，而導致我改變的轉捩點就是學國學。

在一個人的人生裡，道德教育能夠發揮至關重要的作用。如果從來沒有人跟你講過該怎麼做人、教育的原理是什麼，你由著自己的性子做事，那麼在不同環境裡就會感受到不同的反應。

比如東北人脾氣火爆，現在我住在海南也發現東北人吵架吵起來不得了，一聽口音就聽得出來是我們東北老鄉。我是多麼希望他們能懂這些道理，他們跟我以前是一樣的狀態——很多以前的朋友看見我，都說我現在和之前判若兩人。

其實，人在學了國學以後，確實會有很大的改變。也有很多朋友都在分享自己的改變，比如心怎麼變寬了、如何不糾結了、家裡的環境開始變化了、老公開始對自己好了、公司的同事慢慢也在改變……確實如此，**只要你改變了，你周圍的環境就會慢慢開始改變。**

我覺得這就是道的力量，這就是老子講的「善人之寶也，不善人之所保也」。

很多人對「不善人之所保也」不太理解，為什麼道還要保護不善的人呢？你說，道能讓他轉變成好人，這不是一種保護嗎？現在我經常有這種感覺，如果當年我沒有到北京中醫藥大學讀博士，沒有接觸國學，我的人生會是怎樣？就像鄧麗君唱的：「如果沒有遇見你，我將會是在哪裡？」她說的是她遇到愛人，我說的是遇到道。如果沒有遇到道，我會在哪裡呢？我可能還是一個莽撞的人、愚鈍的人、一事無成的人。

學國學帶給我的人生改變是巨大的，是脫胎換骨的。我相信這種力量就是老子講的「不善人之所保也」。

每個人可能都介於善人和不善人之間。我們不一定多麼好，但也不一定多麼壞。可是如果我們學了道，把道當作寶貝，道就會讓你慢慢改變，你說這是不是好事呢？

每當我看到有人在學習《道德經》之後留言分享自己的變化，都會非常感動。大家的改變，讓我覺得講《道德經》是值得的。同時，其他人看到大家的改變，也會有想要繼續學習《道德經》的動力。

因此，我一直在說，我講的《道德經》並不是理論，也不是為了和誰辯論哪個高、哪個低、哪個版本好……我講的《道德經》是一味藥，是用來調整大家的生活，幫大家解開不良情緒的藥，如果達到了這個效果，就是我們學習《道德經》最大的收穫。

02 如何讓好處來找你

美言可以市尊，行可以賀人。人之不善也，何棄之有

想獲得大家尊重，自有方便法門

「美言可以市尊，行可以賀人。人之不善也，何棄之有。」我們先來看「美言可以市尊」，這句話在通行本寫的是「美言可以市，尊行可以加人」，通行本為什麼這樣標句讀呢？通行本的「美言可以市」其實讀起來不通，「市」少了一個東西，如果加一個「尊」字，這句話才是完整的。比如《淮南子》裡寫的是「美言可以市尊」，我認為這樣標句讀才是對的。

那麼這句話到底是什麼意思呢？「美」是美好的意思，「言」是說的意思，「市」是交換、集市的意思。「市尊」的意思是可以換取大家的尊重。

也就是說，如果能夠經常稱讚道的功用，則可以博得大家的尊重。有的人很不理解，道不是告訴我們要忘記回報嗎？怎麼現在又來博取大家的尊重呢，這不是違反了道的原則

嗎？所有的理論、道理都要靠傳播，如果不傳播，人們就未必知道它。善良是要傳播的，而且傳播善良的好處，無論對他人還是對自己，都特別大。雖然道的原則是告訴我們做好事不計回報，但如果你直接跟大家講不計回報，很多人接受不了。所以先告訴你這是有好處的，你做著做著，慢慢明白道了，可能就不在乎好處了，但好處還是存在的，只不過你不在意它而已，這是佛家講的「方便法門」。

佛教也告訴大家，要多做好事，利益眾生，不計回報，布施不著相。可是你會發現一種奇怪的現象，在很多佛經裡，都用很大篇幅來講傳播佛經到底有什麼好處，這就叫「方便法門」。每個人都有劣根性，也有很多習氣。大家都願意獲得，如果你一點好處不給他，他會覺得做這個一點用也沒有，要他做一件事不計回報，那活著有什麼意思？大部分人是不會接受的。所以你先給他一點好處，等他慢慢理解其中的道理，就會願意越走越高，這種「方便法門」其實是一個橋梁。

比如，在《金剛經》和《地藏菩薩本願經》裡，有很大的篇幅講的都是傳播此經的好處。先聖們早就想到了人的本性或多或少帶有一些功利，所以他們就先給你一些好處，當你體會到這種好處以後，就會發自內心地更願意傳播，你傳播得越多，就會越接近道，越容易提升。很多好的思想體系在傳播中都用到了這種方法。老子在本章專門告訴大家，如果你能夠傳播、讚美道的功用，你就可以贏得大家的尊重。

我在分享《道德經》的過程中，有很多人都留言誇我，其實我內心知道要看淡這些，大家對我的誇讚是一種考驗，是對我是否真的明白了道的一種考驗，這是一個衡量標準。但當這種氣氛形成，大家不斷地說道真好，不斷地分享自己的改變，這種好的氣氛又有助於我們更加接近道。如果大家的留言都是辯論，說的都是「你說得不對」、「不是這麼回事」……那麼學習的興趣就會大大降低。

因此，這是一種「方便法門」，老子不斷和大家分享道的好處，就可以逐漸得到大家的尊重。

做事上道，人生才會增值、增益

「行可以賀人」這句話在通行本裡寫的是「行可以加人」。很多人認為「加」是超過的意思，你去行道就可以超過其他人。我覺得帛書甲乙本的「行可以賀人」是對的。

「賀」字當拿著禮物、拿著物品去慶祝講，後來「賀」引申為增益、增加的意思。「行可以賀人」的意思就是你按照道的方法去力行，你的人生可以增益，會變得越來越好。這句話是老子在補充前面的「美言可以市尊」，你誇讚道的功用，就可以贏得大家的尊重。

需要注意的是，老子在這裡特別強調，你光在嘴上誇耀道的功用是不行的，要去身體力行，所以老子馬上在後面加了一句「行可以賀人」，是說你要馬上去做。只有你做了以後，人生才會獲得增值和增益，從而更加豐盛。

「人之不善也，何棄之有。」那些不那麼善良的人，你就要放棄他嗎？不是的，如果他能夠接近道，按照道做事，他的人生就會一點點改變，這就是老子說的「賀人」，這樣的人最終也會變成一個「善人」。

老子講，道的功用是無窮無盡的，甚至可以改變人。一個不善良的人，我們未必要放棄他，因為每個人都有善和不善兩面，我們不斷用道啟發他善的一面，讓他把惡的一面忘記，這個人慢慢也可以做到不斷增益自己的人生，變成一個好人。老子的這段話是接著前面的「善人之寶也，不善人之所保也」，告訴我們怎麼做才能讓「不善人」改變。

老子講的這段話，每個人看後都應該生起感恩之心。就像我以前的性格不好，做的很多事也非常不得體，之所以能改變，都是因為不斷學習，接觸古人講的道理，慢慢我的人生才開始變得有價值。

老子講的「美言可以市尊」是說博得了大家的尊敬。我覺得這個不是自我誇耀，而是應該如此。比如，父母和孩子講《道德經》的道理，孩子懂得了這個道理，就會尊敬父母，他會想：「我的父母怎麼這麼有學問，講得真好！」如果你在傳播道的原則、善良的理論體系時，得到的是大家一致的諷刺和嘲笑，這個社會就完蛋了。

因此，當你傳播道的原則而受到大家的尊敬是正常的，這也符合道的原則——你發出美好的心念，大家也回饋給你美好的心念。

更關鍵的是你要做到「行可以賀人」。我以前不懂道的原則，做的事都是背離道的，導致人生一事無成。我經常說，我不敢想像如果我沒有到北京中醫藥大學讀博士，人生會是什麼樣子。

很多個夜晚我躺在床上，覺得往事不堪回首。其實，每天寫東西是不容易的，不管多累，都得坐在那寫點醫學知識，或講點醫學知識給別人聽，有時候真的是逼著自己去做。但是如果你做了，人生就會改變，因為你替大家帶來幫助了，贈人玫瑰，手有餘香，大家也會給你回饋。這樣就形成了一種良性循環，你的人生就美好了，這就是老子說的「行可以賀人」。

事實上，透過踐行道、按照道的原則做事，你會發現人生真的會發生改變，就連那些不善之人，也會慢慢改變。

老子講：「人之不善也，何棄之有。」難道一個不善的人，以後的人生就廢了嗎？三十七歲之前的我，絕對是一個廢才，但是我這個人從此以後就廢了嗎？不是的。學了國學的人，心中的善良會被激發出來，人生會由此改變。現在客觀地評價，我對社會的貢獻沒有多大，還需要繼續一點點為大家做事。但如果和以前的自己相比，我覺得自己的人生變化是天翻地覆的。

為什麼我現在有這麼大的動力向大家分享國學知識？為什麼我一直在堅持做這件事？我特別感恩國學思想對我人生的影響，像《道德經》這樣的經典，對我的啟發簡直太大了，所以我特別希望我的變化能夠啟發大家，幸福是應該和大家分享的。我都能和從前判若兩人，如果每一個人都能按照道的原則做事，人生都會發生改變，這也是我向大家分享《道德經》的意義所在。

學問這些東西有沒有無所謂，「道德經」這個詞到底是什麼意思，你是否知道也無所謂，但如果你能明白這其中的道理，能一點點去做，才是你學習的最大收穫，也是我最欣慰的地方。只要我們做的事符合道，就一定會有它的意義。

希望大家理解了道之後，能夠一點點地向道靠攏，從而每一個人的人生都發生改變，都能對社會有所貢獻，這是我們學習《道德經》的意義所在。

03 得道之人，人生會有什麼改變

故立天子，置三卿，雖有拱之璧以先駟馬，不若坐而進此。古之所以貴此者何也？不謂求以得，有罪以免與！故為天下貴

按照道的原則做事，你才能實現自己所求

「故立天子，置三卿，雖有拱之璧以先駟馬，不若坐而進此。古之所以貴此者何也？不謂求以得，有罪以免與！故為天下貴。」老子的這句話還是接著前面講的，說的是學了道以後，人生會有什麼改變。

老子說「故立天子，置三卿」，「三卿」在周代指最重要的三個官員——司徒、司馬和司空。這是輔理國政最重要的三種職位。在通行本裡這句話寫的是「置三公」，「三公」也是可以的，這兩種說法的意思一樣。

老子說「立天子」，這裡就有了一個問題，「立天子」和「置三卿」這個動作的發出者是誰？古代人不認為天子是老百姓推舉的，他們覺得天子是上天立的，是道在世間安排

的一個組織結構，這麼做的目的，就是教化百姓、管理百姓，所以老子在這裡講的是上天為了教化大家，安排了領導者的職務。

老子接著講「雖有拱之璧」，什麼是「拱之璧」？「璧」是大的玉石，「拱之璧」的意思是拇指和食指張開捧著玉石。在當年「拱之璧」是上朝時候用的，後世有一個詞叫視若拱璧，意思就是特別珍視它，看作最珍貴的玉石一樣。通常，「拱之璧」不是一般人能擁有的，一般人的家裡基本上不會有這麼大的玉石，古時候只有在朝廷才有這麼大的玉石。

「駟馬」指馬車有四匹馬在拉著。在古代，如果哪個人坐的馬車是用四匹馬拉的，說明這個人的地位很高，非常尊貴。

「雖有拱之璧以先駟馬」的意思是，雖然有豪華的馬車進奉華美的寶玉——就是說當領導者的人，總會遇到這種大家送禮給你的事，或者你當了領導者以後，會有很多珍貴的東西都供你使用，但是你能不能追求這個？不能。

「不若坐而進此」往往被人解釋為，你進貢那些珍貴的物品，不如向皇帝進貢道。我覺得這麼解釋是不合適的。因為你處於領導者的位置，所以會有各種美好、珍貴的寶貝供你使用，比如大的玉石、四匹馬拉的馬車，這都表示一個人的地位很高，也代表你享受的待遇很好，但是這些都不如你坐下來進入道裡，按照道的原則做事。

這句話在帛書乙本寫的是「不若坐而進此」，在通行本寫的是「不如坐進此道」，通行本加了一個「道」字，這兩種寫法的意思都是你不如坐在這裡，進到道裡去，按照道的原則做事，那些所謂的「拱之璧」和「駟馬」，其實都沒有那麼重要。「古之所以貴此者何也？」古代人為什麼這麼尊重道呢？老子說「不謂求以得，有罪以免與」，不就是因為你想得到自己所求，有罪的人可以免罪嗎！「故為天下貴」，所以道是天下最尊貴的，和那些「拱之璧」、「駟馬」來比，道要尊貴不知道多少倍。古代人為什麼說道是最尊貴的呢？老子不是說做善事要忘記回報嗎？為什麼老子在這講「不謂求以得」？你想求什麼就可以得到什麼，就算有罪都可以赦免，這是為什麼呢？

其實老子講的沒有錯。比如，領導者的「求」基本分為兩種，第一種追求是「拱之璧」和「駟馬」，也就是追求越來越好的條件，這是為自己；另外一種追求是怎麼做能讓老百姓過得越來越好，讓社會越來越和諧、越來越富裕。老子認為，如果你的「求」是為了大家的幸福，你「不若坐而進此」，按照道做事，你就會得到這個結果，這就是「求以得」。如果你是為了自己而求，想讓自己的條件越來越好，你說會得到所求嗎？老子沒有明確說到底能不能得到，他只是告訴我們「不若坐而進此」，你不如進到道裡，按照道的原則做事，不要為了自己去追求什麼，只要你能這麼做，大家就會來成就你，只要大家越來越幸福，你也就越來越幸福。

這就是老子講的「不謂求以得」，**不是說你求就能得到，因為有道在，你才能實現自**

己所求，這是老子講的道理。

不善之人會得道嗎？

「有罪以免與」的意思是，以前你可能做得不好，或者犯過一些錯誤，但是如果你明白道以後，能按照道的原則去做事，你的人生就會發生轉變。你替大家帶來的益處，會慢慢消除掉你之前做過的那些壞事帶來的影響。你按照道的原則做得越多，以前那些小的錯誤就會消失得越來越快。

人生是會轉變的，即使你曾經犯了錯誤，也會轉變，這就是老子說的「人之不善也，何棄之有」。有的人犯錯的時候可能是因為不懂得一些道理，但是我們不要拋棄他，你可以教化他。當他明白道以後，按照道去做事，最後很可能會做出很大的貢獻，這個時候就是老子說的「有罪以免與」。

如果領導者之前不懂得道，有可能在經營的過程中就會一直為了自己的利益撈取；當他明白了道以後，開始為大家做事，整個公司的狀態就會發生改變，人心會開始凝聚，從而功德越來越大，養活的人越來越多——這就說明這個人過去犯的錯誤已經消失了，每個人都會犯一些階段性的小錯誤，這叫「有罪以免與」，也是道的功用。所以，老子說「故為天下貴」，道是天下最珍貴的人生法則。

很多人都問過我一個問題：如果我工作的公司裡，領導者不講道，員工之間勾心鬥角，我還要按照道的原則去對別人好嗎？

其實，這個疑問很多人都有，我們會覺得自己沒有辦法改變公司文化，公司裡的人完全背離了道的原則，不知道自己要怎麼辦。

我認為，如果你在這種環境裡，還能不在意大家怎麼做，繼續發出善念，說明你已經達到了道的最高境界——領導者的境界。但如果你覺得所處的公司文化實在是太糟糕了，人們之間勾心鬥角，你在這裡工作簡直痛不欲生、度日如年，那離開這裡也是一種道的體現。

我們學習道，要靈活地運用，我相信隨著學習的深入，大家的體悟會越來越深，心中的謎團也會逐漸解開。

一第六十三章一

不輕慢每一件小事，才能成大事

01 事來則應，事畢則忘

為無為，事無事，味無味

帶著很強的企圖心做事，結果很難如意

「為無為，事無事，味無味。」這句話讀起來雖像繞口令一樣，但這裡面的道理很深。「為無為」的第一個「為」是動詞，「無為」表示的是一種狀態，「為無為」就是以無為的狀態去做事。所以，第一個「為」是做，以什麼狀態去做？用「無為」的狀態去做。「事無事」的意思是做事以「無事」的狀態去做。「味無味」指用沒有味道的狀態去品味味道。

歷朝歷代，很多人對「為無為」的解釋五花八門，最普遍的解釋就是你要「無為」地去做事，什麼事都不做，才是真正地做事。我覺得這種解法是不對的，因為老子在後面講了很多做事的方法。老子說「為大乎其細也」，一個人無論做多大的事都要從小處著眼。

老子整章講的都是怎麼做，並不是說你什麼都不做就是「無為」了，如果老子真的是

這個意思，你上班了什麼都不用做，老闆不辭退你才怪。

因此，「為無為」是要以「無為」的心態去做事。我們千萬不要小看這種狀態，這是一種很高的境界。有這種狀態的人在做事的時候，不會有特別強烈的企圖心，因為他不是為了獲得什麼才做事，他就是放輕鬆，輕裝前進。用這種狀態做事，反而會做得更好。

比如，我在宣傳中醫的時候，發現大多數人的病都源於情緒不好。所以，現在我宣傳中醫養生的時候，講藥方的內容會少一些，養心的內容會多一些。但大家都不怎麼願意聽養心的內容，更希望我直接給治感冒或治胃痛的祕方等，都想著吃藥身體就會好了，所以在我的公眾號平臺，每次只要發一個方子，轉發量和點閱量都特別高。

而那些講養心的文章，比如講胃病跟你的情緒不好有關的文章，看的人卻很少。**我認為，絕大多數成人的病，除了外傷之外，一般都跟情緒密切相關**。有的人說：「不對，外感六淫，風、寒、暑、濕、燥、火，這些東西都是外界變化啊，和我們的身體有什麼關係？」

這些的確是外部變化，但一定是內部先出現問題，才容易受外界變化影響。如果從根源上仔細去找，你會發現，將近九成的內科疾病都跟不良情緒有關。因此，養心是十分關鍵的。可是大家不明白這個道理，不願意學習養心的內容。我的公眾號平臺發布的養心內容基本上沒有幾個人聽、沒有幾個人看，在宣傳養心理論的道路上，我一直走得很艱辛。

那時候我一直抱著強烈的企圖心，就想著自己一定要改變這種情況，要讓大家接受。所以，有一段時間我拚命地宣傳養心的內容。結果我越天天寫養心的文章，大家越不關心，甚至還有的人說：「羅老師，你現在都不講正經的東西了，中醫你都不講了。」

那段時間說我不務正業的人有很多，大家都說我講的養心內容沒什麼用，我聽了以後也比較惱火，因為我帶著強烈的企圖心，行為難免就會矯枉過正——別人越這麼說，我就越強調養心的作用。

你看，本來我是在講養心的內容，結果搞到自己的火都上來了。這種心態是不對的，所以效果也不是很好，因為我的企圖心太強烈了。

後來，我自己慢慢想通了，強摘的瓜不甜，我非要人家怎麼樣，人家未必接受，而且還會有反抗心理。**隨緣去做，可能會做得更好**。否則把自己搞得頭髮都白了，急得火冒三丈，還談什麼養心呢？

從那以後，我就放鬆了，踏實地做好基礎工作，然後我開始用語音講《道德經》。

我在做這件事的時候，並沒有說非要改變或影響什麼，雖然我的目標是想讓大家養心，但是我也覺得要先把《道德經》講好再說。所以，我就每天一點一點地講，一句一句地講，我也不著急了，我相信只要是好東西，大家慢慢就會接受的。

當我放平心態，反而學習這類養心內容的人越來越多，大家的改變也都非常大。

當我沒有強求的心，一點一點去做事的時候，大家逐漸發現這個內容有點意思，反而開始一點一點跟著學，不斷地去研究。

如果我的企圖心非常強烈，非得要達到什麼目標——我一定要把這些不聽《道德經》的人給扭轉過來，這種「為有為」的心態，結果反而不好。

「為無為」的意思就是，你沒有那麼多企圖心，就是把事情認真做好，不是為了什麼去做，但這種「為無為」的狀態，會讓大家輕裝前進，讓事情變得更純粹。如果你心中想的是「有為」，用這種狀態再去做事，我覺得未必能做得好。

良好的做事態度是盡力完成，放下結果

「事無事」講的也是同樣的道理，就是以「無事」的心態去做事，這樣做事情的結果反而會更好。

很多人在上班的時候，因為工作的原因都累積了大量的負面情緒，每天晚上回到家想的都是這件事做不好，上面會怎麼說我；那事做不好會怎麼樣？……你的腦子不停地飛快旋轉，如果你長期處於這種狀態，會很累的。

很多人生病都是心理負擔太重所致，你做的事是一分，結果你的思維活動搞出了十分，你說得多累？

真正的高人做事，事來則應，事畢則忘——事來了我就去處理，處理完了就將這些事清空，將做事帶來的名譽、地位等全部忘記，不去在意。不管結果如何，我已經盡力了，無論好壞，我都不管了，擁有這種做事態度的人會活得非常輕鬆。不像有的人，把工作完成了，報告都交上去了，還要忐忑不安，滿腦子想的都是「上面萬一看了覺得不好怎麼辦」，最後導致自己整夜焦慮。

如果你經常這樣是會生病的，良好的做事態度，應該是把工作盡力完成就可以了，至於結果如何，不是由你決定的，要把這些放下。有這種狀態的人會特別輕鬆，這就是老子說的「事無事」。

這些所謂的「有事」基本都是關乎自己的利益才有，而「無事」是把自己的利益放下，只要你能把自己所在意的事全都放下，這種狀態就叫「無事」，如果你能以「無事」的狀態去做事，你的境界就高了，這就是「為無為，事無事」。

沒有太多調味料，你才能品嘗到食物原本的味道

「味無味」這句話是什麼意思？這句話字面的意思好像在說你在嘗味道的時候，以這種「無味」的基點出發，去品味，你就會嘗出更多味道。

實際上，這句話的意思是，你把感官全部打開了，再去感受這個世界，就會感受到更多美好的東西。**如果我們追求特別「濃」的味道，就很可能無法真正體會到「味」的好。**

比如，我們現在在外面吃的食物，裡面放的調味料特別多，經常這麼吃的話，會導致口味被調得越來越重。

實際上，口味越來越重未必是件好事，現在很多人吃飯時經常會茫然，不知道吃什麼，去哪裡吃。有時吃菜會感覺沒味道，因為自己的味覺已經被調到不正常的狀態了。這時候再給你吃水煮白菜，你就吃不下去。所以現在麻辣菜打遍天下，只有這些極端挑戰味蕾的菜，我們吃了才覺得好吃……

我們只有把「味」覺放低，才能品嘗到食物本來的味道。

比如，我曾經到寺廟裡住過幾天，那個時候每餐吃豆腐和白菜，那個香啊——沒有太多調味料，你才能吃出菜的味道。這就叫「味無味」，這是味覺上的。

生活上也是這樣，如果你把感官的刺激提到極致，你的生活就不會有太多幸福。比如

你天天吃鮑魚海參，沒事就坐遊艇出海，在海上晒晒太陽……如果你天天過這樣的日子，時間長了就會覺得世界上沒有什麼好享受了，還有什麼好玩呢？正因為如此，才會有人吸毒，因為他覺得實在沒有什麼能讓他興奮了。

很多人都認為活在這種狀態裡的人最幸福，實際上這種人一直都在茫然四顧，不知道還有什麼能刺激他，你說這樣的人幸福嗎？未必。

反而是那些很普通的人，沒事跟朋友聊聊天、逛逛街，或者一起坐公車去哪裡參觀一下，這樣簡單的日子，想想都覺得很開心。

以前在北京的日子，我現在回想起來真的覺得太幸福了。那時候我看到一個新的商場開業，都會覺得開心得不得了。其實跟我也沒有太大關係，但我就是發自內心地開心。到商場裡吃一頓飯，也會覺得特別香，我覺得那是我人生中最幸福的一段時光。

可能有人會覺得我在說風涼話：「你說得這麼好聽，現在讓你回到那個時光，繼續擠地鐵你要不要？」

是這樣的，老子講這段話的意思不是要我們倒退著去活，而是要我們保持初心。**如果你的人生不斷進步、不斷做事，還能一直保持初心，用最初那種質樸、本真的狀態去為人處世，你的人生就能體味出更多幸福。**

「味無味」中的「無味」，可以解釋成樸素和本真的心態，老子希望你能以這種樸素和本真的心態去體會人生。前面的「味」是動詞，用這種心態去體味人生，一定會煥發出更多精彩。

02 萬事從小事開始，從細節抓起

大小，多少

把小事當作大事去做，把細節當作重要的事去做

「大小，多少。」這句話是什麼意思呢？有的人覺得「大小，多少」就是大的大，小的小，多的多，少的少。其實不是的，「大小，多少」這句話的涵義特別深，這句話是本章的靈魂。

「大小」並不是讓你比較什麼東西大，什麼東西小；「多少」也不是讓你看這個口袋裡錢多，那個口袋裡錢少。這裡的「大小，多少」不是比較的意思。

「大」是以什麼為大的意思，「多」是以什麼為多的意思。「大小」的意思是以小為大，把小的看作大的。這種用法和我們在學古文時常用的意動用法差不多——意動用法就是把其他詞當作謂語來用，比如「鄉（漁）人甚異之」的「異」指驚奇、驚嘆，這個「異」是形容詞，它當作謂語，是對後面的人表示驚奇、驚嘆的意思。

「大小」也一樣，「大」本來是形容詞，現在有點意動用法的意思。就是以小為大，把小大之。「多少」的「多」也是形容詞，以少為多，把少的當作多的。所以，「大小，多少」的意思是以小為大，以少為多。

你入道以後到底應該怎麼做事？老子前面講應該放下自己，不要有什麼「有為」的想法，要以「無為」的心態去「有所為」，以「無事」的心態去做事，然後以「無味」的做法去品味，這是一種態度。

接著老子講，把小事當作大事去做，把細節當作重要的事去做，把少的東西當作多的東西去做。也就是說，你看著那些東西少，你覺得任務很小，但是你要把它當作一件重要的事去認真做，這是做事的具體方法。

所謂成就，都是由小事累積而成

我們仔細體會就能知道，每一個有成就的人，莫不是把小事做好了，再不斷地提升累積，最終才成了高手。

比如舌診，你要一個舌頭一個舌頭地看，天天琢磨，把這個小事當作大事去做，一點一點累積。等你看過幾千個舌頭時，你再出去替別人看病，基本上就能說個八九不離十了。這都是因為你把細節做好了，所以你從整體上獲得了提升。如果你沒做好細節，看每個舌頭都不認真，那麼你是無法提升的。

學習把脈也一樣，有的學生把每一個脈都跟著師傅認真把，然後慢慢體會，結果跟著師傅把了幾千個人下來，把脈的水準就開始顯露出來了，基本上一摸對方的脈，有什麼症狀都能說出來。而有的人，在最開始把脈的時候不求甚解，師傅讓他把脈，他就隨便一摸，這樣下來沒有累積，怎麼可能有提升呢？雖然他一樣跟著師傅把幾千個人的脈，但最後也還是糊里糊塗的。所以，**把細節和小事做好的人，才能夠真正進步**。

當年在北京中醫藥大學讀博士的時候，我的導師是梁蓉教授。梁老師早年曾在日本求學，她有一個特別大的優點，就是重視細節。比如，我們說好了哪天幾點到，就必須幾點到；或者明天開會，會前的細節一定先準備好，如果糊里糊塗地去了什麼都不知道，沒有安排，那是不行的。

她說她在日本時曾觀察過為什麼日本進步那麼快，他們是如何在戰後迅速崛起的——最重要的原因就是日本人注重細節。她告訴我們有一次在咖啡廳看書，坐在靠窗的位置，看書的閒暇她就觀察窗戶外的一個工人，這個工人在修理路邊的欄杆，把欄杆修好以後，他去踢了踢這個欄杆，看它晃不晃，結實不結實，最後確認這個欄杆是真的結實了，他才走。等這個工人走了以後，沒多久又來了一輛車，下來兩個人也開始破壞性地晃這個欄杆，仔細地看它下面有沒有全部固定好，最後他們確認這個欄杆沒有問題了，在一個本子上做了紀錄，才開車走了。

梁老師看到這段情境之後特別感慨，僅僅是修一個路邊的欄杆，都要分成兩道工序。其實，這就是老子說的「大小」，以小為大。用這種態度去做事，整個社會的工業實力怎麼可能不增強呢？每一個細節都做好，這也是以少為多，你做的事好像工作量很少，但是你依舊當作重要的工作來做，這就叫「大小，多少」，以小為大，以少為多。

認真做好細節，是真正修行的態度。

這種態度是老子在《道德經》裡的重要核心思想。老子並不是紙上談兵，只是要你放下自己為大家做事，具體要怎麼做，老子也講得很清楚，凡事都要從小事做起。你別想著自己是個英雄，能拯救世界，你就是把點點滴滴的事都做好，從小事開始累積，認真地為大家去做，你放心，最終你一定會有所成就。

本章，老子通篇講的都是怎麼去做，而且他把怎麼做的方式說得很清楚。因此，你就知道老子講的「無為」不是什麼都不做，而是在告訴大家要做，要從小事抓起，從細節抓起，別好高騖遠，逐漸累積，日後必會有大的成就。

把一件小事做到極致，就是大生意

在公司經營中也是如此。有的人剛開了一家小公司，就表現出自己有很遠大的理想，只要跟別人談事，說的都是「我現在正在引入風險資金，正在募資呢，只要這個錢到位了，我的公司就能做大……」說實話，我現在只要遇到這樣說話的人，都會繞著走……

你公司的產品有沒有做好，你的服務有沒有做好，有沒有做到極致？只要你做到極致了，客戶會向你蜂擁而來，你的公司也會越來越大，那些風險資金也會跟著來的。可是現在你自己還沒有做好，就到處去募資，急於把公司擴大，我覺得這是有風險的。

相反地，有些企業認真地把事做好。比如上海的晨光文具，這家企業的老闆是白手起家，認真做筆，沒有貸款，就是靠自己經營，結果企業一年收入幾十億，全國連鎖店無數。幾乎每一個小學校門口都有一家晨光文具的店。

當年我到他們企業去參觀時，發現他們在研發上下了很大的功夫，經常開會討論各種筆的新款式，不斷做試驗……這就是他們把細節做好了，細節做好以後，企業自然就大了，銷量也越來越高。

把小事當大事做，把少的工作當作多的工作去做。這個筆雖然小，但是每年能賣出幾十億枝，非常不得了。所以，雖然看似生意小，但是他們做到了極致，**一件小事做到了極**

致，就是大生意。最後他們成了全中國文具第一品牌，有他們的筆在，日本的碳素筆逐漸退出了中國市場，你的筆一枝賣十元，我們的只賣幾元，那你要拿什麼和我們競爭呢？

把一枝小小的筆做成了這麼了不起的大事業，就是老子說的「大小，多少」。這才是真正做企業的態度，否則盲目擴大，對於一家企業來說，風險是很大的。

這種思想是我們必須學習的，用這種態度去做事，生活和工作會踏實很多，這就是「大小，多少」，雖然才四個字，卻需要我們在生活中一點點品味，在工作裡一點點體會。

03 在有道的領導者眼裡，所有的員工都是有用的

報怨以德

究竟要「以直報怨」，還是「以德報怨」

我們接著看「報怨以德」。老子在前面說以小為大，要把小事當作大事來做，把少的當作多的；在這裡講，對待那種怨恨，要以恩德來回報它。

這句「報怨以德」引起了後世之人的一些爭論，因為老子認為，對待別人的怨恨，要以恩德去回報，這種境界很高。到了孔子的時期，有人就問孔子，別人怨恨我，我拿恩德來回報，你覺得這樣對嗎？孔子回答說，你對待怨恨用恩德來回報，那麼「何以報德」？如果別人以恩德來對你，那你要拿什麼去對待他？

孔子的話說完，引起了後世的討論，大家不知道老子和孔子到底誰更高明。

首先我們要明白，孔子說的「以直報怨」是什麼意思。「直」是正直、公平的意思，也就是說，別人如果以怨恨來對待你，你要公平客觀地看待這個問題，然後以正直的態度

去回報，就是你該怎麼做就怎麼做。但對待別人給你的恩德，你要回報給他恩德，這叫「以德報德」。

如果你不明白老子和孔子的理論，你可以把它放到辦公室裡，讓大家看看哪個高明。比如在辦公室，有一個人整天向上面打小報告，說你的壞話，甚至在業務上挖坑給你跳。這時候你要怎麼對他呢？老子說「報怨以德」，無論他怎麼對你，你還得對他好，用恩德來回報他的怨恨；而孔子的做法是以正直、公平、客觀來看待問題，然後按照自己認為正直的方式做事。

如果在辦公室裡發生這樣的事，很多人設身處地地想，都會覺得孔子說得對，對小人不能一味姑息、遷就，「以直報怨」的態度才是對的。對就是對，錯就是錯，誰對我好，我才對誰好。

那麼，這兩位歷史上的高人，到底誰比較高明呢？其實，之所以會出現這種爭論，是因為大家沒有搞清楚孔子和老子講話的對象到底是誰。

你想想，老子的《道德經》寫的是管理的內容，是給管理者寫的，老子講的這些東西都是治國的內容。

我們設身處地地想一下，如果你是領導者，你手下的員工性格各異，這些人在相處中會不斷地出現各種問題。如果一個領導者只喜歡那些給他恩德的人或跟隨他的人，而面對那些發出批評或攻擊的人就是整他們，你說這個領導者能做好嗎？

領導者看待公司的員工要一視同仁，每個人都有不同的側面，每個人向你展示的面是不同的，他之所以會讓你看到這一面，有可能是處於這個位置產生了一些想法所致。你不能因為這個人對你怎麼樣，就直接對其進行評斷。

老子認為，在有道的領導者眼裡，所有的員工都是有用的，只不過你是否能找到對方「有用」的一面才是關鍵，這個世界上沒有那種真正意義上值得拋棄的人。

這個時候，你從領導者的位置上考慮，如果這個員工怨恨你，你是應該和員工繼續鬥還是「報怨以德」？這個時候你應該感化他，繼續給對方恩惠，不斷啟發對方的善念，最後讓他成為一個善人。

孔子講話的對象基本上都是一些讀書人，是普通人。對於這種普通人，你要求他們「報怨以德」，要求就有點高了，因為他沒有在領導者的位置上。所以，這個時候以底線為主，這個底線就是「以直報怨」，就是我們以公平、正直來衡量這些事。比如，兩個人發生了爭執，只要我們做事保持公平就行了。

你會發現，因為老子和孔子講話的對象不同，所以對「抱怨」的描述會有差異。後世的很多人都不懂，所以才產生了到底「以直報怨」更好還是「以德報怨」更好的爭執。雖然老子和孔子講的是同一件事，但在社會的治理中，領導者和普通人處在不同的位置上，就應該採取不同的態度。

「報怨以德」有什麼好處呢？

那麼，如果一個普通人能做到「報怨以德」有沒有好處呢？

如果社會上的每個人都能做到「報怨以德」，這個社會會發生改變，你的人生也會發生改變。

我認為，**一個人的人生是否成功，與做人的態度有直接的關係。**

我們經常能看到這樣的情形，這個人什麼條件都好，就是做什麼事都倒楣。其實都不用多問，這樣的人一定是做人有問題。我認為，如果一個人的事業能成功，一定是他做人有獨到之處。

我有一位朋友創了一個微信朋友圈，他在這個圈裡免費為大家服務。後來，因為他也要生活，就開始自主創業，花在做這些服務的精力就少了一點。

本來這些服務都是公益的，但是當你減少服務，大家就有點不開心了，稍有微詞。當得知他創業以後，也沒有人開口說要幫襯，大家都無動於衷。

通常，一般人遇到這種情況會很生氣，我問朋友怎麼看這件事。他說：「雖然大家可能有點不開心，但是我該怎麼對他們就怎麼對他們，這些都不重要。我的事業也不需要額外的幫襯，我做公益，也不是為了大家的幫襯，我努力去做就好了。」我聽完之後豎起了大拇指，我覺得他只要有這種態度，做事一定能做好。

結果不出我所料，他的事業越做越大，時間不長，企業的規模已經蔚然可觀了。在經濟形勢如此不好的情況下，還能夠把企業做好，我覺得這一定跟此人的發心有關。

我總結下來，能夠「報怨以德」的人，格局一定很大。一個人擁有大的格局，在任何小事上都會體現出來。一個人能「報怨以德」，就能扭轉周圍的氣場和氣氛。比如你怨恨我，我「以怨報怨」，這是最底層的；而「以直報怨」是公平的，我們各不相干，這是一個中層的做人的層次；「以德報怨」是你對我不好，我也依然給你恩惠——我不相信你遇到的都是極端的小人，都是那種怎麼也感化不了的人。

我們不說極端的人，不談那些極端範疇的事，就是說生活中的事。人心都是肉長的，每個人之所以有怨恨，都是因為某些原因，可能他正好處在那個位置上，或者從某些角度來看，他產生了怨恨。但你不要覺得你們就是不共戴天的仇人了，你要換個角度來看待事情，要「以德報怨」。人心都是肉長的，如果你一直對他好，他慢慢就會感動，從而開始轉化。

如果你能阻斷惡的循環，面對別人的惡，你以善回報，慢慢就會開始一種主動的、積極的扭轉。如果你不採取這種態度，永遠都是「以惡報惡」、「以怨報怨」，你就永遠也無法改變周圍的環境。

人生的改變，一定是從你主動先去改變開始。怎麼去主動扭轉這種惡惡怨怨的循環？要「報怨以德」。這是人生的一大法寶。如果你能學會「報怨以德」的態度，並且認真力行，你的人生很快就會改變。

有朋友向你借錢，到底要不要借？

除了工作中，在生活中這樣的情況也很多。

比如，家裡有兄弟姐妹幾個人，家裡最小的是弟弟，大的都是姐姐，大人要姐姐不停地為弟弟付出：「你在城裡打工賺的錢，全都拿回來，你弟弟要娶老婆了。」姐姐在外面省吃儉用，把在外面打工賺的錢全都匯回家，而弟弟在家基本上什麼事都不用做。家裡的父母認為這是應該的，因為弟弟能為家裡傳宗接代，姐姐早晚都是嫁出去的人，就該從外面匯錢回家。

因此，姐姐在家裡不停地付出，而且遇到什麼事，父母還會責怪姐姐，「你不應該怎麼怎麼樣」。這些父母有一種根深蒂固的思想，認為姐姐所付出的一切都是應該的，只要姐姐少付出一點，就是對不起父母。

深圳當年有個著名的慈善家叫叢飛，他是一個歌手，他賺的錢幾乎全部都捐贈給山區的貧困孩子。但是後來，他得了胃癌。我估計他是因為工作繁忙，導致吃飯飽一頓餓一頓，才患上此病。他患了胃癌後，接到了貧困山區孩子父母的電話：「這個月的錢你怎麼沒匯過來啊？」叢飛就解釋說自己得胃癌了，結果山區孩子的父母說：「你得胃癌了就不匯錢了嗎？你這不是坑人嗎？我們家孩子這個月的錢馬上就沒有了。你的胃癌什麼時候能好？好了趕快去賺錢啊……」

這種行為就叫「以怨報德」，就是你給他恩惠，一直幫助他，但是你稍有一點沒做好，怨恨立刻就生出來了。

很多人在生活中都遇到過這樣的情形，那麼，碰到這樣的問題我們該怎麼處理？首先我們不要怨恨，千萬不要因為別人「以怨報德」，你就「以怨報怨」，這樣下去會形成一種惡性循環。這時候你一定要先告訴自己，不要怨恨，我們做好事不是為了回報去做的，千萬不要因為做了好事，別人沒有「以德報德」，你就把好事終止了。

因此，處理這種問題的第一個原則，就是我們該做好事，還要繼續做。千萬不要因為別人沒有回報，甚至回報不好，你就不做了。

其次，我們也要反思這裡的問題。當你幫助大家，去發出善的訊息時，如果他們回饋的是惡，那你一定要反思是不是你幫助別人的方式有問題，如果是方式有問題，你要調整方式，好事該做還是要做。

無論做什麼事，我們都要講究方法，不是說我做的事是好事，就傻傻地一直做下去。

我認為「不斷給家裡的弟弟錢，只要不給錢他就發火」這樣的事，如果你繼續給他錢，有可能會養成他的懶惰習性，他會越來越無法自食其力，這樣反而會害了他。在這種時候，如果你能暫時不支援他，給他一些善的接引，讓他接觸一些善良的思想，反而是在幫他。

過去有一句話叫「大善是小惡」，意思是大的善良看起來好像有點冷酷無情，其實是真的對你好。

稻盛和夫先生碰到過很多這樣的事，比如他有了錢以後，很多人跟他借錢，他會分析這個人借錢想做什麼，如果他覺得這個人借錢不是用於正道，或者拿著錢做事一定會失敗，他就會選擇不借。與此同時，他也會和對方談談，幫助對方分析方向。直接不借錢看似冷酷，實際上他改變了對方的思想，最終引導別人走上了正路，過了若干年，人家反而會來感謝他：「多虧你當時沒有借我錢，別人拿著錢去投資，都失敗了，賠得很慘，真的很感謝你！」

稻盛和夫先生強調「大善是小惡」，有時他對員工特別嚴酷，要求員工必須做到精益求精，品質出一點問題都會受到懲罰。看起來好像很殘酷，其實這是在對大家好，也是一種德的體現。

講了這麼多，是為了告訴大家，我們生命中遇到的很多人都是「以怨報德」的，但我們遇到這種情形，不要再繼續「以怨報怨」了，無論別人怎麼對我們，我們都要「報怨以德」，以恩德來回報對方。同時我們要想為什麼他會以怨來報德，要講究方法，反思自己的方法是否正確，反思自己做事的措施是否有問題，反思自己給別人的德是不是真的恩德。有了這層反思，我們才能真正做好「報怨以德」。

人生最重要的能力，就是愛和感受愛的能力

如果你仔細觀察就會發現，有些人的品性就是如此——別人給我恩德，我也依舊以怨恨來回報他。這樣的人，如果沒有什麼思想去啟發他，他沒有覺悟，沒有什麼轉變的話，他的人生會過得比較淒涼，因為他缺乏感受愛的能力。

我甚至覺得人生最重要的能力就是愛和感受愛的能力，如果一個人感受不到別人的愛，並且對所有人都怨恨，他在社會裡很難與大家和諧、融洽地生活在一起。

一個人的境遇如何，其實完全取決於自己做人如何。

我覺得這樣的人實在可憐，因為他沒有接觸到善的知識和善的思想，沒有提升自己，所以他的人生往往比較慘，可是他自己也不知道為什麼會這麼慘。大多數人是「以怨報怨」、「以德報德」，這是一般人的做人準則——你罵我，我也罵你；你誇我，我也誇你，這是大多數人的生活模式，這種模式是人和動物的本能反應。在人類剛從動物變成人的時候，因為要維持部落和平，讓大家能夠保持一個穩定的狀態，所以大家都是這種「以怨報怨」、「以德報德」的狀態。

這種模式一直延續至今，成了很多人做事的方式。但這種做事方式只能維持一個相對低的平衡狀態，因為它是強制性的——我怕別人罵我，我才不罵別人；我怕別人傷害我，我才不傷害別人。所以，這種強制的做法，只能維持一個底線。在這個底線之上還有一種更美好的狀態，就是我們要啟發自己的「善」，我們見到大家都很開心，你對我好，我也對你好，用這種善的互動模式生活。

如果在我們的小環境裡，每個人的生活沒有那麼累，不用靠戒備來維持平衡，將會是一種非常融洽、和諧的生活，這應該是我們追求的一種生活境界。而這種境界就是老子說的「報怨以德」，它可以終止所有惡性循環，冤冤相報何時了，我們一定要靠善來終止惡。

有一個十分有名的關於「報怨以德」的例子——負荊請罪。當年廉頗和藺相如是對頭，藺相如是文官，經常處理一些外交的事務，幫國家化解了很多次外交危機，深得國君重用，所以後來國君把他的位置放到了武將廉頗之上。廉頗就很不開心：我打仗都是拚死拚活的，他就搞搞外交，怎麼能在我之上？等我找到機會了要好好羞辱他。

藺相如聽說了以後，處處避著廉頗，就連上朝的時候，都避免和廉頗進行爭論。有一次，他們兩個在外面，兩個車隊碰到一起了，藺相如聽聞是廉頗在對面，馬上命令手下把車讓到一邊，讓廉頗先過。藺相如的手下一看，心想：我們憑什麼讓啊，你是不是怕廉頗啊？他就問藺相如：「您的官比他大，在路上兩個車隊迎面碰上了，您為什麼要躲著他，您是不是怕他？」藺相如的回答非常得體：「你說秦王跟廉頗比起來誰厲害？」「當然秦王厲害了。」「我見了秦王都不怕，難道還怕廉將軍嗎？要知道，秦國現在不敢來打趙國，就是因為國內文官武將一條心。我們兩人好比是兩隻老虎，兩隻老虎要是打起架來，不免有一隻要受傷，甚至死掉，這就為秦國造成了進攻趙國的好機會。你們想想，國家的事要緊，還是私人的面子要緊？」

你看，藺相如就是凡事以大局為重，不論別人怎麼怨恨、欺負他，他都用自己的德行來感化對方，把自己的位置放得很低。

後來，藺相如的這番話傳到了廉頗的耳中，他聽完後一下子就明白了，藺相如的境界比自己高多了，他卻因為自己的嫉妒之心差點釀成大禍。於是，廉頗將荊條背在後背上，赤裸著上身，到藺相如的府裡負荊請罪，請求他的原諒。

歷史上的成語都不是隨便來的，這裡面都蘊含了深刻的道理，這個負荊請罪的故事蘊含的道理就是「以德報怨」。如果「以惡報惡」、「以怨報怨」，是不會有好結局的。

但在「以德報怨」的過程中，最重要的是要把道理講清楚，絕對不是一味忍讓。一味忍讓未必能夠使得「怨」最終轉化，把道理傳遞給對方以後，對方明白了，就不會再繼續「怨」下去了，這樣就會進入「以德報德」的良性循環中。

因此，我們在「以德報怨」的過程中一定要講方法，如果不講方法就一味地對別人「好」，反而是不好的。

04 無論多麼艱難的事，都要從最簡單、最容易的時候做起

圖難乎其易也

治病要從「未病」時開始治

「圖難乎其易也」的「圖」是圖謀的意思，指要去做的事，這句話的意思是那些特別艱難、巨大的任務，一定要從最簡單、最容易的時候去做。

在這個世界上，無論什麼事都是從簡單的開始做，你踏踏實實地做，慢慢就能做成困難的事。剛開始就想做到非常困難的事，幾乎是不太可能的。比如學習，我才剛接觸數學，就想解決數學家都無法解答的問題，你說這種可能性有多大？

我們需要先學習基礎，然後再一點點地學，掌握一些複雜的運算技巧，這時候你再看難題，就有了往上攀登的本錢。從基礎開始做起，才能一點點做起來，這叫「圖難乎其易也」。記得有一次我們開了一個關於「治未病」的研討會，來了一位當地的長官，他也不太知道這是什麼，就聽祕書報告這大概是一個什麼會，然後他上臺就講：「現在胃痛的人

很多……」他以為是「治胃病」呢。

什麼叫治未病？就是別等到疾病形成了你再去治，應該在疾病還是小火苗或者剛要有火苗的狀態去治。這個未病也包括未雨綢繆。這種思想來自《黃帝內經》，意思就是等你渴了再挖井已經來不及了，我們要學會禦敵於戰壕之外。所以我經常講，大家要學習一些基本的舌診知識，比如有的人看自己父母的舌象，舌頭下面有瘀血，兩條舌下靜脈又黑又粗，這就說明老人體內有瘀血，很可能會出現心腦血管疾病。此時，你可以買點三七粉、西洋參粉、丹參粉，各用一克，讓家裡的老人兌水服用。這樣一來瘀血就會被逐漸清除，就算瘀血沒有完全化掉，也不會繼續發展。但是很多人根本不知道這種舌象代表什麼，從來都沒有看過舌頭，結果老人體內的瘀血越來越嚴重，長期下去就容易罹患腦溢血或是腦梗塞，這時候再送到醫院，無論是中醫還是西醫，都未必真的能完全治好。有的人可能一次腦溢血就走了，也有的人救過來之後就偏癱了，走路一瘸一拐的，生活品質受到嚴重影響。等大病爆發之後再醫治調理往往是力不從心的。像這樣的事，我們遇見得太多了。

有一次我去講課，當地一個銀行行長和我說，他父親的心臟已經做了很多次手術，現在都沒地方下支架了，醫生都頭疼，不知道該怎麼辦。他就問我能不能幫忙看看。正好我那天有時間，就讓他帶老人過來了。

老人被架著一步一步地蹭來了，我看了一下老人的舌象，發現他的舌下靜脈一片瘀黑，這說明他體內的瘀血非常嚴重。如果他的孩子懂得醫學知識，在他體內剛有瘀血的時候就幫助他活血化瘀，是不至於病到這個程度的。可是因為這位朋友不懂得醫學知識，每天忙工作，就錯過了所有前期調理的機會，讓一個疾病從小火苗慢慢變成了熊熊大火，這個時候再治療就要花很大力氣了。

一定要在疾病還是小火苗狀態的時候就把它撲滅，讓它不至於最後發展成熊熊大火，這叫「圖難乎其易也」。

很低調的人，往往最後發展得特別好

這句話在工作中也有很大的用處。比如說我們要開公司，你千萬不要聽王健林講，先設個小目標，一年賺一億……這種目標對於普通人來說是非常巨大的，我們做事先不要想結果，如果你能把工作踏踏實實地做好，從小開始做起，最後你再說賺一億，可能就不是夢想，是很有可能實現的。但是你在最開始千萬別只想著一億，只想著自己要做大生意。

我見過很多這樣的朋友，整天就想做大生意，天天談項目。你說你連基礎工作都沒有做好，大家沒看到你有什麼成績，誰能相信你呢？

踏踏實實做好工作是非常重要的。在工作中，如果你看到那種非常浮誇，眼裡只看得見巨大目標的人要警惕；而對於那種踏踏實實把自己的事做好，非常穩健的人，我們要保持尊敬。

我在商學院講了五六年的課，我觀察很多開公司的老闆後發現，那些你看起來穩穩當當、很低調的人，最後發展得都特別好；而那種到處搞關係、把自己的位置抬得很高的人，往往最後發展得並不好。比如，李嘉誠每天都看一個小時的書，每天吃完晚飯都要跟著英語新聞念二十分鐘英文——他到了八十幾歲依然保留了這個習慣，像他這麼有錢的人，找個翻譯就好了，為什麼還要學英語？因為他做事認真、堅持。李嘉誠發家確實也和他外語好有關，他年輕時看英文原版的化學期刊，發現了製作塑膠花的工藝，知道了全球最先進的技術，然後才去學習，最終成了塑膠花大王。這都歸功於他對生活的嚴謹和堅持。老子講的「圖難乎其易也」，也給後世很多啟發。但老子的這句話還有一個涵義，就是我們如果想清空思想裡的欲望，是非常難的事。面對如此艱難的事情，我們要從小事上一點點去做，去鍛鍊，試著放下自己，多為大家著想。因此，「圖難乎其易也」這句話，也是在告訴我們一種鍛鍊自己、修練自己的方法。

05 無論是好的回報還是禍患，都是從點滴累積起來的

為大乎其細也

把工作做好的訣竅就是一點一點認真地做

「為大乎其細也。」這句話是什麼意思呢？我們都希望做大事，建立一些豐功偉績，或者工作出成績、生活特別好。那麼，如何才能做成那些大事呢？無論做什麼，都要從細節上一點點去做，最終才能累積成大事。只要你從細節上把工作一點點做好，最終你一定會成就非常大的業績。

這樣的道理，老子在本章中來來回回地講。為什麼我講得這麼細？因為本章的內容是老子告訴大家要怎麼修行。在其他章裡，老子都在講道理，不斷告訴我們為什麼要放下自己，為什麼要為大家做事，怎麼才能放下自己的欲望等等。但在本章，老子講得特別清楚，凡事要一點點去做，別想一口吃成胖子。

「為大」就是完成大的工作，做出大的成績，如果你要想達到這個目標，就應該從細

節開始做。我們既然認為老子說的「為大」是目標，就應該理解這是老子所期望的，希望大家「為大」，而且告訴大家怎麼去「為大」。因此，我們在這裡就能看出老子是希望我們「為」的。

老子在《道德經》中反覆提到的「無為」是對自己的，對於自己的欲望，要放下，要無為。而對待大家要「為」，老子講「為大乎其細也」，明顯是要「為大」的。在《道德經》裡，有很多語句都是在告訴大家，怎麼把工作做好，怎麼「為」。如果不看這些字句，你就想著「無為」就是什麼都不做，那你就曲解《道德經》了。老子是在告訴大家要做好工作，請從點滴做起，這是修行的方法。

大福或大禍，都是一點一點累積而成的

在我們的生活當中，無論從哪個方面來講，都是如此，比如教育孩子也是「為大乎其細也」。**當一個人長大了以後，他工作的成績、做人的準則、做事的態度，都與他小時候受到的教育息息相關。**

我們不否認有頓悟之人，但是太少了。絕大多數人都是小時候怎麼被教育的，長大就

成為什麼樣的人。

現在的中國家庭基本上都是一個孩子，全家人的心思都放在一個孩子身上，一切都為了孩子，所以現在很多家庭都出現了孩子在家裡說了算的情況。比如，吃飯的時候，先問孩子：「你想吃點什麼啊？」孩子要是說想吃排骨、大蝦，家長馬上就去買。基本上家裡的食譜都由孩子來決定，孩子想吃什麼，家長立刻就去做，完全按照孩子的喜好來做。你覺得這樣做對嗎？

孩子不懂得營養搭配，也不懂得科學飲食，他覺得紅燒排骨好吃，就拚命地吃，他不想吃青菜，就不吃青菜……這樣下去他會把身體吃壞的。

還有的家庭是孩子什麼時候想吃飯了，就什麼時候開始吃飯。比如，吃飯時間到了，但是孩子還在玩，全家人就以孩子為中心，孩子不吃，他們也不吃，都等著孩子。更有甚者，一些家庭在吃飯時，老人什麼都不敢吃，就讓孩子先吃，有時候等得菜都涼了，老人還在那繼續餓著肚子等。

而且有的家裡的保姆不好意思吃，等最後全家都吃完了，她才跟著吃一點。就感覺誰要多吃一口好吃的東西，誰就會受歧視似的。老人經常說：「你那麼大的人了，吃那麼多排骨做什麼？你留給孩子，你多吃一根，孩子就少吃一根。」結果，家裡的人不按時吃飯，營養也跟不上，人的胃液每天到了一定時間就會分泌，如果不按時吃飯，你的胃液就會腐蝕胃黏膜，從而導致脾胃失常，這是非常不健康的。只要節律紊亂，就會導致身體不健康。大部分得胃癌的人，都是由於吃飯時間紊亂，胃酸腐蝕胃黏膜，胃黏膜重新修復，然後再腐蝕，再修復……在這種修復過程中，產生了變異，從而導致了胃癌。究其根源，都是小時候沒培養出好習慣所致，這都是受到了點滴細節的影響。

這種點滴細節會影響孩子，讓孩子逐漸形成一種以自我為中心的狀態，他會覺得所有人都是在為自己活，我想要什麼就應該有什麼，我想去哪玩就應該去哪玩。

小朋友一旦形成這樣的性格，長大以後他的日子會很不好過，你說到了公司裡還可能所有人都圍著你轉嗎？你還能想去哪裡就去哪裡、想做什麼就做什麼嗎？

在社會中，大家是協調工作，沒有誰以誰為中心。尤其是剛進入社會的人，大家肯定不會以你為中心的，這時候你會有強大的挫折感。因此，這樣對待孩子的家長，現在看起來好像孩子很「幸福」，但從長遠來看，他的幸福是虛幻的，一旦進入社會，他會感覺崩潰的。

我見過這樣的孩子，曾經有位家長找我，和我說他們家親戚的孩子是個挺優秀的小夥子，大高個兒，長得也很帥，大學畢業以後家裡幫他安排了銀行的工作，可是他每天只要一到了工作崗位就頭暈，最後導致無法工作。他們的家人來找我諮詢這是什麼病。

當時我就很好奇，還有一工作就頭暈的病？我就問這個小夥子回家怎麼樣？他們家人就說：「回家沒事，回家玩一玩遊戲什麼事都沒有了。」我就感到很奇怪，說那過來看看吧。結果他來了之後，和我一聊天，我就發現了這都是因為家裡從小寵愛孩子，一切以孩子為中心，所以孩子形成的思維模式就是「世界以我為中心」。

結果等他進了公司，沒人以他為中心了，他就特別不開心，領導者每天都命令他去做這個做那個，一會兒要他去影印，一會兒要他去掃地，什麼事都要他做，他覺得太委屈了。

大家記住，身體和心理是呼應的，如果你的心裡不開心，身體為了呼應你的不開心，會產生各種問題，比如眩暈、難受、身體緊繃、噁心等，中醫把這種情況稱為肝氣不舒。但是這個小夥子肝氣不舒的情況比一般人嚴重許多，他的情況類似於過去講的癔病，身體已經處於完全失控的狀態。所以他一上班就幾乎無法站立、眩暈得不行，一回家心情好了，什麼事都沒有了。最後家裡把他調出來，讓他在銀行看大門，看大門他也不開心，覺得也沒有人圍著他轉，後來連看大門也看不了了。最後他就在家裡打電動，只有在玩的時候開心、在家裡待著的時候開心，一出門就不開心。像這樣的病很難調，這都是由家裡一點點「培養」出來的。

老子講「為大乎其細也」，意思是無論是好的回報還是禍患，都是從點滴做起來的。這個小夥子的生活基本上被毀掉了，而毀掉他的，正是他親人點點滴滴的寵愛和溺愛。

現在很多孩子都被家裡溺愛著，這些孩子的臉上一直洋溢著幸福的笑容。但是我們要看到他們的未來，這樣的孩子未來會很可悲，一定要做很大的調整才行。否則到了社會上沒有人圍著他轉，那他不得處處生氣嗎？這個衝擊全會衝到孩子的身上。現在的家長因為短視，看不到孩子未來的悲慘，「父母之愛子，則為之計深遠」。如果你真的愛孩子，就應該從現在起為他累積善的因素，比如家裡的老人病了，你可以讓孩子去服侍一下老人，這是在培養孝順、培養關愛。

有的人說，老人病了，萬一傳染給孩子了呢？如果你的孩子將來做一名醫生，對方感冒了他要不要接觸？正氣存內，邪不可干。退一步說，即使傳染感冒了也沒有什麼問題，這是一種人與人之間互相幫助的教育，就算因為幫助別人而被傳染感冒，也是一種愛的教育。

在吃飯的時候，你也要培養孩子和大家一起吃飯時不吃獨食的好習慣，不要所有好吃的都給孩子吃。孩子少吃一根排骨，看起來好像他受委屈了，實際上少吃的這根排骨，對他的影響非常大，第一他不會積食，第二他知道好東西應該和大家分享。這個世界上，好吃的不是都要給他一個人吃，好東西是需要分享的，這種教育非常關鍵。

這種點點滴滴的善的教育，會幫孩子形成很好的性格，將來他進入社會，做人也是可圈可點的。一個懂得跟大家協調，懂得關愛、公平、忠誠的人，內心的自私就會少很多。

老子一直在說欲望要怎麼清空，但清空是很不容易的，為什麼呢？因為我們的私心藏在那裡，如果我們從小接受這種教育，這種關愛、忠誠、公平、愛大家的教育，私心就會變得小一些，將來孩子長大了，做事就比較容易，你要他為大家做事，他比較容易做。

而那種心裡完全為了自己，認為大家就應該為我服務的孩子，你跟他講清空欲望，講為大家做事，我覺得是比較難的。這些孩子會覺得：什麼清空欲望，世界不是為我存在的嗎？

現在有很多家長都在帶著孩子一起學習《道德經》，我覺得這個非常重要。讓孩子從小接受這些理念教育，在生活的點滴中塑造他的性格，將來就會有特別寬廣的心胸，也更容易養成溫暖、關愛他人的性格。這樣的人，在社會上做事，大家都會來支持他，人生也會幸福得多。

為什麼很多人會有那麼好的成績，為什麼大家都願意支持他？這都是點滴細節構成的，這些細節很大一部分都來自成長期間家長對他的教育。這就是老子講的「為大乎其細也」的涵義之一。

06 做什麼事都「差不多就行了」的人，一生終將碌碌無為

天下之難作於易，天下之大作於細，
是以聖人終不為大，故能成其大

不能一直把眼睛盯在做大上，應該盯在細節上

「天下之難作於易」的意思是，那些看起來特別艱難的事，都是從簡易時一點點做起來的。

「天下之大作於細」是老子在告訴大家，為什麼要從小事開始一點點做，因為天下的大事沒有一個不是從點滴做起，再由量變促成質變，最終變成了一件特別了不起的大事。

「是以聖人終不為大，故能成其大。」聖人是有道的領導者，這些領導者沒有整天設定宏遠的目標。但人家都是從細節開始做起，把細節做好了，最終成就了一番大事業。

做大是目標，但是我們不能一直把眼睛盯在做大上，應該盯在細節上。只有把細節一點點做好，才能成就大事業，這是老子告訴我們的做事必經之路。這些道理雖然簡單，但

很多事都是這樣，越簡單的道理，越是核心的真理，往往也最容易被大家忽視。

現在很多人都有一種差不多就行了的品性，做什麼事都不精益求精。如果我們能夠精益求精，把小事做好，你的工作會完全不同。

我曾提到過，蘇州有家企業叫德勝洋樓，是做美式別墅的，做得很漂亮。這家企業做木製別墅在全中國是數一數二的，他們的訂單非常多。

這家企業的工人有一千多人，但管理人員只有十五人，銷售部就一個人，但他們專門成立了一個客戶謝絕部。客戶謝絕部是做什麼的呢？因為他們的客戶多到做不過來，所以專門安排了一個部門負責和大家溝通安排合作事宜，比如安排客戶什麼時間我們才能幫你做，從這個細節就可以看出這家企業的效益有多好。

這家企業的老闆叫聶聖哲，是位留美人員，以前是位大學老師，留美回來後，他創辦了這家企業。他的企業理念是兩條腿走路：一方面建立君子文化，凡是來公司的員工都要進行道德修養培訓。

比如在工作中，如果你講求誠信，你在這裡就能活得很好，可以享受到高薪資、高福利；如果你撒謊或工作偷懶，就會受到懲罰。而且他們的培訓除了誠信之外，也包括禮儀、儀容等。你看有的建築工人來裝修，身上會有味道，衣服穿得也都比較隨意，但他們不是，他們儀容整潔、禮儀得體。

另一方面的培訓是每個人都會收到員工手冊，裡面的內容涉及生活、交通、財務等，應有盡有，你只要按照規則做就行了。此外，他們還培訓你按照工業程序來做事的嚴謹態度。比如說工藝要求是六英寸釘一個釘子，你必須嚴謹地在六英寸的位置釘一個釘子，偏差度要非常低。在中國的不同地區、不同季節，修游泳池的時候要先刷什麼漆、後刷什麼漆，他們分不同的層，一切都要嚴格按照規定來做。如果沒有按照規定做，即使你弄完了，也得全部重做。

像德勝洋樓這樣的企業，把每個工人都變成了君子，變成了特別嚴謹的匠人，你只要嚴謹地做產品，你在這裡就能活得特別好。如果你對待工作的態度不嚴謹，事事馬虎，你就得接受懲罰。

據說他們的員工宿舍都沒有鎖頭，因為大家不會偷東西，彼此都坦誠相待，在這家企業裡，人與人之間的關係非常輕鬆，大家不用搞關係，只要好好做事，公司就有很多獎金和福利。所以，基本上來到這裡的員工都不願意走，因為去別的地方都不適應。

當這種企業文化形成一種模式時，工作的環境就會非常輕鬆。只要大家做到了，就有高福利；如果你做不到，就會受罰；如果總是做不到，就得離開公司。

正是因為這種企業文化，才讓他們企業的產品品質得到了保障，很多國外的人來考察都說：「你們製造的別墅比我們的別墅好。」所以，他們的訂單多到做不過來是有原因的，在不給回扣的情況下還能拿到這麼多訂單，這在建築業是難以想象的。

這就是老子講的「天下之難作於易，天下之大作於細」，想要把別墅做好真的很難，但只要你能從簡單的細節開始做，就沒有什麼不可能。

成功三要素：對眾生有益、感興趣、堅持

老子說「是以聖人終不為大，故能成其大」，這句話也可以這麼理解，你要做一件很宏大、很了不起的事，不要先想它，把方向確定以後，要一步一步把細節做好。如果你做每一件事都能精益求精，過一段時間以後，你再回頭看，會發現之前你期望的目標早已完成。

我曾經思考過，一個人為什麼會成功，又要如何才能成功。後來，透過我這麼多年的體會，得出了至關重要的三點結論，當你在選擇一個事業的時候，這三點也是值得參考的：

第一，這件事是對眾生有益的。你在選擇行業的時候一定不要選一件壞事去做，要選

擇能夠幫助社會、幫助他人的事業。

第二，這件事我有點興趣。你在做這件事的時候，要想想是不是這件事你做到老也不後悔，也不會覺得它枯燥，你一定要對這件事有點興趣，才能感覺到快樂。

第三，如果你認定了前面兩點以後，要堅持下去，堅持十年。當一個人堅持做一件事十年，不斷地改進自己，十年之後就會成為這個行業的資深人員。

有一個定律叫一萬小時定律，就是你不斷重複地堅持做同一件事，把細節做好，做一萬個小時以上，你就是該領域的專家。

我很贊成這個觀點，如果你能堅持把細節做好，認真完成每個細節，堅持幾年以後，你絕對會成為這個領域裡的佼佼者。

一般人都是做什麼差不多就行了，比如每天上班就是看看報紙、打打電話……這樣日復一日，其實沒有多大意義，一生也不會有什麼改變；而你再看那些能把每一件小事認真做好的人，他們的人生會大有不同。

07 輕易地承諾，最後容易失信

夫輕諾必寡信

信用無大小

「夫輕諾必寡信」的意思是，你輕易地承諾，最後會比較容易失信。「寡」當少講，指特別少有信用。「諾」是承諾的意思，在古代指上對下的承諾和平輩之間的承諾。

過去有一個詞叫唯唯諾諾，比如說這個人一見人就唯唯諾諾、點頭哈腰。「唯」和「諾」的意思都是答應，但也稍微有點區別。

古人說：「緩應曰諾，疾應曰唯。」緩緩地承諾叫「諾」，立刻地答應叫「唯」。唯唯諾諾這兩個字合起來，指別人說什麼就是什麼，點頭哈腰的狀態。

「輕諾」是忽略小事情的重要性，很隨意地做出承諾。「夫輕諾必寡信」是因為不看重細節，結果答應的很多小事都超出了自己所能夠承受、承擔的範圍，導致最終兌現不了自己的諾言。

需要注意的是，這裡的「諾」是口頭上的，「信」是行動上的。老子教育大家，**一定要在行動上把小事做好，才有信用**。如果你無論什麼事都隨便地誇下海口，答應別人各種條件，最後就會變得寡信。

什麼樣的人值得我們託付終身

很多年輕人，尤其很多年輕姑娘，在談戀愛的時候都會很困惑：我要找一個怎樣的人才可以託付終身呢？

老子在這裡講的「夫輕諾必寡信」，其實是為大家提出了一個標準。比如，有的人把事都放到嘴上：「以後你要是嫁給了我，我每天早上肯定比你起得早，變著花樣做早餐給你，每天送你上班，衣服你隨便買，包也隨便買。別人都是愛慕你年輕時的容顏，我卻愛慕你的靈魂，所以當你老了，頭髮白了，我依舊對你像對初戀一般。」

說這種話的人都把力氣用在嘴上了，他也沒有老過，他怎麼知道等到他老的時候人生會經歷什麼挫折，又會是什麼心態呢？

其實，很多人都活在憧憬、設想的狀態中，他把這些想像的美好狀態都說了出來。女人是很感性的，一聽到這種甜言蜜語，一下子被感動了，結果就容易被這些東西迷惑。

實際上，這些都屬於「輕諾」，因為你無法保證自己一定能夠做到，這就好比你答應了一百分，最後你完成了三十分。你做到的跟你說的相差甚遠，所以「夫輕諾必寡信」。

老子講的這句話說的是一個自然現象，只要承諾特別多的人，都很容易「寡信」。這裡還有另外一層涵義，凡是容易輕諾的人，也說明他看輕承諾，他覺得承諾可以隨便給，這種人容易有性格缺失，更容易「寡信」。

在我上大學時，和我們班的一對戀人是好朋友，他們兩人的關係非常好，後來發展得也特別好。老公是一家上市公司的老闆，從事的是環保行業。

記得有一次我們老朋友之間聚會，我就問了他的太太：「當年那麼多男孩，你是怎麼選中他的，他的什麼條件吸引了你？」

我為什麼要問她這個問題呢？因為現在有很多朋友都會向我諮詢，自己的孩子要談戀愛了，讓我幫忙給點意見，標準是什麼。我對此也很困惑，於是我就請教了她。結果她認真地想了想，說：「這個問題有很多人問過我，在上學的時候我就感覺我老公是一個很實在的人，他不善言辭，不像大家那麼能說，也不整天玩。但是他有一個特點，只要他答應我一件什麼事，他都能做到。而且他對未來好像也有明確的規劃，他會想到未來幾步的問題，只要他認定了什麼事，就會一點點去做，就是他的這個特質吸引了我。」當時，她的這個回答讓我特別讚賞，因為我們這些朋友裡不乏那種特別有才華的男性，講起什麼事來會讓人神往，但是她選擇配偶有自己的標準，她覺得這個人踏實，只要答應什麼事就一定做到，而且他做事還有規劃。這位朋友畢業以後真的憑藉著自己穩紮穩打，把公司一點點做大，最終成功上市。

這符合老子講的「夫輕諾必寡信」，像這種認真遵守每一個承諾，把每件小事做好的人，一定會講信用，跟他在一起會覺得可靠，合作起來也會覺得放心。

「輕諾」，是讓你不要小看諾言

領導者也一定要重視這件事，你許的諾有沒有實現？不要開空頭支票給你的下屬，你一定要踏踏實實把事做好，給大家切實的利益。

這樣的例子有很多，比如有的公司在創辦之初，創始人跟幾個合夥人說：「你們跟著我，等公司發展起來，給你們股份。」或者是：「來，你來跟著我，以後這個公司也有你的一份。」這就叫「輕諾」，這種承諾是最簡單、最節省成本的，而且你動一動嘴皮子就能吸引大家的信任，紛紛把精力、時間、青春投入進來，這是最簡單的方式，可是你說的你要做到。

之前有一個公司的創始人和骨幹說：「以後有你的股份，跟著我好好做。」結果那個人把自己的所有技術都拿出來，不斷地為公司付出，等到最後公司快要上市了，董事長也沒再提這件事，最後他硬著頭皮去確認。結果人家告訴他：「哪有股份啊？我們當時也沒有簽合約，你怎麼記得我說了？我不記得我說過。」結果把這個人氣得不行，他把自己的青春和所有的資源都投入公司裡，結果現在公司發展起來要上市了，董事長把他趕出去了。

這位董事長的「輕諾」占便宜了嗎？他占便宜了，他用這種口頭許諾的形式，讓一個骨幹把自己所有的精力都投入了公司，結果公司快上市了，他就不承認當初說的話了。老子在這講得很清楚，「夫輕諾必寡信」，這種人失去的是自己的信用。你說其他留在這家公司的人會怎麼想？我可不能像前面被趕走的人一樣。因此，別人都會開始斤斤計較，把你所有的事都寫下來，無論做什麼都提防你，你說這還能全心投入工作嗎？

一個人一旦失去了信用，以後他在工作中會非常不好做。在商場裡，信譽是根本，如果沒有信譽了誰敢跟你合作？別人一直提防著你，你說這合作能開心嗎？

你看著他好像是占了便宜，實際上是吃了大虧，這就叫作「輕諾必寡信」。

還有的人會以為，老子說「夫輕諾必寡信」，我不能輕易地許諾言了，我永遠不跟人家承諾，我什麼都做不到。這也是不對的，**「輕諾」的意思並不是讓你不輕易地許諾言，**

而是讓你不要小看諾言，「輕」是看輕的意思，不要小看它，不要覺得它小我就隨便給人，而是要把每一個諾言，即使很小的諾言都當作確實要履行的。

能做到這一點的人，只有在條件成熟時，或在自己的能力範圍內，他才發出諾言。而且這個諾言即使再小，他也會認真地履行，這是老子所提倡的。只要你這樣認真地做下去，你的信用就會逐漸地建立起來。

08 小事做不了的人，大事也做不成

多易必多難，是以聖人猶難之，故終於無難

你貪圖容易，最終一定會困難很多

「多易必多難」的「難」在這裡讀二聲，「易」和「難」應該是結合在一起的，老子這句話的意思是，你貪圖容易，最終一定會困難很多。因為你輕視容易的事，結果就會貪多，最後你做的事情都不精，從而導致很多的困難。

老子在這句話裡隱藏的觀點是，容易的事我們也要重視起來，當作大事來做。**在工作中也是如此，你把簡單的事做好了，才能量變促成質變，最終向上提升**。如果你連簡單的事都沒有做好，就想直接去做一件特別大的事，我覺得這是比較難的。

之前有一位朋友和我說，他的孩子因為大學畢業，要到一個公司去實習，實習完之後需要實習公司幫忙寫實習鑑定，這是畢業條件的一部分。結果他進入公司，才一個星期就不做了，為什麼？那個孩子說：「我去了之後，就是幫他們影印、列印、整理紙張，就做這點事，沒有任何收穫。」

其實，這是現在很多年輕人的通病，剛到一個地方去，就眼高手低，覺得自己大學畢業了，應該有一個什麼位置，你怎麼能讓我去打雜呢？

其實你不要小看打雜，這個工作裡的涵義有很多，你能不能把它做到精益求精、能不能節省紙張、能不能快速地完成，或者資料怎麼分類等，都需要技巧。其實很多畢業生到公司去，剛開始是不會用影印機的，每一項工作都是有技巧可言的，在打雜過程中，你也可以掌握到公司的文化，其實這是接觸工作最有效的途徑。

比如人與人之間的關係，哪方面是需要我學習、需要我提升的等等。對於一個即將畢業的大學生來講，這種技巧、訓練是很必要的，有很多年輕人都抱著這種態度：我堅決不做小事，小事做起來沒有用——結果大事也做不成。

我們都是透過點點滴滴做事，才能有所歷練和累積各式各樣的經驗；只有透過做小事，才能不斷地提升自己，最終成事。

我還有一位朋友，他在一家世界五百強的企業裡當大區經理。有一次閒聊的時候他說：「很多人都說應徵很難，這有什麼難的？外企有那麼難應徵嗎？現在我重新去應徵，在任何一家大企業裡都能應徵成功，而且我相信，做一段時間就能做到經理的位置。」大家就說：「憑什麼？為什麼別的企業就一定聘用你？」

他說：「你別覺得我來了就能當經理，以我研究生畢業的資歷，我去應徵清掃工你總得要吧，我在做清掃工時，會把清掃的工作做得井井有條，我會給它管理提升。比如我清掃辦公室，每天清掃完畢打個卡，然後做出一個標準。在我清洗每一個辦公桌以後，就給他們都留個紙條，上面寫一句鼓勵的話，我這樣不斷地提升我的服務水準，你以為老闆看不到嗎？老闆看到之後就會覺得，這個人做清潔工做得不錯，跟我一聊，發現小夥子有管理才能，可能就會讓我轉職去當職員吧。然後我在職員的職位上，再出色地把細節做到極致，就會逐漸地升職，最終我還會是大區經理。」

和這位朋友聊完之後，我十分讚賞，因為他跟我的想法特別吻合。我覺得他說出了職場生涯的規則，雖然職場裡有各種關係，但這都是背景，我覺得都沒有那麼重要。主旋律一定是把基礎的工作做好，最終才能提升到上一級做事。如果你基礎的事沒做好，就算你靠關係升了職，最後等你的上司一換，你也就會被換掉了。

也就是說，如果你把每一件容易的事都當作難事去做，認真地做好，最終就沒有困難了。如果你輕視每一件容易的小事，遇到什麼都不在意，最終你一定會困難多多。

無論多小的承諾都認眞地兌現

老子在「多易必多難」這句話裡，指出了修行的方法，告訴我們應該怎麼去做。

接著老子說「是以聖人猶難之，故終於無難」。這句話是說，就連一個小小的承諾，聖人都認真對待，聖人不會輕易做出承諾，這不是說他在推託，而是他做出了承諾就要去實踐，就要做好。就算對待特別容易的事，「聖人猶難之」，聖人都把它當作困難的事去做。

我在前面講過，老子形容的悟道之人，不是我們想像的那種站在山頂上、周身白雲飄飄的人。在老子眼中的聖人像做事的匠人一樣，做事的態度謹慎得像在冬天剛剛結冰的河上行走一樣，做人就像害怕四周鄰居一樣小心，「若畏四鄰」。

很多人會覺得，這是悟道之人嗎？怎麼這麼不瀟灑呢？其實，這才是真正的悟道之人，把點滴的小事都認真、謹慎地去做。

我們不能憑空地說，道是無我利他，放下自己為大家做事，怎麼做是很關鍵的。如果你為了大家做事，做得馬馬虎虎，你可能會害了大家，你應該嚴謹、認真地把小事都當成大事來做，這才是真正的修行之路。

本章的內容特別重要，前面的章節講的都是思想和方向，可是在這一章，老子講的是那些思想和方向要怎麼落地，怎麼去做才能一點點踐行。

老子說「是以聖人猶難之」，聖人就是指有道的領導者，他會把這些小事都當成大事來做，「故終於無難」，因為有這樣的做事態度，到最後對他來說就沒有什麼事是困難的，他們能夠坦然地修行。而且他們的修行之路會變得特別寬闊、平坦。

我們學了這一章以後，要反思自己有沒有做好，有沒有把容易的事當作困難的事去認真、踏實地做。是不是無論多小的承諾，你都能夠做到？如果你都能做到，我相信你的工作會提升到一個很高的境界。

你的身體好，事業才能好

—第六十四章—

01 家宅不安的人，生活和工作也危機重重

其安也，易持也

不好的念頭最好在剛出現時就消除掉

「其安也，易持也」是什麼意思？（在通行本中這句話寫的是「其安易持，其未兆易謀」，郭店楚簡的寫法和帛書本的寫法一致，說明老子在寫的時候就是這種句式，只是後世給簡化了，才有了通行本的寫法。）

「其安也，易持也」中的「持」是把持、把握，這句話的意思是事物在安定的時候容易把握、控制，如果它動盪起來再想控制就會增加難度。老子為什麼會提出這個？我認為這一章是清心篇，老子的出發點是在講領導者要放下自己的欲望，為大家做事。可是怎麼才能放下自己的欲望呢？

老子認為，我們應該在欲望剛剛出現或尚未出現的時候去控制，否則欲望大了之後，再想控制就比較有難度。

比如，一個家境貧寒的孩子大學畢業以後工作，好不容易當了管理階層。他在做清官的時候，如果能夠控制欲望，可能就會一輩子平安。如果他收錢已經收得手順了，今天收二十萬，明天收一百萬，這時候再想控制欲望是非常不容易的。欲望就如同熊熊大火，此時想澆滅它，簡直是杯水車薪。

本章的內容，對指導我們的生活至關重要。生活中所有的事都要從萌芽階段開始控制，否則欲望一旦生起來，再放下是要經歷一番過程的。很多人的位置在那裡擺著，整天受到大家的吹捧，怎麼能輕易地把欲望清乾淨呢？

老子告訴我們，要盡量從萌芽開始，在欲望生起之前，就好好把握它、控制它。

我甚至可以說，《道德經》中有些篇章，就是中國最早的反腐教材，比如領導者怎麼放下自己的欲望去為管理的群眾做事。老子講的是真理，可以推及到生活中廣泛運用。

「我這輩子最好的投資就是我的妻子」

「其安也，易持也」這句話運用在生活中可以講成，如果你周圍的環境安定，你才能好好地把握生活。我觀察過那麼多企業做得好的企業家，他們做得好是有原因的，最主要的就是他們的家族一定是團結的，家庭一定是安定的，只有這樣，企業的領導者才有心力、精力去處理外界事物。

很多人都認為美國的股神巴菲特投資很厲害，獲利也很高。但他曾說：「我這輩子最好的投資就是我的妻子。」他之前還追過他們學校的校花，讓他累得不得了，後來他想要安定的生活，於是就找了現在的太太。太太給他很多支持，把家操持得很好，讓他的家裡特別安定，這樣一來，他在外面工作就會頭腦清醒，不會因為家裡的事而困擾。

從這一點我們就能看出家裡有一位賢妻的重要性，如果你的家宅不安，亂七八糟，你是很難把握好自己的生活和工作的。

我有一位很好的企業家朋友，他們家的事情就像一部電視劇。

這位企業家朋友創業時很窮，做的是小本生意，做著做著有門路了，就開始自己做產品，做得非常好，當時做到了幾乎家喻戶曉的程度。你想，這生意越做越大，發了財以後，他的幸福人生應該開始了吧？

沒有，他們家開始亂了，他的弟弟妹妹想：你發財了怎麼不讓我們沾點光？於是這些親戚紛紛提出要去他的企業工作。他安排親戚進公司以後，過了一段時間大家又想：你賺了這麼多錢，怎麼就給這點薪水，這哪行啊？我們要出去創業。出去創業以後，他們就想打著他的牌子幹，他們覺得，你這個牌子都是我們幫你做起來的，也有我們一份……

於是，他們家就開始打官司，逐漸越來越亂。那邊弟弟妹妹的問題還沒有解決，他的太太又想：你賺了這麼多錢，我們娘家的弟弟妹妹什麼都沒有，憑什麼你的弟弟妹妹都有企業，我都沒有什麼錢呢，這哪行啊？

最後，全家鬧得不可開交，他和太太的感情也出現了問題……最終的結局是弟弟妹妹們還在這個城市，而他跟太太離婚了，自己帶著兩個孩子離開了這個城市。後來，我也不知道這個人到底怎麼樣了，幾乎銷聲匿跡了。

我作為整件事的旁觀者看到的是，如果一個家的家風不端正，那麼大家在利益面前就會鬧，鬧起來之後，企業就不行了。

因此，當家裡不安定時，無論男士還是女士，在外面拚事業都拚不好，因為他們的腦子是亂的，每天會把大量的精力分散在如何處理糾紛上。

這句「其安也，易持也」，其實也可以用家和萬事興來解釋。

你的企業有企業文化嗎？

我在商學院講課講了五年多，我發現中國的企業裡很少有企業文化，基本是靠績效考核，也就是獎金和罰款來支配員工。沒有企業文化會有什麼問題呢？大家會因為沒有文化的滋養，沒有底線，從而為了錢勾心鬥角、互相拆臺，搞得「你死我活」。在這樣氛圍的公司裡工作，大家都會受傷。所以，我在商學院講國學課程的時候，就很希望企業的領導者聽到國學文化以後，能夠在企業裡引入這些內容，幫助大家建立道德底線，建立關愛、公平、忠誠的企業文化。

這樣的文化建立好以後，大家的心往一處使，企業有了凝聚力，就更容易往前走，這叫「其安也，易持也」。

如果沒有這種文化，同事之間互相挖陷阱或挖坑，讓對方往裡面跳，公司會不斷動盪，很難會有好的發展。老子講的「其安也，易持也」，無論在生活中還是工作中，都有特別大的意義。

每天讓自己保持安靜狀態一段時間

其實現在大部分人的生活幾乎沒有安靜的時候，早上起來就忙，上班了繼續忙，回到家又開始忙孩子，整天都處於一種紛亂的狀態。這種狀態不利於一個人想清方向，也不利於歸納整理、總結經驗和教訓，總之不利於個人的提升。

什麼樣的人才能真正提升？經常挪出一段時間保持安靜狀態的人，更容易看清自己當下的狀態。比如，你每天早上起來靜坐一會兒，晚上回來靜坐一會兒，想想今天的得與失，要怎麼提升自己、怎麼改進、怎麼做得更好。

你別看這段時間不長，就算只有十分鐘也能發揮很大的作用。**一個人只有在安靜的狀態下，才能好好地把持自己的心態和心念**。在這種時候你可以把自己的心念集中，想清一些問題，這對你日後的改進更有好處。如果你一直在忙亂中不斷地去做，低水平地重複，將很難有提升，效率一定也不高。

我見過這樣的人，生活得很講究，每天早上起來靜坐一會兒，想想人生的方向——要為大家付出，讓眾生都幸福。每天早上三分鐘，就能讓微笑掛在臉上一天。每天晚上想想今天自己做得好不好；哪些地方好，哪裡做得不好；哪個地方需要改進……每天晚上想五分鐘，你會發現，明天再工作，你的狀態跟昨天是不一樣的。

我不是瞎說的，這是別人這麼做之後得出的經驗，你可以在平時嘗試一下，看看自己的變化。

02 端正自己的每一個念頭，才能避免大的禍患

其未兆也，易謀也

總想獲得又獲得不了，人生的痛苦大多來源於此

「其未兆也，易謀也。」這是什麼意思？我們在前面提到，你的思想和心理狀態還沒有出現萌芽的時候，是容易控制的，因為它還沒有出現什麼兆頭。

我們經常講，盡量清空欲望，老子為什麼這麼重視清空欲望呢？

實際上，每個普通人都有欲望，它會不斷地滋生，我們生活的歷程就是欲望不斷生發的過程。坦誠地講，欲望對一個普通人來說，好壞參半。對於一個領導者來講，欲望越大越糟糕，領導者手裡有權力、有資源，他很可能會利用這些為自己攫取，從而傷害到大家的利益。所以，老子特別強調領導者要清空自己的欲望。

對普通人來講，清空欲望的好處也非常大。總有朋友跟我說，羅博士，欲望都清空了，活著有什麼意思？

很少有人能將欲望清乾淨，因為每天早上起來你會想吃飯；看到街上別人開的好車，自己也想有一台……這些都是欲望，這些欲望會不斷地滋生，只要你生活在社會裡，就會有欲望。

甚至動物也有欲望，我以前在村子裡住的時候，經常觀察小動物。如果村子裡有一隻雌性的狗分泌什麼激素了，雄性的狗就像瘋了一樣，追著牠到處跑，這就是激素的改變促使牠們的行為發生了改變，這也是一種欲望驅動。

人也是如此，很多欲望都與我們身體的本能有關，跟激素的分泌有關，這些是我們與生俱來的，可是大家要想和平共處，就應該學會管理自己的欲望。

實際上，老子在這裡提出的理念，是管理欲望的一種方式。「其未兆也，易謀也」的意思是，欲望還沒有萌芽的時候，你容易控制它，「謀」是謀劃、控制的意思。

比如，現在的車很多，而且車的性能越來越好，我們都希望擁有名車，這是心裡的一個小念頭，但買不買是另外一回事。可能我們開著十萬塊的車，也覺得很不錯，就是把它當作一個交通工具而已。如果哪天朋友帶你去名車的展示中心逛了一圈，你一看這些車太漂亮了，就會想：我要是能開著這種車上下班、出去吃飯，顯得我多成功啊——去一趟展示中心，這種欲望就開始萌芽了。

如果讓你試駕，腳輕輕一點油門，車就順暢地「飄」出去了，感覺都沒什麼阻力；

車的雷達也特別好，停車的時候，周圍的情況一目了然；車上還有很多你以前沒見過的技術……試了車以後，欲望徹底出來了，結果一詢問價格，人家說這輛車九十多萬。將近一百萬的車，對於普通人來說，確實價格不菲，這個時候你開始每天念念不忘——這種兆頭一出現，你想控制就不太容易了。

我只是拿車子舉一個例子，並不是說性能好的車不好。收入很高的人買這種車是正常的，但對於沒有在那個位置上的人，有這種欲望對他來說是一種痛苦——**總想獲得又獲得不了，就會痛苦，我們人生的痛苦絕大多數來源於此。**

老子講得特別清楚，「其未兆也，易謀也」，在沒有苗頭的時候，如果你能夠把它控制住，不到這個環境裡，不讓它產生，這是比較容易的。

作為領導者，你一定要控制你的欲望

有的朋友講，生活中所有的欲望都這麼控制有好處嗎？那我們豈不是不能出門了？

《道德經》告訴我們，作為領導者，你一定要控制你的欲望，這是領導者的素養之一。因為領導者有帶領大家往前走和讓大家一起幸福的義務。

對於普通人來說，這段話只有借鑑意義而已，我們未必要把所有欲望都清空，但是有一些不恰當的欲望，比如今天想吃魚翅，明天安排鮑魚，如果你每天吃這種超出你生活能力的食物，這種欲望是需要控制的，否則你早晚會被這種欲望所傷。

我覺得一個人活著的理想狀態，是盡量把自己的欲望放下，如果真的要留下一個念頭，應該是你能夠為社會、為大家帶來什麼。這個念頭可以幫你把握做人做事的方向，最終你以前祈求、希望得到的東西，都會來到你的身邊。這時候你可能沒有那麼在意這些了，此時的獲得是很幸福的。

在生活中這種道理處處都是。現在很多人做事不注意細節，這會帶來事業上的挫折。如果做生意要跟別人合作，你如何判斷和這個人合作是否能夠成功呢？有很多人都是剛認識的，我們只能根據現在的一些細節來推斷未來會如何，這是每個人本能會去做的事。比如，你和別人合作，你給他一個特別小的任務讓他做，做完之後他賺了五百塊，他會怎麼處理這五百塊？如果他不出聲，自己把這筆錢留下，沒有按照約定的跟你分，這就是一個很重要的細節。雖然這個錢很少，真正做大生意的人好像不在意這個，但是你記住，做大生意的人一定是根據這種小事來推斷未來如何，你說他看見你這樣做，之後會把五千萬的生意給你嗎？

據我所了解的商界，基本上大家都不會這麼做的，因為做事時會考慮未來怎麼樣。

每個人的信譽，都是由自己做事的點滴細節呈現出來的，大家會透過這個來評判你這個人如何，有沒有合作餘地。

老子的「其未兆也，易謀也」也可以這麼理解，剛剛有一點小的苗頭，就能看出未來會出現大麻煩，還沒等小苗頭變大，就趕快處理它。

比如，你是公司的領導者，你發現下面的一個部門經理在跟客戶談合作的時候，面對幾家客戶，他只對其中一家客戶特別熱情，經過了解發現那家公司特別擅長公關、特別擅長給回扣，本來你正要提拔這個部門經理，這時候你還會不會提拔他？

剛看到這個苗頭，你就要趕快處理，找他談話，跟他講公司的紀律，提拔基本上都要暫緩，因為你會防範，否則等這種苗頭變成熊熊大火，就會影響公司了。

老子講的這句話很簡單，但是道理很深刻。**很多事情如果能在剛有點兆頭的時候就解決掉，能避免日後形成大的禍患。**

03 當你的企圖心過大，往往就會走彎路

其脆也，易泮也。其微也，易散也

什麼事在萌芽的時候，都是最容易把控的

「其脆也，易泮也。其微也，易散也。」（這兩句話在帛書甲乙本中都殘缺了，所幸郭店楚簡中還有，我們可以跟現在的版本對照一下。）「其脆也，易泮也。」這句話的意思是，當一件事剛剛萌生，還很脆弱的時候，容易被破壞，「泮」當破碎、破壞講。「其微也，易散也。」這句話的意思是，當一件事情在微小的時候，很容易散掉。

老子在這裡一直講這個道理，什麼事在萌芽的時候，都是最容易把控的。

作為一個普通人，在生活中有小欲望是可以的，但如果你的欲望超出了你的位置，就沒有必要了。你可以先放下它，認真做事，最後你所期望的東西，有可能會提前來到你身邊。但如果你為了這個東西拚命地去做，就相當於背著一個大包袱往前走，很有可能欲速則不達。

有很多人在留言裡表達了這樣的困惑：沒有了強烈的企圖心怎麼做事呢？

其實有的時候企圖心是有用的，但有時它也是你前行的包袱、健康的隱患。如果你能放下企圖心，認真做事，就不會有那種得不到又想得到的焦灼，不僅你的身體會好很多，做事也會純粹很多。

當你的企圖心過大，為了獲得什麼而做事時，你往往就會走彎路。很多企業家，最開始都是為了發財、為了改善家庭生活而創業，等到他賺了錢以後，就不知道要幹嘛了，他的目的達到了以後，就陷入了困惑。

如果一個人不懂做事本身的重要性，只是為了賺錢的話，那有人和你說有一個機會能夠讓你多賺一億，但有點違法的嫌疑，你做不做呢？如果只是為了賺錢，那麼很多人就會走彎路。

所有點滴的小習慣，我們都別輕視它

我為什麼要強調在事情剛剛有點苗頭時控制它？這和我一直以來花這麼大力氣做健康宣導的工作是一樣的。其實我們在健康宣導方面做得不盡如人意，而很多先進國家不斷地投入精力來宣導健康知識，抓住前端，後端就輕鬆很多。

舉個例子，日本在健康管理方面就比較嚴謹，如果你去體檢，醫院做完體檢後，還會讓你填寫心理量表，由心理醫生幫你填。從這個表格就能判斷出你的心理趨勢，他們會定期寄送資料，根據人們的性格，有的可能會寄送佛家的資料，有的可能是儒家的資料……他們會透過這種方式不斷地早期干預你的情緒，讓你慢慢有所改變。

在日本，控制體形控制得很厲害，據說日本公務員的腰圍是不能超標的，超標了就辭退。現在我們看大肚子的男士很多，其實大肚子是因為內臟的脂肪多，體內的痰濕太重，只要身體受到一點影響，就會引起各種疾病，比如心腦血管疾病、糖尿病等。

後來我找人求證了此事，朋友跟我說日本確實有這麼一個法規，據說在社區裡，如果大家看見哪位男士的肚子大，就會不斷地發送與健康相關的資料給他。基本上日本人都有這樣一種思想：吃飯不能拚命吃。我看過日本人吃飯，吃幾個壽司就結束了，人家吃七分飽可以了。

我記得特別清楚，我父親告訴我，他年輕的時候在日本的大學講課，到中餐館吃飯的時候，通常都能看到有很多中國的留學生在那裡打工，有個中國留學生就跟我爸爸講，他們打工的老闆每天就給他們吃一點飯，都吃不飽。我爸覺得太可憐了，就和那個學生說等哪天包餃子，讓他過來吃。

當時，我們都覺得資本家很壞，現在發現資本家自己也都這麼吃，吃飯都是七分飽。而且日本的孕婦在懷孕的時候，都嚴格控制自己吃肉的量，據說有的中國孕婦去日本生孩子，都饞肉饞得不行，因為在中國大家都是放開了吃。為什麼日本控制得這麼嚴格？你會發現，基本上在日本生完孩子，很容易恢復，孩子健康、體重正常，母親的體重也正常。這就是前端把控得好，後端出現的問題就少，人均壽命普遍延長。

據中國國家衛健委統計，中國人有70%的醫療費花在壽命的中末期，就是這一輩子不怎麼花錢，但最後得了大病，住在加護病房裡，有的人一天花幾萬塊都不夠。

其實我覺得很少有什麼疾病是突然暴發的，大病都有長期生活習慣累積的影子。有的人愛吃肉，從小就培養孩子吃肉，如果你天天吃肉，腸道裡的食物成分就比較單一，這樣一來，日後罹患腸道腫瘤的可能性就會比較大。

現在罹患腸道腫瘤的人數直線上升，這跟我們吃太多肉，改變了飲食結構有關，一點一點累積起來，結果就養成了習慣，最終釀成了大禍。所有點滴的小習慣，我們都別輕視它，要將它擺正。如果你將它擺正了，將來就全是正向的東西；可是如果你的習慣是糟糕的，比如你就是愛吃肉，就是經常熬夜，最後累積起來，等到身體虛弱不堪的時候，往往就無力回天了。

很多人將一些不好的習慣累積了二三十年，最後到處尋找名醫，讓人幫他開方子，想透過一個方子就把自己經年累月的問題調理好，你說能解決得了嗎？未必。

凡事有因必有果，在健康方面也一樣，我們現在看到的病都是果，而因則是我們之前的不良生活習慣，這些因逐漸累積，有的人累積了十年，最後形成了一個果，這往往是很可怕的。可是現代人就看重果，哪裡有問題就割哪裡——誰要是能把這個果給我消滅了，誰就是好醫生。

你要知道，有的人可以幫你把這個果切掉，或者用藥消除掉。但如果你的因沒有改變，仍然在累積這個因，累積了一段時間後，這個果會繼續暴露出來的。

一個人的一生有多少年？人體正氣會隨著年齡增長不斷地衰退，大部分人過了四十歲以後，正氣就開始逐漸衰退了，但你累積的因還在不斷增加，你說這個果你能控制得了嗎？遲早有一天你會控制不了。這是我們都需要警醒的事。

之前我看過一篇專門研究成功人士的文章，什麼叫成功人士？基本上說的是家庭幸福、事業成功的人。研究之後大家發現了一個想不到的特點，就是這些成功人士都特別自律，他們每天早起，定時起床，定時吃飯，每天的生活都很有規律。而且大多數成功人士的身材都保持得特別好，對人彬彬有禮，十分有修養。

我看完這篇文章很感慨，他們的自律不僅影響了他們的事業，也影響了他們的身體。

生活是一體的，你的身體好，你的事業才能好。

老子講「其脆也，易泮也。其微也，易散也」，就是告訴我們凡事都是從點滴累積起來的，好的習慣我們就繼續培養，不好的習慣我們就逐漸消滅它。有因必有果，只有這樣，我們最終才能修成正果。

04「君子不立危牆之下」

為之於其未有也，治之於其未亂也

不要忘記「曲突徙薪」的故事

「為之於其未有也，治之於其未亂也。」（這句話在帛書本是殘缺的，郭店楚簡寫的是「為之於其亡又也，治之於其未亂」，這裡的「亡」通「無」。）這句話的意思是，在不好的事沒出現的時候，你要做好預防；在它還沒有亂的時候，你要做好治理。

老子在前文講的都是在事物剛出現萌芽的時候，很容易控制住，這叫從細小的事開始抓起。但在這句話中，老子提出了更高的要求——事情還沒有出現苗頭的時候，你就要進行預防。這需要人生智慧，需要有人生歷練，需要我們去感知世界，而且對世界有一個特別好的把握。

有一個成語故事叫「曲突徙薪」，這個故事說的是有一戶人家建了一棟房子，許多鄰居和親友都前來祝賀，人們紛紛稱讚這個房子造得好，主人聽了也十分高興。但是有一位客人過來和主人說：「你家廚房裡的煙囪是從灶膛上端筆直通上去的，這樣灶膛的火很容易飛出煙囪，落到房頂上引起火災。你最好改一改，在灶膛與煙囪之間加一段彎曲的通道。這樣就安全多了。」這個客人還沒等主人答話，又接著說：「你在灶門前堆了那麼多柴草，這樣也很危險，還是搬遠一點好。」

主人聽了以後覺得這個客人是在故意找碴，為的就是想讓他出洋相，心裡很不高興，也沒有採納這些意見。沒想到過了幾天，這棟新房果然由於廚房煙囪的問題起火了，左鄰右舍齊心協力才終於把火撲滅了。

後來，主人為了酬謝幫忙救火的人，專門擺了酒席來請大家吃飯，唯獨沒請那位提出忠告的人。這時，有一個人就提醒主人：「你把幫助救火的人都請來了，為什麼不請那位建議你改砌煙囪、搬開柴草的人呢？如果你當初聽了那位客人的勸告，就不會發生這場火災了。」

主人聽了以後，突然醒悟：真是，如果我當初聽他的勸告，何至如此？於是，他趕快去把人請過來奉為上賓，並對他表示感謝。從此留下一個成語「曲突徙薪」，這個成語通常指消除可能導致事故的因素，防患於未然。

故事裡那個提出勸告的人，就是在危險還沒有出現的時候，根據所有的因素判斷，奉勸他人應該加以防範，這就叫防患於未然。「未然」是還沒有出現的意思。在生活中這樣的道理比比皆是，如果我們能夠在問題還沒有出現的時候，就保持清醒和克制，並且理性對待，你會發現後面的苗頭是不會出現的，更不用說熊熊大火了。

「不立危牆，不履險灘」

古人認為「不立危牆，不履險灘」，就是告訴我們別處於可能出現危險的狀態裡。如果我們理解了，做事可能會從容很多。

比如，你要做生意，對方跟你談的項目非常好，但是你發現對方的另外一個項目是違法的，裡面存在很大的隱患，你還跟不跟他合作？雖然你們這個專案沒問題，看起來好像也和你的合作沒什麼關係，但如果他另外一個專案出了問題，整個企業都會受到波及，這種情況就屬於「危牆」。

交友也是這樣。我的一生中遇見過很多這樣的人，話說得天花亂墜，給人一種不可靠的感覺，這樣的人即使再熱情，我也會漸漸遠離他。到現在為止，我的人生經歷告訴我，這種決定都是對的。**在你無法規勸他人的情況下，遠離他，不要被其影響，往往是最正確的選擇。**

很多年前我認識了一個朋友，這個兄弟為人豪爽、大方，大家一起喝酒、一起玩，非常開心。後來我逐漸發現，他說的跟他的真實情況往往有很大的差別，有時候他做出的事也超出我的想像。當時我就決定要遠離他，儘管交往時很快樂，但我覺得他做人還是有點問題。結果後來證實了我的想法，這個人搞了一個騙局，騙了別人很多錢，最後被抓去關了。

「不立危牆，不履險灘」的意思就是告訴我們，不要等到危險出現了再去挽回。

很多無妄之災，都是沒按規則做事所致

我看過這樣的新聞，有的人到河邊去洗車，為了省二十塊錢洗車費，結果洪水來了，一下子就把車子沖走了，甚至人都因此而遇險。

我們誰也不知道什麼時候會洩洪，但這種情況告訴我們，**在做事之前要先做預判，做這件事有可能會存在什麼危險，這種警示的智慧在生活中十分重要。**

開車也是一樣，當經過彎曲得特別厲害的路段時，通常交通部門都會做相應的提示，告訴你前方路段需要注意，發生的車禍很多，但有的人根本不管，還是高速通過、切換車

道超車……你可能切換車道一百次、超車一百次也沒事，如果有一次突然失控，那後果很有可能就是車毀人亡。

這些都是無妄之災，就是你沒按規則做事所致。如果你按規則做事，提前預防，就不會有這樣的問題出現。我開車時，天天被人超車，為什麼會這樣？其實我開車的速度是正常的，就是等速往前開，但是其他車著急，見縫就往前躥。我開車這麼多年，基本上沒有發生過交通事故，但是我目睹的車禍很多，原因都是大家沒有按照規則做事。

那麼，怎麼才能「為之於其未有也，治之於其未亂也」呢？怎麼能在事情還沒發生的時候，就能意識到有事呢？

第一，我們需要對周圍的世界有所洞察。你能夠觀察到世界的變化，能夠了解自己所處的位置，就能夠做到防患於未然。

第二，遵守規則。這些規則都是基於大數據統計之後的結果，人們經過長時間的生活，總結了遇到什麼問題的比例比較高，最後制定出規則來幫我們最大程度地避免危險。

如果你能夠遵守規則，就能夠「為之於其未有也，治之於其未亂也」。

05 人是最了不起的動物，什麼都能學會

合抱之木，生於毫末。九成之台，作於蔂[2]土。

百仞之高，始於足下

人生的成就，都是一點一滴累積起來的

「合抱之木，生於毫末。九成之台，作於蔂土。百仞之高，始於足下。」這句話大家耳熟能詳。

「合抱之木，生於毫末」的意思是，特別大的、需要幾個人合作才能抱住的樹，它在初生的時候，也是由一棵小苗長起來的。

「九成之台，作於蔂土」裡的「成」字，在通行本裡寫的是「層」，這兩個字是同義的，所以用哪個都可以。

2 蔂：ㄌㄟˊ（léi）。

「九成之台」的意思是一層一層的台，「作於蔂土」的「蔂」字當土筐講，就是那種拿藤條編的土筐。當年建城的時候，就是拿藤條編的土筐一點點往上背土。也就是說，一筐一筐的土最終累積建成了特別高大的建築。

「百仞之高，始於足下」跟通行本寫的不一樣，通行本寫的是「千里之行，始於足下」，這個寫法非常流行，大家都聽過。實際上在帛書乙本裡，這句話寫的是「百仞之高，始於足下」，「仞」字在過去代表長度單位，大約七八尺，我們的胳膊一展開是一仞。「百仞之高」就是很高的意思。「百仞」高的大山，也要一步一步往上走。

這幾句話連起來的意思就是，無論多了不起的任務，都是一點一點完成的。這就是說，人生的成就，看起來很絢爛，實際上都是一點一滴認真工作累積起來的，你只要認真地做，最後會進入一種很高的境界。

我們經常看到雜技演員，一個一個碗累起來，一個一個板凳累起來，有的人站在特別高的地方還能弄個碗在頭頂頂著，我們看得瞠目結舌——不得了，這要是我上去肯定立刻摔下來……

為什麼他能完成其他人無法完成的任務？因為他經過千百次不斷的訓練，是一點點加深難度的，這種人是了不起的，能經歷千百次的訓練，就能成就了不起的功績。

再比如，你看書法家寫字寫得那叫一個漂亮，運筆如流水一般，你拿筆寫一下試試，可能寫完你自己都不忍心看。書法家的字之所以寫得那麼好是因為他每天一點點地練，練書法就跟運氣一樣，每天要用自己的氣來讓這些筆上的毫毛順著某一個方向走，然後才能寫出漂亮的字來，這是很了不起的。你看齊白石畫的小動物，唯妙唯肖。有畫畫的朋友跟我講，除非齊白石得了大病動不了，否則他每天都會堅持畫畫。日積月累，他才能成就了不起的功績。

世上沒有人學不會的東西

當年在讀碩士的時候，我們有一門叫做「醫學檢索」的課。世界上每天有很多醫學論文發表，全球醫學領域的論文多到什麼程度？大約兩三週就會出一本書，書的厚度差不多一寸，書裡的內容就是目錄、論文題目和幾行字的主要內容。醫學內容這麼多，學會檢索是非常有必要的。

學的時候，我們班有位同學倒楣了，這位女同學是學日語的，不是學英語的，可是我們考試，要求必須用英文醫學檢索，各種藥名、病名多如牛毛，我們學英語的一看都頭痛，考試的時候都頭暈，更何況是學日語的。我們都替這位學日語的同學頭痛，她來問我們問題，我們也很不耐煩，因為她不斷地問問題，當時我就說：「你這麼問是浪費時間，你應該去跟老師提出你不考，因為你是學日語的。」

當時，這位女同學說了句讓我很佩服的話，她說：「放心，你們不用替我煩惱，人是最有本事的動物，沒有人學不會的東西，最後我一定能通過考試。」結果她就開始認真記，不斷地找其中的規律，我們看了都覺得累。最後她真的考過了，而且分數還不低。

從這件事起，我對這位同學刮目相看，她說的話一直記在我的腦子裡，「人是最了不起的動物，什麼都能學會」。

這說明什麼？**很多我們看起來覺得難以做成的事，只要你認真、踏實地去學習、去做，沒有什麼是達不到的，因為人的大腦尚未開發的領域太多了。**

我們看到所有宏大的東西，都是由點滴的細節構成的，只要我們每個人都努力做，人生就會有所進步。

06 不執著就不會失去

為之者敗之，執之者失之。是以聖人無為也，故無敗也；無執也，故無失也

不良的欲望也是由點滴累積而成的

「為之者敗之，執之者失之。是以聖人無為也，故無敗也；無執也，故無失也。」想要搞懂這句話的意思，就要搞懂前面講的意思，老子在前文告訴我們，那些了不起的豐功偉績，都是從點滴細節做起的，這是世界的規律。好的方面是這樣，壞的方面也一樣。

一個人的壞脾氣也是由平時不注意修養形成的，一個人身體糟糕也是由平時的好習慣沒有注意累積所致。欲望也是如此，很多人的欲望很大，不斷地想要獲取，也都是由點滴累積起來的。一點點沒注意到，最終就會釀成危害特別嚴重的性格特徵。

老子接著講「為之者敗之」，你作為領導者，別看你為自己的念頭小，但是它會越來越大，最後「敗之」。

我曾經看過一個講貪官的採訪。有一個女官員，她是從基層做起來的，曾經工作做得非常好，品性也非常好，後來逐漸做到了市一級的管理職位，她周圍的一些官員和同事都或多或少地為自己撈、貪，她覺得自己應該潔身自好，所以人家送錢、送禮物，她都不要。

很多人想拉攏你下水時，會無所不用其極，不斷地琢磨你喜歡什麼，最終找到你的弱點。有一次，有個女商人就跟這個官員說：「我們晚上去休息一下。」結果她們就去了豪華的女性消費場所，這個女官員一看，同樣是女人，怎麼別的女人都活得這麼瀟灑？她的心理防線就逐漸被攻破了，女商人就從這裡開始行賄。她讓女官員加入了某個會，這些會員都穿得特別好，沒有好衣服怎麼辦？女商人又幫她挑衣服，給她購物卡，要她多買些衣服、化妝品，告訴她「女人要對自己好一點」……

你說這個事大嗎？很多人會說，官位那麼高的官員，給張購物卡不是很正常嗎？但她就是從小處開始，結果越收越大，最後成了一個巨貪。

為什麼老子講「為之者敗之」？因為「合抱之木，生於毫末。九成之台，作於蔂土。百仞之高，始於足下」。你要是有一點放鬆，就會有越來越多的「破口」出現，**只要領導者有一點撈取的私心，最終都會引起禍端**。

「執之者失之」的「執」，最初當追捕、抓捕講，一個人手被銬上了叫「執」，後來引申為把持、拿著什麼東西的意思。

「執之者失之」的意思是，作為領導者，如果你覺得私利就是你的，你一定要獲得，那麼你最終會失去它。因為「破口」越開越大，你完全為了自己，不顧被管理者的利益，最終會失去大家的支持，失去你所擁有的。

比如公司的領導者創業成功，公司賺了錢以後，你覺得這錢都是自己的，你要「執」它，不給員工一點福利，員工還可能支持你嗎？

上海晨光文具的老總，在公司上市的當天把我請到現場，他和我說：「羅博士，今天我的公司上市了，我要做的第一件事就是拿出十億分給我的員工，那些跟我一起創業的員工都有股份，讓他們將來的生活也有所保障。」我當時聽了很感動，他沒有認為上市了這些錢就都是自己的，而是想到了跟他一起創業的員工，這種「不執」的狀態、跟大家分享的狀態，才能讓大家都來支持他、成就他。

聖人會不會失戀？

「是以聖人無為也，故無敗也；無執也，故無失也。」我們知道了前面那句話的道理以後，再看這句話，基本上就懂是什麼意思了。如果不懂前面的道理，你會覺得聖人太高明了，什麼事都不做，也從來不敗。如果你這麼解，看似很高明，實際上是對《道德經》的歪曲。

「無執也，故無失也」一般人會解釋成聖人什麼也不拿，所以他也不會失去。這就好比問聖人會不會失戀？聖人根本不談戀愛，所以他永遠都不會失戀。你說這是智慧嗎？真正高明的是他談戀愛，但他為了對方著想，不斷地關愛對方，所以才不會失去對方。

實際老子講的是「為之者敗之，執之者失之」，是在說你為了自己去撈取，最後就會越撈越多，變成大禍。你覺得所有東西都是你的，你不給員工福利，大家不來支持你，最終你會失去這個公司。

「是以聖人無為也」，他不會為了自己的私利去撈取，「故無敗也」，所以他不會「敗」，「無執也，故無失也」，他不會把持什麼東西，不覺得什麼東西就是我的，而是願意跟大家分享，願意為大家帶來好處，大家都因此更願意來成就他，他反而不會失去他們，這才是老子講《道德經》的真正涵義。

這種境界，很多企業家還達不到，這是我們遺憾的地方。

但是我們學習國學，不是講講、聽聽就完事了，而是要一點點去做，點滴累積起來，我們的人生就會有所成就。其實老子已經把道的內容講得非常清楚了，我們如果能去不斷實踐，人生就會有所收穫、有所提升，我想這也一定是老子所期望的。

07「慎終如始，則無敗事」

民之從事也，恆於幾成而敗之，故慎終如始，則無敗事矣

人一定要時不時找找自己的初心

「民之從事也，恆於幾成而敗之，故慎終如始，則無敗事矣。」老子在前面講的都是聖人，從這裡開始說「民」，「民」指普通人。

普通人為什麼這麼容易犯錯？「恆於幾成而敗之」，為什麼總是在事快要做成的時候，把事搞砸了？

老子說「故慎終如始，則無敗事矣」，意思是做事做到最後，如果能保持著一開始的狀態，謹慎得像開始時那樣，你就不會失敗了。

這句話非常重要，這是我們修練中的一大問題。如果我們明白了這個道理，知道了原來道是這樣的，開始一點點去做，為大家付出，大家再來成就你，你做事就會越做越好。這時候你的地位上來了，人的本性就容易顯露出來，比如自傲和自慢，利他之心也開始失

去，這個時候和最開始比就相差甚遠，這就叫有始無終。初心退卻了，這樣下去你會離道越來越遠，最終導致敗落。

我曾經聽說過一位企業家，當年在創業的時候是熱血青年，他創業的口號是為了大家謀幸福，就這樣，做著做著確實把企業做大了。因為他當時的發心是正的，企業越做越大，員工也越來越多，他就開始想：我這麼有錢，我怎麼也得享受享受。於是就開始賭博了。賭博這個東西基本上一陷進去是離不開的，很難擺脫，於是他就不斷地去賭。有很長一段時間，他們公司的中層領導者彙報工作，都要到澳門賭場去彙報。這就是沒有「慎終如始」，結果他的企業開始走下坡，最後他也離開公司了。

像這樣的企業家，我見過很多，為什麼最後他的人生如此黯淡？就是因為他忘記了初心，沒有做到「慎終如始」。剛開始的時候他可以跟員工打成一片，一起吃便當，每天在工地上跟大家一起奮鬥。這讓大家覺得，老闆跟我們是朝同一個方向走的。所以大家都來支持他，可是慢慢他的公司做大了，他的地位高了，下面的員工想見他都難，這個時候他就會跟員工離心離德，大家不會團聚在他周圍了，企業也開始走下坡。老子講的道理是非常深刻的，無論做什麼都要「慎終如始」。

爲什麼我們做不到「愼終如始」呢？

在生活中不能保持初心的人比比皆是。比如，談戀愛時男性會特別積極，每天一束鮮花，接送上下班，甜言蜜語說了很多，把愛人照顧得無微不至。一旦結婚了，他們回家要另一半做飯，自己玩遊戲，孩子哭了也要對方去哄，和最開始戀愛時簡直像變了一個人，這就是沒有做到「愼終如始」。這樣經營家庭，太太的怨氣會越來越大，時間長了肯定會出現問題。

基本上現在大部分人做事，都是做著做著感覺沒什麼意思，就再換一個。我見過很多年輕人頻繁換工作，有的人跨行跨得太大，最後我收名片都有點收暈了，不知道對方到底是做什麼的。過了十年以後，你再看這個人，估計還是在起點上剛剛出發……

像這種不斷轉行又從零開始出發的人，浪費了太多時間。**其實條條大路通羅馬，哪個行業你把它做精了，你都是了不起的人。**如果你來回換行業，說明你沒有定力，不知道自己為什麼要工作。沒有找到初心，你就無法一直堅持下去，這是非常可惜的。

為什麼我們做不到「愼終如始」呢？大家都知道要保持初心，這些道理我們都懂，可是為什麼我們做不到呢？

我覺得原因有兩個：

第一個原因是太在意回報。就是我聽說道的原則很好，按照道的原則做事，能讓我的事業越來越好，所以我要對大家好。這種人做事是為了自己的回報，如果他做了一段時間，發現沒有收穫到想要的回報，就會開始懷疑——這個有用嗎？到最後他可能就會覺得算了，不做了。

在意回報的人往往無法堅持下去，實際上環境是慢慢改變的，稻盛和夫剛到日航當董事長的時候，是因為日航巨額虧損破產了，他去重整。剛開始也很艱難，他去講課給員工們聽，一個月做了十七場講座，講的就是無我利他。你說他講無我利他，員工就信嗎？一開始員工都覺得他是傻子，覺得這個人是來耍他們的。

日航的員工也是逐漸轉變的，如果你剛懂了道的原則，做了兩週以後，發現大家都沒什麼反應，你就不做了，那就錯了。

我覺得，是否這樣做事不取決於大家的反應，而是取決於你這樣做了以後，是否覺得內心坦然、快樂。如果你覺得快樂，你就繼續做，無論回報是好還是壞，都別在意它，它沒有那麼重要。

第二個原因是有了回報之後，有時候會把持不住，從而出現問題。

這就是我在前文提到過的，每個人都有弱點，我們有善良的一面，也有貪婪、自私的一面，當我們按照道的原則做事，事業有了起色，大家也都來支持我們的時候，私心就特別容易暴露出來。

比如，我當年還是個小窮書生，沒有任何人關注，我就默默地寫東西，我當時就想把古代的醫道寫給後世的人，這是我此生的任務。所以我就不斷地寫，那個階段我的心裡很純淨，寫東西的速度也很快，能寫出很多內容。後來，我上了《百家講壇》，稍微有點小名氣了，這時候到哪裡去講個課程或健康知識，都有當地的公司負責接待，帶我到各個景點去看一看，到了之後還會有人說：「羅博士，你要不要題個詞？你可是大師啊！」

這個時候可不能被說暈了，開始飄飄然，覺得大家都圍繞著自己，因為我有學問啊——如果這麼想就壞了，晚上回家就找不到方向了。而且我也發現，每當這種自傲、自慢之心出來的時候，做事就會一塌糊塗，寫東西根本就寫不出來，因為已經失去了初心。**我覺得這是人生的一大障礙。在高處的時候，能把持自己的心態，保持初心，是人生非常重要的一個修練。**

現在我很少出現在電視裡了，因為我講的那些內容網路上都有影片，大家可以在影片裡看，否則不斷地出鏡，像明星一樣，太容易讓人生出自慢。

人一定要時不時找找自己的初心，有些事是要有所捨棄的。每個人都要盡量去克服這種傲慢的狀態，我也一樣，這就是老子說的「故慎終如始，則無敗事矣」的涵義。

想要做到「慎終如始」真的不容易，但是如果我們都能不斷地朝這個方向努力，做事成功的機率會高很多，對社會的貢獻也會比之前大很多。希望每個人學習了這句話以後，都可以問問自己，當時我做這個行業為的是什麼？我的憧憬是什麼？我的夢想是什麼？我現在有沒有保持初心？以後怎麼做才能把初心找回來？

你內心的答案，就是我們學習本章的意義所在。

08 你為什麼覺得自己了不起

是以聖人欲不欲，而不貴難得之貨；學不學，而復眾人之所過；能輔萬物之自然，而弗敢為

經營的祕訣都在工廠一線的工作崗位上

「是以聖人欲不欲，而不貴難得之貨；學不學，而復眾人之所過；能輔萬物之自然，而弗敢為。」老子說的「是以聖人」，就是有道的領導者；「欲不欲」，這種人以「不欲」為自己的欲望，就是他沒有把私人欲望當作欲望，這是一種意動用法。

「而不貴難得之貨」的意思是，他不把那種為自己撈取的財富當作欲望，所以他不把那些難得的東西當作特別寶貴的東西去收藏、去索取。「難得之貨」在這裡代表物欲，我講過，古時候的寶石很珍貴，在春秋戰國時期，有兩個國家因為寶石打了起來，那時候一個寶石可以換城池。可是石頭就是石頭，為什麼說這就是寶石呢？因為它的形狀特殊點、構成特殊點、不容易得到，所以人們就認為它特別珍貴。

很多人都覺得自己了不起，覺得自己的身分就應該擁有這種難得的寶貝，其實這是一種私欲膨脹的狀態。「聖人欲不欲」，以「不欲」為欲望，行賄、受賄的行為基本上就不會發生。

老子接著講「學不學，而復眾人之所過」，「學不學」是以不學為學，很多人不明白這是什麼意思，難道不學習就是好的嗎？不是的，老子在《道德經》裡講的「學」大多是一種特指，指世俗的學問，這些學問往往是為了提高人們的名譽和地位堆砌起來的，其實這種學問的用處不大。

「而復眾人之所過」是說，聖人不在乎這些世俗的東西，所以他能夠幫助大家修復那些做得過分的、錯誤的地方。

這裡的「過」當路過、經過講，後來引申為超過。凡事都講求限度，一旦超過了，你就犯錯了，這是過失。後來「過」也當無心犯的錯誤，就是我們沒有特別想要犯罪，但是稍微犯了點過錯，這叫過失。「而復眾人之所過」的意思就是幫助眾人把所犯的錯誤糾正過來，恢復到正常的尺度裡。

晨光文具的老總在公司上市的第一天就跟我說分了十億給員工，這就是關愛員工的領導者。也有一些領導者，把企業做大以後，身價也上來了，沒事就在電視上露露面，指點一下未來的經濟走向，或者參加一些領袖巔峰論壇等。這種形式上的東西就叫「學」，這種「學」，你看起來覺得很講究，實際上是為了抬高自己，給大家看的。

經營的祕訣都在工廠一線的工作崗位上呢，如果你真的想傳遞自己的經營經驗和心得，你應該找這樣的場合，從頭到尾仔細地講，不要讓大家誤解了，並不是三言兩語，幾個企業家互相調侃一番，互相講一講，就是在分享企業經驗。我覺得這是在浪費資源，下面的人有可能聽得滿頭霧水，還有的人可能聽錯意思，反倒走了彎路。

那些有道的領導者幾乎是不會出現在那種場合的，因為他們能清醒地意識到自己企業經營的根本在哪裡，被大家吹捧時他們的虛榮心容易出現在哪裡……而那些不斷抬高某人、給某人虛榮心、覺得某人了不起的「學」，叫世俗之學，遠離它，就是老子說的「學不學」。

人與人之間沒有過分推崇、過分抬高，就能和平相處

什麼叫「而復眾人之所過」呢？就是大家本來應該平等對待，可是因為你是企業家了，大家就會「過分」地對待你，覺得應該把資源都給你，把地位也給你。

你只有放低自己，幫助大家，不講這些東西，才是「而復眾人之所過」。

這是這句話的第一層涵義，也就是說你成為領導者之後，大家對你會過分評價，會過分地抬高你，覺得你了不起，其實這已經過了，你要盡量把這種世俗的「學」給清除掉。

另外一層涵義是，當一個有道的領導者，頭腦清醒，不在意大家的這種過分推崇和抬高時，大家也會慢慢跟著你恢復正常。大家的這種錯誤行為，也會被你恢復過來。所以說這個「過」的第二個涵義是被領導者的「過」影響。

每個人都有私心、欲望，如果這些私心、欲望膨脹起來的話，人與人之間就會互相衝突，社會也會不和諧。

當一個領導者能放低自己的位置，不讓大家過分推崇自己，保持平靜的狀態時，你將發現大家都會跟著你變化，領導者的私心在這個過程中也會慢慢淡化下來。這個時候，整個系統的氣氛都會變得和諧。

如果你能進入這種狀態，就相當於進入了一種真正和諧的狀態，這叫「能輔萬物之自然，而弗敢為」。也就是說，人與人之間沒有過分推崇、過分抬高、過分虛榮，就能和平相處，這是萬物之自然。

聖人的作為能幫助人們進入這種狀態裡，所以叫「弗敢為」。為什麼會「弗敢為」？因為聖人有了這種理想，願意帶領大家進入自然、和諧的狀態裡，這就叫「能輔萬物之自然，而弗敢為」，也是老子講這些話的真正涵義。

第六十五章

上位者須知，仁義才是世間最大的利益

01 你想讓周圍的人變成什麼樣子，你就先做成什麼樣子

古之為道者，非以明民也，將以愚之也。
夫民之難治也，以其智也

眞正有道的領導者，絕不會教大家斤斤計較

「古之為道者，非以明民也，將以愚之也。夫民之難治也，以其智也。」什麼意思呢？

其中，「古之為道者」的意思是按照道做事的領導者。「非以明民也」，不是讓下面的人變得聰明，「明」是聰明，什麼都懂的意思。「將以愚之也」，而是使他們變得質樸、敦厚。「民之難治也，以其智也」，下面的人為什麼難以治理？因為他們太聰明了。很多人在看「將以愚之也」這句話時，都把「愚」解釋為愚蠢，覺得老子要愚民，這樣才好管理。其實不是的，這裡的「愚」當質樸、敦厚講。

「夫民之難治也，以其智也」的「智」是智慧的意思，在這裡引申為心機、想法的意

思。如果一個社會裡的人都敦厚、純樸，那麼大家就會相處和諧，沒有什麼利益衝突。如果人們都為了自己的利益費盡心機，不斷地想辦法為自己多撈點，就會破壞很多良好的準則，導致衝突越來越多。

比如我看過一則新聞，一個人開車載著自己懷孕的老婆，路上突然有一對母子穿越馬路，他為了躲這對母子，直接把方向盤往一個方向打到底，自己的車一下子衝進了溝裡，淹在水裡了。這時候救人是最要緊的事，可是那個穿越馬路的母親想：我要是救他們，這就是我的責任啊！於是她帶著孩子一言不發地轉身就走了……後來懷孕的太太先從車裡爬了出來，費了好大力氣才把老公從車子裡拉出來，真的非常危險。

為什麼這對母子會如此？因為他們只考慮自己的利益，只想著萬一要我賠錢怎麼辦，這就破壞了應有的厚道的準則。

如果人人都只考慮自己的利益，都只為了自己的利益而不擇手段地去爭取，整個社會一定會陷於混亂。

在公司裡也一樣，如果人人都只考慮自己的利益而勾心鬥角——看見同事下班了，偷偷去把他的電腦格式化，讓他這個月的業績泡湯。一旦有人這麼做了，公司就會一團糟，同事之間的關係也會更加緊張。

這種為自己的「智」是不需要的。老子認為，真正有道的領導者，絕對不會讓大家為了自己的利益變得斤斤計較，否則會變得難以管理。

在這句話中，老子實際講的是領導者，老子在其他章裡曾說過「民之不治」，為什麼會「不治」，因為你太「有為」了，這才是難以管理大家的原因，因為領導者太想為自己撈取了，所以下面的人也都跟著他學，這就是上行下效。

領導者怎麼才能讓大家變得質樸、敦厚？你命令大家，大家就能聽你的嗎？一定是領導者先變得質樸、敦厚，先放下自己的利益，大家才會效仿。

想讓孩子變成什麼樣子，你就要以身作則

我們在家裡教育孩子也一樣，很多家長不停地對孩子說：「你必須學習，我告訴你，學習是最重要的，你要是學習不好，將來沒有前途，趕快把作業寫好！」接著自己打電話給隔壁老王：「我們把麻將打起來啊，還缺誰啊？快點過來！」

你說你在隔壁打麻將，孩子會怎麼想？他會想：打麻將絕對是世界上最幸福的事，否則我爸爸為什麼天天晚上玩到十二點？學習太苦了，為什麼非逼著我坐這裡寫，他自己怎麼不學？你說這樣家庭裡的孩子會真正熱愛學習嗎？我覺得應該也有愛學習的孩子，但是

非常難。如果家長能以身作則，孩子就會耳濡目染地跟著學習，他看著自己的爸爸每天看書，每天講書裡的故事給他聽，他會想：書裡的東西這麼有意思嗎？我也看看吧……

在我的印象中，我們家人從來沒打過麻將，我父母不會玩，我到現在也不會玩。我記得小時候父親每天都在看書，母親不停地在寫東西。我要高考的那段時間，母親不知道為什麼下定決心要寫書。寫書在當年是非常了不起的事，那時候大學教授能寫本書都不容易，而且出書也非常難。

我母親是中學的校醫，家裡祖傳中醫。她下定決心要寫書之後，就開始天天查資料，白天上班，晚上回來後先替我們做飯。等我們都吃完飯，準備睡覺了，她才開始寫，每天晚上都寫到十二點。

母親的行為，當時我們家人都不理解，只有我父親支持她，每次母親寫完，父親都會幫她抄一遍。我覺得他挺了不起的。當時我就想：你一個中年婦女，寫什麼書啊？人家大學教授都沒寫什麼書呢，你怎麼可能寫出來書呢？

我當時極其反對，我認為母親根本不可能寫一本書出來。周圍的人也都覺得，她能把孩子照顧好、把班上好就不錯了。但我母親就是堅持下去，依舊每天晚上寫到十二點，查各種資料，翻看古代文獻的記載。沒想到等我上大學了，我母親的這本書真的出版了，而且在當年很受歡迎，還到臺灣展覽，被臺灣出版商看中，在臺灣也出版了。所以，我們家最早寫書的是我母親，而不是我父親，他是後來才寫書的。後來我經常想，如果我母親當年聽了大家的勸，放棄不寫了，慢慢過自己的小日子，這本書就永遠不會面世了。

你說我母親每天寫書，對我有沒有影響？是有影響的，當她寫的書真的面世了，大家都很尊敬她的時候，我就覺得寫書是件好事，把知識匯集起來跟大家分享，大家也很感激你，然後大家也受益了。

後來我為什麼會走寫書這條道路，寫出十幾本書來？我覺得跟家長的言傳身教是有關的，如果我們在家裡天天打麻將，我估計以我個人的毅力（我的毅力沒那麼強），不知道現在得成什麼樣了，說不定我現在也是天天打麻將到半夜。

想讓孩子變成什麼樣子，家長就要以身作則；想讓員工變成什麼樣子，領導者就要以身作則。

老子的這段話看似講的好像是領導者應該讓大家變成什麼樣子，實際他講的是領導者要變成什麼樣子，要變得質樸、敦厚。領導者變了，他的下屬就會跟著改變，這樣整個社會就和諧了，就容易治理了。

02 要想長久立世，定要仁義在前，利益在後

故以智知邦，邦之賊也；以不智知邦，邦之德也

不能僅靠經濟利益來驅動大家往前走

「故以智知邦，邦之賊也；以不智知邦，邦之德也。」這句話是什麼意思？「以智知邦」就是領導者為了謀私利，用智慧去管理國家，這個「知」是掌管的意思。「邦之賊也」，你就是國家的罪人。「以不智知邦，邦之德也。」你以敦樸的方式管理國家，是國家的福分，這個「德」當福分講。因為「德」在這裡當福分講，所以後世的通行本就直接寫成了「以不智知國，國之福」。

這兩句話的意思是，如果領導者用管理技巧來讓大家為自己撈取私利，就是國家的罪人；如果你不用這種方式去管理，你就是給國家帶來恩惠的人。

什麼意思呢？比如你開了一家大公司，你是老闆，你怎麼管理員工呢？

如果你告訴員工，錢是最重要的，做好了就多給錢，做少了就罰錢，你工作的目的都

是為了錢，員工就會覺得錢是最重要的。其實，很多公司都靠這個經濟槓桿來驅動大家往前走。

在一家正常的公司裡，應該有兩個車輪。一個車輪是對員工進行思想教育，跟他們說，為什麼要創業，為什麼要創立公司？是為了替社會提供價值和服務，要告訴員工，我們需要什麼樣的品性。

稻盛和夫就是這麼做的，在企業裡讓員工修行自己，提升自己的境界，所以他的企業像學校一樣，在這裡工作的人道德都高尚了。

另外一個車輪是在前一個車輪的基礎上，加上經濟驅動。我們朝著這個方向努力，把工作做好，薪資會更高，福利也會很好。所以，兩個車輪一起運轉的公司，才是好公司。

西方國家都在公司文化上面花了很大的力氣，可是現在，很多人只學到了後面的這個車輪——績效考核。把這個學來以後，很多企業都靠著績效考核在運轉，這會導致人們為了利益而發生衝突。

在《孟子》中描述孟子見梁惠王的時候，就講出了仁義和利益的次第關係，**先有仁義，後有利益**。

比如梁惠王剛見到孟子就問：「孟老先生，你不遠千里到我們國家來，你能為我們國家帶來什麼利益呢？」

孟子一聽國君這麼問，就說：「您幹嘛一開口就說利益啊？我這還有更好的東西呢——仁義。」

梁惠王當時就問：「仁義有這麼重要嗎？」

孟子說：「上下交征利而國危矣。」如果所有人眼裡全是利益，那麼國家就危險了。比如你有一萬輛車，士大夫有一千輛車，他眼裡如果只有錢、只有車，他一想你有一萬輛車，要是把你幹掉了，他就也有一萬輛車了，而他的手下只有一百輛車，還有一些人沒車……由此就會產生利益搶奪，最終導致體系崩潰。

因此，仁義在前，利益在後，在仁義的基礎上我們賺取利益，是可行的。

如果沒有人講究仁義禮智信，你將活在怎樣的社會

現在，很多人的眼裡只有錢，為了錢什麼都敢做。比如說賣熟食的，往食物裡加一些東西，讓這個熟食放兩個禮拜也不壞，或者加亞硝酸鹽讓這個肉兩個月都不變味。這些物質對人體是有害的，但這些商家會想：管他呢，吃不死人就沒事，他吃一輩子吃死了也活該。所以就有很多人為了提高產量，多噴農藥，往魚塘裡多撒激素，養隻雞恨不得用十八

種抗生素。有記者曾經偷拍過，有人把地塞米松醫用激素兌到水裡給雞喝，雞喝完就會變胖，平均能多二斤肉，賣雞的人就能多賺二斤肉錢。

這就是為了利益不擇手段，如果你靠「為了賺錢而工作」啟發大家，大家只為了自己的利益去做事，這叫「以智知邦」，最後勢必會引起大家的衝突，導致社會體系的崩潰。

在這一點上，孟子跟老子的想法很像，兩個人說話都一個特點——很不客氣。為什麼我們現在這麼重視國學？因為我們需要兩個車輪一起轉，人與人之間不能光想著自己的利益，而是要把仁義禮智信放在利益的前面。

很多人都覺得國學是糟粕，都在反對國學，如果一個社會沒有人再學習國學，沒有人再講求仁義禮智信，我們將會生存在一個怎樣的社會？

用「術」來管理公司能管理好嗎？

「以不智知邦，邦之德也」的意思是，你不拿這些技巧去管理系統，就是這個系統的福分。有人會有疑問：「不以經濟刺激為驅動力，我還怎麼管理這個體系呢？」

老子的這句話就是在告訴我們，領導者要先按照道的原則做事，放下自己的欲望，為大家做事，這樣上行下效，下面的人就會跟著你慢慢形成這樣的文化，這是正常的治理方式。我見過太多的公司，領導者自己做得不夠好，但是他去外面學了一些手段，比如把員工按照顏色分成不同的性格，再用不同的動物代表不同的性格，比如孔雀型、老虎型等。然後再利用這些動物的性格特點，考慮該如何利用這些人。還有公司請算命先生來公司坐鎮，把所有員工的生辰八字報上來，老闆按照生辰八字來進行統一管理。結果這家公司變成什麼樣了？算命先生在公司最有地位，員工都得討好他，誰要是不討好他，他就把這個人的八字和公司的風水扯在一起，說對公司的發展不利。老闆一聽大師這麼說，就趕快將這個員工辭退。

你說用這些術來管理公司能管理好嗎？這樣的公司很快就會倒閉的，真正的領導者應該以身作則。

如果你真的要靠獎勵體系不斷地激發大家的欲望，大家就會不斷地培養欲望，然後利用自己的平臺去撈取，最後的結果也顯而易見。

因此，如果你看到公司靠績效考核來驅動，你就會發現，經濟一下行，或者稍微有點什麼風波，員工就全走了。在一家公司裡，培養員工的精神體系是十分關鍵的。但也不是說我們培養了精神體系，就不用績效考核了，這兩者是相輔相成的。只要你把精神系統培養好，大家沒有摩擦，自然能夠朝著同一個方向努力，收入都會越來越高的。

03 為大家著想的人，到哪裡都會受到大家的愛戴

恆知此兩者，亦楷式也；恆知楷式，此謂玄德。
玄德深矣，遠矣，與物反矣，乃至大順

讓大家的生活越來越好，比什麼都強

「恆知此兩者，亦楷式也。」這句話的意思是，你懂得了這兩者之間的區別，而且你能夠這麼做，你就是後世的楷模。

這句話在帛書本上寫的是「恆知此兩者，亦稽式也」，「稽」字在以前是「楷」字的同音借字，「稽」字上古為見紐脂韻，「楷」為溪紐脂韻，見溪兩紐同屬牙音，所以兩個字讀音相近，在古籍中經常混用。高明云：「『稽式』為『楷式』，但『楷』為本字。」所以，在此處我們用「楷式」。「楷式」就是楷模的意思。老子接著講「恆知楷式，此謂玄德。玄德深矣，遠矣，與物反矣，乃至大順」，這句話的意思是，如果你懂得這兩者之間的差別，按照道的原則做事，「此謂玄德」，那你的德行就很深遠了。

「玄德」這個詞我曾經講過，劉備字玄德，就是從《道德經》來的。「玄」是深遠的意思，「德」是德行，就是具有深遠的德行。

我們一般理解的領導者領導群眾，就是我命令你怎麼做，你就要怎麼做。老子說「與物反矣」，道的微妙運用是與事物的發展相反的。

什麼是領導者法則？不是從上往下強壓你要怎麼做，而是他會自己先做到，讓你看到他是怎麼做的，然後讓大家自發地跟著他學，追隨他、成就他。這是老子講這句話的本意，也是領導者的內涵。

「乃至大順」的意思是，只要你這麼做了，就能進入一種「大順」的境界。什麼是「大順」的境界？有人解釋「大順」就是順應萬物之道，其實老子講得特別實在，就是如何讓大家活得更幸福，主要就是順應人心，讓人心變得歸順，這才是「大順」的涵義。

如果你能讓大家的生活越來越好，比什麼都強，這才是最實在的。

很多人會有疑惑，這真的能做到嗎？我來舉個例子。

我曾經去過廣東惠州參觀，在惠州有一個博羅縣，縣裡有一座羅浮山。羅浮山是道教的名山，葛洪（東晉道教學者、著名煉丹家、醫藥學家，三國方士葛玄之姪孫，世稱小仙翁）曾經在這裡修練，而且他還在這裡寫了一本書，叫《肘後方》，在這本書裡就提到了青蒿可以治療瘧疾。後來中國中醫科學院的屠呦呦老人就是根據這個搞出了青蒿素，並且拿了中國第一個自然科學諾貝爾獎。當時博羅縣的書記姓徐，他非常喜歡國學，而且深具環保意識。當年大家都在招商引資，把各種企業往裡引，結果搞得很多企業把山水都汙染了。這位書記當時沒有著急引進項目，他認為，要是引進，一定要引進環保的企業。所以後來他引進了百歲山礦泉水廠，以及一些農業廠，這讓羅浮山到現在都被保護得特別好。

我覺得徐書記做得最好的一件事就是推廣國學，他在每個村子裡都設立了國學堂，讓黨員們去當義工，為大家推廣國學。還請了艾灸專家范長偉老師到那裡去辦學堂，讓村子裡的青年學習艾灸，幫家裡的老人做艾灸。我到了他們那裡的農村之後，發現一個很有意思的現象，一般別的村子裡都是賭博成風，結果他們的村子，年輕人做艾灸，學習中醫養生、古琴、太極，民風特別正。

這種領導者就非常清楚地意識到，要在大家的心中培養道德體系，不是僅僅讓大家發財就行了，而是要讓大家變得彬彬有禮，互相關愛。你說整體的環境好了以後，經濟能不能上去？慢慢一些好的商家就願意來了，所以現在那裡的招商引資工作做得非常好。

你說徐書記這麼為大家好，大家能不能感受到？能感受到的。有一次我跟著徐書記到羅浮山的一個村子裡，結果我們正在村子的青石板路上走，有一個好像精神有點障礙的小夥子過來說：「到我家喝茶去。」當時我沒聽清楚他說的話，我聽著大概意思是到他家喝茶去，就問徐書記：「他為什麼叫你去喝茶？」徐書記說：「這個人好像智力有點問題，但是我覺得他沒問題。你想，都十幾年了，我是十幾年前在這裡工作的，他居然還認識我。」這是怎麼回事呢？當年這個小夥子因為智力有點問題沒辦法工作，家庭條件很困難，因為他們家基本上就沒有勞動力。徐書記就每年定期買點白米、油什麼的送去他們家，接濟他們一下，還安排了當地民政部門去幫助他們家。沒想到十幾年前的事，現在這個人居然還記得。

你看，你對大家關愛，大家是絕對能感受到的，你向大家傳遞這些善念，民心就會越來越善良。

我每次去羅浮山都很感慨，現在那邊建設得非常漂亮，確實是一個養生的好地方。大家有機會可以去看看那裡的民風——民風非常關鍵，有的地方你去了之後會覺得舒適，有的地方你去了天天害怕挨打，你說這種讓人提心吊膽的地區你敢去嗎？

不用欲望來引導大家，你的管理就會進入「大順」境界

一般人在講《道德經》的時候，往往把「以智知邦」的「智」解釋成儒家的那些禮儀條文，以為那些有形的知識就是「智」，我覺得這樣解釋是不對的。

這個「智」說的應該是從自己的欲望出發，為自己撈取的各種手段、心機。而那些培養道德體系的，比如關愛、忠誠、公平，不是「智」的內容，這叫「以不智知邦」，這是「邦之德也」。

如果一個領導者在管理時，只顧著啟發大家心中的欲望，讓大家不斷地為了利益而工作，就是管理體系的罪人。如果你懂得了這個道理，不用欲望來引導大家，你的管理就會進入一種「大順」境界，這也是當今社會特別需要的。

學習了《道德經》之後，你會發現，國學的內容特別深邃，如果我們能在企業和工作裡推行這種理念，我覺得我們的社會一定會更加和諧，會穩健地向一個理想的狀態發展，這也是我們學習國學的目的。

第六十六章

企業發展的終極奧祕就是凝聚人心

01

放低自己，人心就會向你匯集

江海所以為百浴王者，以其善下之也，是以能為百浴王

你把自己抬高，你身邊的人就會像水一樣流失掉

「江海所以為百浴王者，以其善下之也，是以能為百浴王。」什麼意思？以前老子說過類似的話，老子經常用山裡面的小溪、山谷和大海做比喻。這個「浴」字讀「ㄍㄨˇ（gǔ）」，特別指水形成的山谷。左邊是「氵」，右邊是「谷」，它跟中間沒有水的山谷是有區別的，就好像是一條河沖出的河道。

小溪最終匯入大江，大江最後匯入大海。老子在這裡打了個比方，說江海是百浴之王，最後河水一定要向它奔流而去。

江海為什麼是百浴之王呢？「以其善下之也」，因為江海善於把自己的位置放低，所以水都往低處流，都流到這裡。

這個道理老子在前面講過，他說，真正的道往往與你觀察到的現象相反，「玄德深

矣，遠矣，與物反矣」，正好跟你想像的相反。

一般情況下，我們覺得自己做了領導者，地位也上來了，大家的資源都應該向我匯集。為什麼會有這種理解呢？因為人都有動物性，動物都有欲望，會多為自己考慮。

你可以觀察猴群，通常有了食物，都是猴王先吃，因為牠的體格最好，能夠打敗別的猴子。人的身上也有動物性，但是老子講的道，恰恰讓我們脫離動物性，進入更高的境界。如果你能把自己放低，大家就會更願意支持你、成就你，整個團體就會擰成一股繩子，更好地往前走，從而更加和諧地生活。

如果你不斷地抬高自己，會怎麼樣？你看猴群、大猩猩群，就是以血緣存在的，一個群體裡最多二三十隻，不會再多了，牠們只能靠武力維持平安。你見過有幾百隻大猩猩在一起生活的嗎？不可能，一定會打起來——每年大猩猩互相鬥毆死亡的數量遠遠高於自然死亡的數量。所以，這就是不脫離動物性的後果。

人應該進入更高的層次，做了領導者應該把自己放低，你必須意識到你是為大家服務的，所以你要付出更多，這樣大家才會來成就你。

我在商學院講課期間，接觸到了太多的企業家，發現了一個規律，只要這個企業是私營企業，而且辦得特別好的，這個領導者都特別謙虛。

比如晨光文具的陳湖雄總裁，他的企業非常大，但是他做人特別低調、謙虛。記得有一次，在長江商學院，他聽了我的課，一般人都是聽完就完事了，但他聽完以後特別有感觸，下課後把我請到了飯店的樓上，說：「羅博士，我想請你喝咖啡，我們坐著聊一會兒好不好？」

接著，他就開始跟我分享他聽課的心得，探討道的原則到底是怎麼回事。他說：「這些內容，我在生活中都在做，但是我講不出來，沒有歸納出來。羅博士你都歸納出來了，我們好好探討一下。」那天他跟我分享：「其實我現在賺二十億和兩百億，對我的生活沒有任何改變。我現在想的是，怎麼才能讓員工更幸福。」他說的這句話讓我印象特別深。

你看，他聽完課以後表示了對知識的渴求，沒有因為自己是大老闆就高高在上，而是非常謙虛。從此以後，我們成了朋友，如果我去上海，就到他們的企業去參觀考察，學習一下。他的企業裡有很多知識分子，並定期請一些老師到他們的企業去跟大家做分享。這樣做對於提升企業的文化非常有效，整個企業的文化素養都在提升。

為什麼這些復旦的知識分子與浙大的老師願意到這裡來呢？因為他懂得把自己的位置放低，所以能夠吸引大家向他匯集，我覺得這就是老子講的「江海所以為百浴王者，以其善下之也，是以能為百浴王」。

相反，有的企業裡的領導者，第一天剛被任命，第二天說話的態度就變了，覺得自己了不起，開始設立各式各樣的規章制度和禮儀來抬高自己。所以，我一見到這樣的領導者，就覺得這家企業可能前景不妙，沒有那麼好的發展趨勢。

因為老子講得太清楚了，只有你放低自己，大家的資源才能向你匯集，才能來成就你；你把自己抬高了，你身邊的人就會像水一樣流失掉，那你還有什麼前途呢？

生意興隆與門可羅雀之間的差別，就在於你的態度

我們其實看不到每個人的心，但是所有的人心放在一起就像一片海洋，如果你放低自己，人心就會向你匯集，這是一個看不到的水系表。

我們一定要知道裡面的道理。比如做生意，在產品品質都一樣的情況下，為什麼一家店生意興隆，另一家店生意衰敗，差別就取決於你做人的態度。

記得我曾經在東北老家的一個小店裡買過一張手機卡，當時店裡只有一個女店員坐在那裡，不知道是在玩遊戲還是看電視。我問：「××手機卡可以買嗎？」「不能，買不了。」她就這樣回答我。我想：怎麼這麼冷漠？我得罪你了嗎？我長得有問題嗎？我又認真地問：「××手機卡可以買嗎？」「不可以，沒有。」她的態度就是恨不得要我趕快走，一副拒人以千里之外的感覺。

你說，她把自己的位置擺得這麼高，生意會向她匯集嗎？那是絕對不可能的。

每個人都進過很多店，有的店你進去跟店員說話，還要小心翼翼，覺得自己來了是多餘的，還要討好他：「我要××，有嗎？」「沒有。」對方的臉上冷若冰霜——你這個鄉巴佬來問什麼問——這樣的店，注定門可羅雀。

而有的店生意興隆，你觀察這些店的老闆就會發現，他們的服務態度都特別熱情：「您需要點什麼？」他的態度並不是說人與人之間不平等，而是我稍微放低自己，為你服務，讓你感到滿意，這時候水系圖就變了，客源就會匯聚而來。

當年我去北京望京的一家韓國餐館吃飯，那個餐館很大，需要提前訂位。這家餐館的老闆是一位五十多歲的韓國先生，他經常站在門口迎接大家，看見有人來了，馬上朝著對方九十度鞠躬，然後說一句韓語，我猜大概是歡迎的意思。當時我坐在旁邊看著這一幕很感慨，你看這種真誠的態度，這種服務意識，他的店生意能不興隆嗎？

我們中醫幫人看病也一樣，服務意識並不是我的人格比你低，而是我為你服務，我把自己的位置稍微放低，讓你感覺到舒適，感覺到被服務。

很多人都認為，中醫大師一定很盛氣凌人，畢竟全中國就那麼幾位大師，見一面都難如登天。但你真的見到這些中醫大師的時候就會發現，每一位大師都很謙虛、都很客氣、都很隨和。

見過中醫大師的朋友會很有感觸，大師隨便跟你聊兩句，安慰你一下：「沒有問題，放心放心。」、「調理一下，一定會好的。」你的內心就會感覺如沐春風，為什麼？這是人家的品性。為什麼他們的境界那麼高？醫術那麼高？是因為他們把自己放低了，謙虛。

甚至有的大師，看到患者病情見好，一問，聽人家說自己吃了一個什麼偏方，他會說「有什麼偏方你拿給我看看」，他們都會研究一下。這是一種謙虛的態度，而不像有的醫生說：「這是哪裡的方子，你要是相信他你找他去看，你別找我。」這就是境界沒到，不謙虛。這些人都是把自己的位置抬得太高了，所以，他也失去了一次進步的機會。

人往往如此，當你把自己放低的時候，你就能看到別人的優點，能夠汲取到優點，你就能夠進步。

如果你做事能把自己放低，就會發現人心會向你匯集。因為在這個世界上，有一片我們看不到的人心海洋，這裡面的水是流動的，如果你放低自己，水就會向你流動，你就會發現你的組織會越來越堅固，大家都會來支援你。老子講的「江海所以為百浴王者，以其善下之也，是以能為百浴王」就是這個道理，我們學完要好好體會一下，這個道理看似簡單，聽似簡單，如果你在生活中能夠悟透它，你的人生就會有所不同。

02

態度決定成敗

聖人之在民前也，以身後之。其在民上也，以言下之。故居上而民弗重也，居前而民弗害。天下樂推而弗厭也

雖然你是領導者，但是你對大家要尊重

「聖人之在民前也，以身後之。其在民上也，以言下之。故居上而民弗重也，居前而民弗害。天下樂推而弗厭也。」這句話是什麼意思？

「聖人之在民前也，以身後之。其在民上也，以言下之。」這句話的寫法和帛書本的寫法不太一樣，我們選用的是楚簡的寫法。「聖人之在民前也，以身後之」的意思是，有道的領導者走在眾人的前面，帶領大家往前走，就像羊群的領頭羊一樣，牠在前面跑，大家在後面追隨牠、跟著牠。

什麼叫「以身後之」呢？為什麼老子一會兒說讓有道的領導者在大家的前面，一會兒又說後面？老子在這裡講的是領導者法則，聖人之所以能做領導者，帶領著大家往前走，

就是因為他把自己的利益、名譽、地位，都放到了大家的後面，這就叫「先天下之憂而憂，後天下之樂而樂」。

范仲淹的這句話，深明老子《道德經》的道。

為什麼領導者能夠做領導者？為什麼大家這麼信賴你？羊群跟著領頭羊跑，是動物本性，躲避危險。為什麼別人要跟著你走？因為你為大家著想，為大家謀福利，把自己的利益放在了大家的後面，所以大家才推舉你做領導者。

老子講的領導者法則，從那個時代到今天為止，沒有變過。

老子接著講：「其在民上也，以言下之。」這句話的意思是領導者的位置在眾人之上，他應該領導大家往前走。可是他的言語一定要尊重大家，對大家說好話，把自己的位置放到下面。

這句話特別容易引起誤解，好像老子是在教大家奸詐的技巧，教你要想做好官就要對大家表面上說好話，實際上不是的。這裡的「言」解釋成語言，實際上「言」代表的是一種態度，雖然你的位置是領導者，但是你對待大家要放低自己，以尊重的態度做事。

企業優秀指標：員工快樂，業績完成得好，收入高

「故居而民弗重也。」你只有做到了放低自己、尊重大家，大家被你領導才不會覺得負擔沉重。一旦你覺得自己的位置高了，對大家沒有了尊重的態度，你就會設下各種繁文縟節，來讓大家討好你，這時候大家就會覺得自己的負擔很沉重。

「居前而民弗害」的意思是，我把自己的利益放到了後面，大家才讓我做領導者，我一定不能借這個機會去撈取自己的利益。一旦領導者因為自己位置的便利，為自己撈取，就會損害別人的利益。

老子接著說「天下樂推而弗厭也」，天下人才樂於推著你往前走，樂意讓你做領導者，樂意來成就你；而不會討厭、痛恨你，離你而去。這是老子講的領導者法則。

為了說明這個道理，我來舉個例子。我曾經到武漢出差，去了中信銀行。當時接待我的員工開的車非常好，記得有一個人開著一輛富豪，還有一個人開了一輛BMW。當時給我的感覺，就是這個行業的從業者收入比較高，員工都特別快樂。我接觸過很多銀行的人，工作壓力都特別大，往往都會跟我吐苦水：「我們壓力太大了，羅博士，你幫我看看舌頭，把把脈，看看我的身體怎麼樣？」但這個銀行的員工看起來都很愉快，大家開心地聊天。在接待我的過程中，我覺得快樂的氣氛在彌漫。後來，我在吃飯的時候問接待我

的人：「你們業績完成得怎麼樣？」他的回答讓我大吃一驚，他說：「今年，到年中的時候，我們就已經把一年的業績全部完成了。」這可了不得，一般銀行完成業績都是「連滾帶爬」，我聽說有的銀行為了完成業績，都在不斷地壓縮開支，把該有的福利都砍了，最後到年終的時候還是無法完成。像他們這樣，半年的時間就把一年的業績完成了，這在銀行體系是相當不得了的。

在我心裡，評價一個企業如何，有幾個非常重要的指標：第一，員工快樂；第二，業績完成得好；第三，員工收入高。

而這家銀行之所以能完成這些，我覺得應該是他們的領導者不同。於是，我就直接問他們：「你們的領導者是個怎樣的領導者？能不能告訴我他的故事？」我剛問完，幾個員工就爭先恐後地跟我講：「羅博士，你算是問對了，我們的領導者真是關愛員工，特別有魄力。」

接著一個員工說：「之前我們行裡有一位同事長了腫瘤，他很年輕，還沒有結婚。我們行長知道了之後說：『我們一定要盡全力把他挽救回來，把大家能動用的醫療儲備都用上，一定要救他的命。』結果我們行長就把他送到北京，找了一位最好的醫生替他動手術。做了多次手術後，他的腫瘤治好了。他現在非常健康，已經結婚生子了，過得非常幸福。」

你看這個行長怎麼樣？對待員工就像家人一樣，員工的身體出了問題，不惜動用自己的所有資源去幫助他，讓他恢復健康。這就是老子說的「其在民上也，以言下之」。這個「言」絕對不是說的話，而是尊重的態度。因為領導者的關愛，所以能「居上而民弗重也」，大家才會覺得很輕鬆。

你說領導者對一個員工這麼好，其他員工感受不到嗎？都能感受到，他們行裡有很多這樣的故事。甚至有的員工調走之後患了重病，行長聽說之後說：「他曾經是我們的員工，就永遠是我們的員工。我們一定要盡力幫助他，幫他找專家治療。」而且他們公司有員工生病住院，其他員工都會去輪流看護。據說醫院裡的護士都很好奇，問他們是什麼公司，怎麼感情這麼好。

感情是從何而來的？領導者對員工有感情，把員工看得很重要，員工才會有向心力。這就是老子講的「天下樂推而弗厭」。你做到這些之後，大家都會願意推舉你、凝聚在你的周圍，就不會心生厭惡而離開你。

領導者和員工的凝聚力越高，員工工作的熱情就越高。人心真的是了不起的東西，稻盛和夫之所以能讓日本航空公司由一家破產企業，變成全世界航空公司利潤排第一的企業，變化就在於人心。

人心凝聚以後，大家都鼓足幹勁工作。後來，這個行長的副手被派到了山東的一個城市去做銀行的「一把手」。那個分行之前的業績在全國排倒數第幾，他去了以後沿用了他的領導者的管理理念，結果很快業績就上升到了全國前幾名。我到了那個城市以後，他的司機接我時，還對我說了這個行長來了以後的好多變化。

其中一位司機跟我說：「我之前都想辭職了，因為家裡的兒子讀大學，錢不夠花。結果這個行長來了以後，考慮我們的福利，處處為我們著想，給我們的待遇都提高了。」你說他們的待遇提高了，能不努力工作嗎？

因此，你就能看出，如果一個領導者剛上位，就處處為自己考慮，把自己的親戚趕快都調過來，或者給那些整天在他身邊拍馬屁的人升職，別的員工看到這些，人心自然會離散，你的企業也會沒有前途。

而我剛才講的這個領導者，把員工看得比什麼都重要，他把自己的利益放在員工利益的後面，這就是老子說的「聖人之在民前也，以身後之」。作為領導者，把員工的健康看得比什麼都重要，尊重大家，時刻關愛大家，這叫「其在民上也，以言下之」，雖然我是領導者，但我是為大家服務的，大家有問題找我，我幫大家解決——這是一種尊重的態度。

結果也一定是「故居上而民弗重也」，大家不覺得沉重。

有的員工看到領導者就緊張得都不敢喘氣了，說話變得唯唯諾諾，這樣的公司不在少數。

「居前而民弗害也」，不斷給員工福利，不損害員工的福利，員工就會受益，大家都會推舉你、成就你，這就是老子講的「天下樂推」。「而弗厭」，如果你這樣做了，大家就不會討厭你而離開你。

這樣的領導者有很多，我們看到了就要向他學習。如果一個普通人能有這種氣度，人生也會發生改變，從此有所不同。

03 領導者不跟員工爭，最後別的公司跟你就沒法爭

非以其無爭與，故天下莫能與之爭

千萬不要和你領導的人去爭名譽、地位、利益

「非以其無爭與，故天下莫能與之爭。」、「非……與……」是否定之否定，意思是不就是因為人家不爭，才能怎麼樣。這是一種語氣的加強。

老子說的這兩句話，非常容易被誤解。很多人都將這句話解為，就是因為人家不爭，所以天下沒有人能與他爭。這是一種與世無爭、消極避世的態度，意思就是我躲到竹林裡，你在城市裡生活，我與世無爭，所以我跟誰都不爭。如果你這樣解釋這句話就解偏了，因為老子講的不是這回事。

老子的《道德經》是講給領導者聽的，從這個角度來看，你就會發現這句話另有涵義。「非與其無爭與」，對於領導者來說，你不爭的對象是你領導的群眾，千萬不要和你領導的人去爭名譽、地位、利益等。

「故天下莫能與之爭」，因為你為了大家謀福利，不跟大家去爭利益，大家就會來成就你，你的公司會越開越大，最後沒有人能與你比。

這個「爭」不是與世無爭，不是你什麼都不做，而是作為領導者不跟員工爭，最後別的公司就沒辦法跟你爭了。

我在商學院講課，經常有經營企業的朋友問我：「羅老師，你天天講關愛員工，我們覺得應該先嚴格管理，等公司有錢了再關愛員工。你說公司現在正處於生死邊緣，利潤很薄，我們怎麼關愛員工，這有用嗎？」

我覺得這恰恰錯了。我所看到的這些成功案例，都是在創業初期就開始關愛員工，然後他們的企業才越做越大。你千萬不要覺得兩三個人無所謂，等到公司達兩萬人的時候再給他們恩惠。如果在人少的時候，你都做不到這一點，你公司規模肯定做不到兩萬人，有可能到二十人的時候就散夥了。

不是說你要等到條件成熟了，再按照道的原則做事，而是你按照道的原則做事之後，才能越來越好。

現在不爭，踏實工作，以後沒有人能與你爭

當一個普通人真正明白道的道理，知道自己爭的東西沒那麼重要，就不會跟別人爭了。這時候只要你把自己的事做好，最終你會發現，別人也無法再跟你爭了。並不是說大家打不過你，而是你做得很出色，已經遠遠超出一般人的境界。

我這一生中，見過形形色色的人，有兩種人特別引起我的注意。第一種是非常精明的人，這種人做事工於算計，做什麼事都要考慮是否有好處，一點好處都沒有的事，他堅決不做。有了什麼成績，別人少分我一點，我寧可把這件事毀了也不做。這樣的人發展空間往往不大，只是看似精明——你給我五千元，我就做五千元的事，為了自己的利益不斷爭取。他把自己的心思都放在眼前這點利益上，多一點工作都不做，可能過了十年，別人都升職加薪了，他還是沒有什麼變化，因為他只做五千元的工作。

第二種人是覺得這些都沒那麼重要，這個平臺已經很好了。我曾經和大家分享過一個大學生的例子，他剛到公司去的時候，薪水就是五千元，他覺得薪水挺好，平臺也挺好，所以他就是踏踏實實做事，提升自己。就算沒有加班費，他也每天都加班，做比常人多很多的工作。他的業績永遠比排第二的多十倍，就算不給獎金也沒事，他就是覺得提升自己更重要，所有的工作都是在為自己累積。

你說他這麼努力工作，他的業績也在這裡，領導者能看不見嗎？每次升遷，不升他升誰？結果沒多久，他就做到了省行的副行長。為什麼？就是因為他不爭，不太在意回報，不斷施展自己、提升自己、累積自己，反而提升很快。

那些算計五千元的人還覺得自己很聰明，過了很多年也還是五千元。而他如今的年收入已經超過百萬。當初是他不爭，現在是沒人能與他爭了。

因此，這句話無論是對領導者，還是普通人都很適用。只要我們做事能明白道的原則，不把結果看得那麼重要，就是展示自己、累積自己，對大家做更多的貢獻，你反而會沒有包袱，輕裝前進。

只要你的方向是正確的，進步會是你想像不到的。幾年過去，足以讓周圍的人對你刮目相看。

道的原則，在生活中隨處都可以應用，如果你真的明白這個境界，你的人生就會澈底改變。

─第六十七章─

如果沒有信用，大家的溝通成本會特別高

01 如果公司員工都想跳槽，說明領導者一定背離了道

小邦寡民，使什佰人之器毋用，使民重死而遠徙

盡量使自己管理的公司變小，處於和平狀態

「小邦寡民，使什佰人之器毋用，使民重死而遠徙。」這句話是什麼意思呢？「小邦寡民」的意思是，你要盡量管理，使你管理的公司變小。「寡民」，管理的人數少一點。

在老子生活的時期，周王室已經開始解體了。諸侯蜂起，為了多占地盤、管理更多的人民而互相攻打。這些諸侯都認為自己君臨天下，應該擁有更多的土地和人民。老子反其道而行之，專門針對這些人的欲望，他說我們就這樣不好嗎？國家小小的，人民少少的，而且在你管理下的人民都覺得非常幸福——這是當時的時代背景。

實際上，國家的統一，不是為了某個人享有天下的財富，而是讓老百姓更加幸福。

老子這句話就是告訴大家，你不要為了讓自己占有更多的土地而導致更多殺戮。我們要理解老子的初衷，否則你就會認為他的想法是消極的、倒退的——我們這麼大的國家，

還得「小邦寡民」，這哪裡行啊？

「使什佰人之器毋用」，這句話裡的「什佰人之器」指很多人一起用的工具。比如現在的飛機一坐好幾百人，這就是「什佰人之器」。但老子當時講的是兵器，因為古時候的士兵就是按這個組織的。比如當時的一支著名的部隊魏武卒，非常強大，當年魏武卒跟秦國的部隊打，把他們打得落花流水。魏武卒之所以如此精銳，與他們的編制有很大的關係。

我在看文獻的時候發現，這支隊伍的編制五個人為伍，這五個人設伍長一人，二伍為什，設什長一人；五什為屯，設屯長一人；二屯為百，設百將一人；五百人設五百主一人；一千人設二五百主一人，也叫千人。

「什佰人」是什麼意思？「佰」這個字在帛書本寫的是「百」，沒有「亻」，實際上應該有「亻」。這個「什佰人之器」，講的就是這些軍隊共用的武器。在戰鬥組織裡，兵器是通用的，因為打仗的時候，你如果非要找自己的兵器，有時是找不到的。所以老子在這講的「什佰人之器」，指大型的工具，大家能一起用的工具。

「使什佰人之器毋用」的意思是，這些人有兵器而不用，為什麼有兵器而不用呢？因為一個好領導者會使自己管理的國家處於一種和平的狀態，不會隨意發動戰爭，所以在平時不會用到武器。

在過去，不遷徙就是一種幸福

有兵器而不隨意使用，這是一種境界。這讓我想起瑞士這個國家，整個國土才四萬多平方公里，縱橫二三百公里的長度。這個國家共分成了二十六個州，雖然人口不是很多，但他們的工業總產值在歐洲是排在前幾位的，人民的幸福指數非常高。

而且，他們長期保持政治、軍事的中立，基本上不參加任何戰爭。那麼，他們的軍事實力如何呢？

據粗略統計，瑞士的部隊有幾十萬人，人均算下來，也是排在全世界前面的。而他們的軍事花費，人均也排在全球的前面。因為瑞士幾乎全民皆兵，瑞士的每個公民，上學的時候都要參加軍訓，只要到一定年齡，就要考持槍的執照，如果考不過還要再考。瑞士普通人幾乎都是使槍的高手，但是他們「使什佰人之器毋用」，幾乎不參加任何戰爭，保持中立。當然，我們不是說瑞士的這種制度好或不好，只是拿瑞士來舉個例子，告訴大家老子講的是可以實現的。像瑞士這樣的國家，具體怎麼才能真正保持軍事上的中立，我們不做過多探討。

「使民重死而遠徙」，這句話在通行本寫的是「使民重死而不遠徙」，我認為這兩個都是對的。但是帛書本說的「使民重死而遠徙」更好，因為遷徙是一個詞，「遠徙」是遠離遷徙的意思。「不遠徙」，是不往遠走的意思，但帛書本的寫法更精闢，因此我們還是用帛書本的寫法。

「使民重死」的意思是怕死亡，而遠離遷徙，就在本地生活。很多人看到這句話，會覺得很迷惑，難道不遷徙是好事嗎？坦誠地講，老子講的是一種非常好的狀態。過去的人遷徙都是因為發生災荒，比如現在的東北人，很多都是從山東過來的，而很多山東人當初是從山西過來的，山西人則有很多是從一個叫小雲南（位於今雲南、貴州一帶）的地方過來的。

這些人為什麼遷徙呢？很可能是當時發生了戰爭，哪個地方的人怕被殺光了，就遷徙了一部分人出去，然後這樣遷徙來遷徙去，最後走到了山東。那為什麼又從山東往東北走呢？因為山東遇到災荒了……因此，你就能看出為什麼老百姓會遠離故土遷徙，都是因為遇到了戰亂和災荒。

當年我的爺爺就是在途中去世的，因為我們的老家（當時我們居住在遼寧省遼陽市）遇到災荒了，家裡沒有糧食吃，所以我爺爺就去黑龍江打長工。結果錢也沒有賺到，在回鄉的路上，爺爺得了病，再加上飢餓，最後餓死在了路邊。

這些歷史離我們並不遙遠，雖然現在大家都生活在城市裡，喝著咖啡，吃著牛排，覺得生活很幸福，其實我爺爺那代人，還要為了吃口飯而遠離故鄉。所以過去的遷徙並不是好事，不像今天大家「飛」到美國看看，到日本玩玩，這是不一樣的。

中國人都有非常深的故土情結，家鄉有我們熟悉的一切，有朋友、親戚等。尤其在當時要遠離故鄉，是非常難過的事，很多人臨走前都要帶一把故鄉的土，小心翼翼地包起來。他們為了生活到美國打工，有時看著自己帶的這包土，都會流眼淚——這些人都是因為生活所迫才遠離故鄉。

因此，老子的這句話講的是領導者要讓你管理的老百姓在這裡生活得好，老百姓想我往其他地方走會有危險，自然就不遷徙了，就在本地安定地生活。這句話的核心是，一個領導者要讓你管理的老百姓活得好。

這句話應用在公司管理上也一樣，一個公司的領導者給自己的員工待遇好，他們才會活得幸福，否則你手下的員工整天都會想辭職，他覺得在你這個公司沒前途……這是老子講的核心。

作為企業的領導者要深思，好好學習這兩句話，反思一下會不會讓員工覺得在自己手下工作沒有前途，個個都想要跳槽。如果你的員工真的是這種狀態，就說明你說話、做事，一定背離了老子講的道。

02 要交就交那些信任成本很低的朋友

有車舟無所乘之；有甲兵無所陳之；使民復結繩而用之

老子不是想讓你回到原始社會，而是想讓你變得質樸

「有車舟無所乘之；有甲兵無所陳之；使民復結繩而用之。」這句話是什麼意思呢？「有車舟無所乘之」的意思就是有車、有船，但是老百姓不去坐它。有的人認為這句話是老子是想讓人倒退，回到那種最原始的社會。隨著社會的進步，我們發明了車和船，這些交通工具使我們的交通更加便利，但老子希望人民遠離這種現代的進步，所以告訴老百姓不要用車、不要用船。如果你這麼解也行，可是我覺得這不是老子的原意。

我認為，老子的話是接著前面講的，和前面的話是對應的。前面說「使民重死而遠徙」，使老百姓珍惜現在的幸福生活，擔心遠行有危險，所以遠離遷徙。然後老子馬上就講「有車舟無所乘之」，這句話其實是在解釋前面的話，「車舟」是逃離災難，逃離戰亂、饑荒的工具。

雖然有「車舟」可以逃亡，可以往遠方走，但是人家不用它，所以這句話也同樣是讓老百姓不遠離故土的意思，絕對不是老子希望社會倒退。

「有甲兵無所陳之」的意思是，有鎧甲和兵器，但我們用不到它，都沒有地方放它。「陳」當陳列、擱置講。有兵器不用，為什麼呢？因為領導者使得老百姓處於一種和平的狀態裡，大家的生活非常安寧，用不到那種兵器，這是老子的一種理想狀態。

「使民復結繩而用之。」在上古時期，人們沒有文字，所以那時候的人記什麼事，就用繩子打一個結，這叫結繩記事。有的人就問，既然老子說不讓我們倒退，可現在我們有文字不用，有現代的記事工具不用，還用結繩記事，這不就是讓我們倒退嗎？其實老子這句話的本意不是讓大家不用文字，用繩子記事，是想讓人們變得質樸。

舉個例子，我們身邊的朋友，以信用來分會有兩種。

一種朋友是你常年跟他接觸，他特別講信用，一言既出，駟馬難追，你和這種朋友辦事不用多費口舌，因為他平時就這麼做事。比如他找你借三千塊錢，說急用，你會特別放心地借給他，因為無論你借他多少錢，他說明天還，明天就一定會還。你找他辦事，如果他說這事他覺得可以辦，他明天回信給你，你就不用再多問了，明天他一定回信給你。我不知道你生活中有沒有這樣的朋友，我生活中就有，這樣的人辦事效率非常高，你不用揣摩他會怎麼做，因為你對他的人品非常了解。

還有另外一種人，說話天花亂墜，不可靠。今天和你說，借我點錢，急用，明天一定還。結果都過一個禮拜了還沒消息。這時候你就會想：他怎麼說好了還錢卻不還呢？下次他再借錢，我一定得立個字據。而且你和這樣的人一起做事，肯定會先問周圍的人：「這個人做事怎麼樣？他的狀態怎麼樣？」你得問好多資訊，然後還要跟他簽好協定……

為什麼會出現這種情況？因為這個人做事一直不靠譜，所以你和他合作，就得在每一個環節上設保障，去思考如果他沒做到怎麼辦？你費的心思會特別多，合約也會特別細。

你看，這兩種人，一種人是你只要口頭跟他承諾，達成協議就完事了；另外一種人要不斷地簽合約，條款要簽得很細，而且要各種保證，不斷地去監控，然後不斷地做出補漏的措施。這兩種人，你喜歡哪一種？這就是老子講的「使民復結繩而用之」。

老子希望大家都能進入質樸的、人人可信的、不用過多溝通成本的社會狀態裡。另外那種人，你看著好像和他合約簽得細，但你要知道，合約只是保證之一，也是無法保證所有事的。

你看現代社會，有多少合約簽完了如同一紙空文，後來根本就不執行，最後還要法院出面。所以，你千萬不要認為，一個合約就能解決所有問題，**如果沒有信用，大家的溝通成本特別高，信任成本特別高，光靠合約也解決不了信用的問題。**

有的朋友曾經跟我講，在這個法制健全、道德體系完備的社會，合約簽完一切就「結束」了，大家該做怎麼做就怎麼做。但是有些人之間沒有信任，爾虞我詐，這時候，合約簽完了僅代表一切剛剛開始。為什麼？因為後期會有人偷工減料，或在條款上做文章，讓你頭痛的事都在後面。

我們都希望進入前面那種簡單的狀態，因為在那種狀態裡的人，有一定的道德修養，沒有那麼強烈的欲望，大家都想著為他人做事，所以信任成本非常低，大家只要達成一致就可以。這樣做事，成功的機會也特別高。這是老子講的「使民復結繩而用之」的真正涵義。

願人與人之間活在簡單、質樸的關係中

老子這段話的涵義，不是讓大家拿繩子記事，而是告訴大家可以回到那種人們互相信任，不需要太多技巧和手段就能達成合作的狀態。人們在這種「使民復結繩而用之」的狀態裡，會變得非常簡單。你說，如果大家都能進入這種狀態，社會是進步了，還是倒退了呢？我認為，這是真正的進步，也是人類社會的昇華。這句話應用在公司裡也是如此。如果公司沒有一個好的文化，人與人互相不信任，所有的事都要簽字、保證，所有的東西都

要列條文、打卡，甚至有的領導者都希望知道員工的滑鼠在電腦螢幕哪個位置、工作時間都看什麼網頁了——他全部要監控。

一旦公司沒有一個好的文化，人與人之間的關係也會變得複雜，員工的心就無法真正地在同一個目標上，所以要靠監督、懲罰這些東西來制約員工。相反地，有的企業很簡單，老板關愛員工，和大家朝著同一個方向走，結果員工主動去為公司做事，思考自己該怎麼做才能讓公司更好。

這樣的公司不需要用什麼先進的監控設備監控員工，甚至不需要打卡，像蘇州的固鍀電子，上班就沒有打卡機，兩千多名員工自覺上班。他們就像是老子說的這種質樸的狀態，這都是因為他們的企業有好的文化。

老子講「使民復結繩而用之」的涵義很深。在生活中，如果人與人之間都變得簡單，那麼生活會很美好。只要我們把道德修養提高了，境界都提上來了，都明白道的原則了，我們就能提升到這種狀態。

03 偉大的管理，就是讓你管理的人吃得好、穿得好、積極陽光、安居樂業

甘其食，美其服，樂其俗，安其居

好領導者要滿足他人所想，而不是讓他人降低欲望、學會滿足

「甘其食，美其服，樂其俗，安其居。」這句話是什麼意思？大多數人都將這句話解為，我們應盡量讓老百姓降低欲望，不管吃什麼都要覺得它甘甜；不管穿什麼，都覺得它很好；有什麼風俗都覺得很開心；不管住在什麼條件的地方，都很安定、安心。大家普遍認為，老子這是在降低老百姓的欲望，讓他們安於現狀，這樣國家就好管理了。

但這樣解會出現一個疑問，比如老子說的「甘其食」，如果已經鬧饑荒了，老百姓都沒有飯吃了，只能吃糠，你還讓老百姓覺得糠很香甜、很好吃，讓他們降低欲望、學會滿足，你覺得這是一個好領導者的所為嗎？絕對不是的。

怎麼可能吃著糠，老百姓還會覺得很美好、很甘甜呢？這不是老子的原意，老子在前

面講，有武器，我們不用，使老百姓在這裡安定地生活，遠離遷徙。那麼，你憑什麼能讓老百姓不去遷徙，在這裡安定地生活？一定是因為這裡的生活條件好，你能讓老百姓生活得幸福安康，所以老百姓才不願背井離鄉。

老子後面講的「甘其食，美其服，樂其俗，安其居」，都是達到前面這種狀態的方法。老百姓為什麼「重死而遠徙，有車舟無所乘之」，他們為什麼不遷徙？因為你讓老百姓「甘其食，美其服，樂其俗，安其居」了。

「甘其食」的意思不是讓老百姓吃糠也覺得好，而是使其食甘，讓老百姓吃真正能夠讓身體健康、吃得飽的食物。

「美其服」的意思是使其服美，讓老百姓穿得暖、穿得好。「樂其俗」是使其俗樂，這句話的意思並不是無論有什麼民俗，我們都降低欲望，這個「俗」是民俗、風俗的意思。有些東西未必好，比如過去農村重男輕女，認為男孩能傳宗接代，所以很多人生下女孩就偷偷扔到河裡把孩子淹死。如果你「樂其俗」，覺得挺好的，那就淹死吧，女孩不重要，你認為這麼解對嗎？「樂其俗」的涵義是讓老百姓的民俗變得有益於大眾，讓大家快樂起來，這裡講的「樂其俗」，有建立良好風俗的意思。

你看古人，有道的領導者會建立各種好的風俗。比如《詩經》，當時的政府派官員下去采風，采民歌、民俗、民謠等，收上來以後再編，在裡面加入一些美好的道德理念，然後再傳下去，讓老百姓傳唱，這叫「樂其俗」。並不是讓大家不管什麼風俗，都必須感覺很美好。

「安其居」的意思也不是讓老百姓降低欲望，無論住在什麼樣的地方都覺得很安適、很好。比如你拿磚頭搭一個危樓，或搭一個窩棚，夏天漏雨，冬天漏風，你說這種房屋，老百姓住了可能覺得挺好嗎？真正的「安其居」，是使其居安，就是你要提供好的住房給老百姓，讓他們在這安心居住，他們因為住房好、條件好，所以才安。

讓你管理的人幸福，是企業蓬勃發展的基石

作為一個領導者，如果你能做到讓員工吃得好，穿的衣服又暖和又漂亮，公司的風俗讓人快樂，居住條件也很舒適，你說員工會離職、跳槽嗎？不會的。

老子在這裡講的並不是消極的理念，不是說讓大家回到原始社會，無論怎樣的生活條件都覺得很幸福，這不是老子的原意。可是歷朝歷代有很多人都這麼解釋，覺得老子是一個不符合時代進步的、沒落的封建主，他們認為老子的這套思想是絕對不可能實現的，所以覺得老子的學說是無用的。

這是非常可惜的，實際上這一章非常重要，老子是在教大家應該怎麼利他。利他很簡單，就是讓你管理的人「甘其食，美其服，樂其俗，安其居」，吃得好，穿得好，積極陽光，住好的房子。

比如我之前一直提到的海底撈，他們之所以能在沒有風險資金、沒有貸款的時候，做到從一個小麻辣燙店開出好幾百家連鎖店，就是因為他們的領導者總是盡量為員工謀福利。

海底撈的老闆曾說：「我要讓人生而平等。」他說：「其實我們生來不平等，城裡孩子的奶粉都是從國外買的，很多農村孩子過年才能吃一包泡麵。我搭建這個平臺，就是想讓農村孩子來我這裡上班，我一定要讓他們活得和城裡人一樣。」

海底撈所有員工的宿舍，幾乎都在店面不遠的地方。比如北京國貿店的海底撈，他們的員工就住在住邦2000裡。住邦2000我是不敢住的，那個地方真的很貴，都是外企高管住的地方。但國貿店所有海底撈的員工都住在裡面，每個人居住的房間面積不小於兩坪，還都配了電話並可上網，還有專人幫他們打掃衛生。如果有員工過生日，大家可以聚在一起，晚上涮火鍋。我曾經碰到過，海底撈員工下班以後，一些人吃海底撈，他們會把同一個月過生日的人都湊在一起聚餐。

大家吃得好、住得好，還有高薪，所以願意到這裡來上班的人特別多。而且領導者也非常體恤下屬，員工都拚命工作，我看到的海底撈員工都是笑臉迎人的。因為他們的生活條件確實改善很多，他們覺得跟別人是平等的，所以他們的樂觀才會傳遞給顧客，讓去那裡吃飯的人情緒都被感染。

為什麼員工都願意到這裡來上班，覺得在這裡開心？就是因為領導者讓員工「甘其食，美其服，樂其俗，安其居」，他給員工的福利特別好，員工都願意在這裡扎根，努力地去工作，不願意離開公司。

二〇一八年我看到的資料，海底撈的中層領導者幾乎沒有離職的，這麼多年大家都在這裡一直工作，把海底撈越做越大，這符合老子所講的道理，所以他們的企業才蓬勃發展。如果我們把老子的這些文字看作是消極的、倒退的，就會一無用處。如果我們理解了老子這些話的真正涵義，你就會發現這對我們的人生太有幫助了，尤其是如何讓你管理的人幸福，這種操作方法特別有用。

04

人為什麼要遷徙

鄰邦相望，雞狗之聲相聞，民至老死不相往來

你生活得很安定、很快樂，爲什麼還要遠離故土

「鄰邦相望，雞狗之聲相聞，民至老死不相往來。」這句話的意思是我們相鄰的城邦、國家，互相能看見。「雞狗之聲相聞」，過去農村養雞、養狗，只要早上別人家的雞鳴或狗叫，我都能聽到，但是「民至老死不相往來」，我不會跑到你那邊去，你也不會跑到我這邊來。

為什麼這樣？很多人認為，老子在這講出了一種像氏族部落居住的方式，大家互相不走動，這是老子「小國寡民」的設想，也是一種烏托邦式的幻想。社會日益進步，老子的這種幻想注定了不會被實現，所以老子注定是一個被社會所拋棄的人。

但我看了以後，覺得老子講得其實挺好。「鄰邦相望」，大家都距離很近，「雞狗之聲相聞」，你能聽到別人家雞和狗的叫聲，但是「民至老死不相往來」。大家覺得這個事

很奇怪，為什麼不相往來？因為我的生活特別安定，不需要背井離鄉跑到你那裡去居住。

你只要看看社會新聞就知道了，現在全世界的難民大量湧入歐洲各國，為什麼他們要到歐洲居住？因為他們的國家有戰亂。其實邊境附近真的是「雞狗之聲相聞」，邊境左邊是戰亂，房屋都變成了斷壁殘垣；邊境右邊是富裕的生活，生活安定。你說老百姓會往哪裡走？

老子的話，你在生活中一看就知道了，現代社會這樣的事還在發生，大家因為生活的原因在遷移。這種遷徙行為，在人類還是動物的時候就已經開始了——爭奪生活資源，自己這邊沒東西吃了，就到別人那邊去，有的人是逃亡，有的人是武裝去搶。

因此，人類發展的歷史上，一直沒有停止過遷徙的行為，這種遷徙有的是和平的，有的是天災，有的是人禍，但是根源都是生活所迫。

老子講的是怎麼能讓大家都活得好，你看字面意思好像是老子在講大家怎麼不交往，好像「民至老死不相往來」，都守著自己的一畝三分地，這不是落後嗎？老子所想的比這要宏大得多，他想的是，人為什麼要遷徙？為什麼我要到你那裡去？根源是領導者沒有讓大家生活好，所以本章的核心在這裡。

如果你能做到「甘其食，美其服，樂其俗，安其居」，就能讓老百姓遠離遷徙，就算有車舟，你都無所乘之，因為不需要，你生活得很安定、很快樂，為什麼要遠離故土呢？

你把自己做好了，所有的條件一定會受感召而來

老子講的這些思想在生活和工作中也很有指導作用。

當一個領導者能「甘其食，美其服，樂其俗，安其居」，把員工的後顧之憂解決好，讓員工的父母有養老金，每年安排優秀員工的父母旅遊……這時候，員工就會覺得領導者對他們太好了，會拚命為顧客提供優質的服務來回報公司。

老闆只要想著怎麼對員工好，讓員工活得更幸福，企業就會發展得越來越好。因為員工會想著自己要怎麼回報企業，讓更多顧客來，他們會自己想出新招。這是一種公司的凝聚力，全公司的人同心同德，上下擰成一股繩，這種感召力會吸引客戶不斷地來。這時候你不需要再用行銷手段，大家都會被你感召而來，這就是老子講的「使什佰人之器毋用」、「有甲兵無所陳之」。

很多人都不明白這怎麼可能。當你真正做到這個境界，大家就都會向你蜂擁而來，這時你就不需要再去跟別人打了。孟子一直講，這叫王者之道——你把自己做好了，所有的條件一定會受感召而來。因為你如此關愛員工，解決了員工的後顧之憂，他們是不會離開公司的，這就是「使民重死而遠徙」，大家都願意在你這裡工作，最終會達到「鄰邦相望，雞狗之聲相聞，民至老死不相往來」。

老子講得特別清楚，要達到這一切的核心，就是領導者放下自己的欲望，不要為自己撈取，要讓你管理的人「甘其食，美其服，樂其俗，安其居」，一旦你讓他們生活幸福，大家自然會團結在你的周圍成就你，最後你和大家會一起幸福，這是老子講的道。

我們在學習本章時，如果不深入思考，很快就會陷入誤區，覺得老子在講一個倒退的思想。其實完全不是，老子本章講的核心思想是「無我利他」的「利他」，作為一個領導者到底應該怎麼樣利他，本章講得特別透澈。

—第六十八章—

能做到雙贏的人，才是人生贏家

01 真話往往說出來就不好聽嗎？

信言不美，美言不信

人最怕表裡不一

我們接著學習《道德經》第六十八章的內容，帛書本第六十八章和通行本第八十一章的內容是一樣的。

「信言不美，美言不信。」這裡的「信」指真實、真誠。真誠的話，不會特別悅耳動聽。那種特別悅耳動聽的話，往往「不信」，讓人聽了覺得不信服。

「信」可以理解成特別真實的話，我在前面講過「信」，這個字的左邊是人字旁，右邊是「言」字。在古代，「信」特指口信，就是帶話給他人。人傳的口信，要求特別準確，傳信的人也要記得特別清楚，後來「信」引申為真誠，也表示確實的、確切的、可靠的內容。

這句話我們可以理解成，真實、可靠的話其辭藻不一定有多美，而辭藻美好的話不一定有多可信。老子說的這句話對不對？是不是所有真實的話講出來都不美好？這不一定。老子在這裡講的是，真實的情況和你描述的情況要表裡如一。**我們最怕表裡不一，外表比內裡誇大很多，就叫名不副實、言過其實**。

老子認為，言過其實的事往往不可靠。

生活中這樣的事有很多，比如我們去買房子時會發現，廣告上把這個社區描述得天花亂墜，藍天、綠樹、碧草，社區的名字也很動聽——「巴黎左岸」、「加州花園」等，開發商也承諾得非常好：「我們這裡有綠化、濕地，我們即將在這裡建一個大型購物商場……」等到賣房子時還會搞出非常熱銷的假象，據說很多開發商都會聘一群人去付錢，然後營業員一直在旁邊點鈔票。這種畫面我親眼見過，點完鈔把錢收走之後拿出來再點一遍。等你到了展示中心，看到的就是人潮眾多、點鈔機飛快點錢的景象。

說實話，現在人們買房都刷卡，誰會提著一堆現金去現場支付？這都是為了製造氣氛所營造的假象。

記得當年我在海南買房子時，有幾天正好趕上我出差，我母親跑去看房，看完之後就打電話給我：「兒子，這房子特別受歡迎，一開賣就沒了，就剩一套了，怎麼辦？要不然你先付點錢，給它先定下來？」我說：「怎麼可能就剩一套了，別著急，等我回去看看再說。」結果過了幾天，她又打電話給我：「兒子，這個房子真的特別好，又只剩下一套了，要不要先交點訂金啊？」

接了幾次電話以後我發現，我母親每次都說「只剩一套了」，為什麼？這是房仲業者製造的緊張氣氛。你說怎麼可能每次都只剩下一套，還都恰好被我母親碰上了，這怎麼可能呢？後來我告訴母親：「媽，你別著急，我一定讓你在海南安心養老，房子要買，但是你別這麼急，否則很容易上當。」

其實很多人都會被房地產商的行銷策略吸引，如果沒有仔細考量，買完房以後發現對方的宣傳言過其實，這樣一來你買完房後的幸福感會下降，覺得完全不滿意。這也是很多社區爭端不斷的其中一個原因。

如果開發商能認真把社區做好，做到了名副其實，這樣大家住進去才會有幸福感。

世上沒有一方治百病的神醫，自我調整才是一劑妙藥

一個醫生幫人看病也一樣。其實病症的成因有很多，比如長期不良的生活習慣，整天吃美食，吃得血脂高了，脂肪肝出來了；長期熬夜、情緒不好、遇到事想不通或過於在乎自己的感受，不停地在得失之間糾結。長期下來，你說能不生病嗎？

負責任的醫生幫患者調理的時候，不單單是根據患者的症狀開方子，還要告訴患者這個病是怎麼來的：「第一要調理情緒，第二要飲食清淡，第三要鍛鍊身體。只要你保持作息規律，每一天都這樣做，你的身體就會慢慢好起來。」

有的人有慧根，聽了之後覺得醫生說得對，就會去做。有的人聽到這些，會覺得怎麼找你開個方子還跟我講這麼多事，是不是方子不靈、醫術有限啊？你講了這麼多生活中要怎麼調整，我要是會調整我找你做什麼？還用得著你開方嗎？……他覺得這些事特別艱難，這就叫「信言不美」。他只需要有一位「神醫」，開一個方子把他的身體問題，比如脂肪肝、血脂高、心腦血管疾病、糖尿病等都解決了，他覺得這樣才是好醫生，花多少錢他都認。

結果這個時候不法商販出現了，有些推銷保健品的人，各種宣傳自己的保健品好——我們這個藥是經過了多少代老中醫傳承的，或者是我們這個藥經過八百多位科學家共同研究，從幾十味名貴中藥裡提取的，你吃了這個藥，第一清理血管，第二降血糖，第三精力充沛……

我覺得這就是在糊弄人，可是很多人都覺得這樣宣傳才是好東西，因此很多老人對購買保健品樂此不疲。這就是一種「美言」，實際上很難使人信服。

最美的人生路，恰恰是看起來最笨拙的路

我的生活圈也有這樣的朋友，當年傳銷盛行的時候，他就在傳銷的隊伍裡，後來國家取締傳銷，他又跑到了P2P（點對點網路借款）裡。每一次新浪潮裡都有他的身影，可是這麼多年過去了，你發現他一事無成。為什麼會這樣？

我覺得這是他的人生悲劇，每次都被別人描繪的絢麗藍圖吸引，覺得做好上線、下線，在家裡一坐，就有賓士開了，每年淨賺幾百萬……他覺得做這些事很容易，結果一而再，再而三地被「美言」蠱惑，最終一事無成。

我從老子的「信言不美，美言不信」這句話得到的啟發是，**可能最美好的人生道路，恰恰是看起來最笨拙、樸實無華的道路**。

這種道路，只要你認真地走，最終一定會走向成功。而那些外表看起來無比絢麗的路，裡面處處是陷阱。比如中國中醫科學院的屠呦呦，我很尊敬她。她和她的團隊研究出了青蒿素，拿了中國第一個科學類諾貝爾獎，這是了不起的事。可是你知道她這一路是怎麼走過來的嗎？

她一直到八十多歲拿了諾貝爾獎，大家才知道她，以前她就是一個默默無聞地從事研究工作的人。如果她以前就很有名，今天開個研討會，明天出國考察一下，各種光環圍繞

在她身上，你覺得她還能研究出青蒿素嗎？還能拿諾貝爾獎嗎？我覺得是非常難的，因為人的精力是有限的。

我經常感慨，在生活中，我們都希望「信」和「美」是相符的，但往往並不是如此。**當人們過度渲染美的時候，它的目的可能並不是那麼純粹。所以有一句話講：在市集上喊得最響的人，往往推銷的都是劣質產品。**

因此，在生活中我們要盡量保持清醒，要了解「信」和「美」之間的關係，學會透過外表看實質，這需要我們有感知力、洞察力以及定力。同時，這種能力也是人生必備的修養之一。

02 有時候念頭一轉，事就成了

知者不博，博者不知

「知者不博，博者不知」

「知者不博，博者不知。」這句話是什麼意思呢？從字面上解釋是，了解道的人不會向外求太多知識，不會博學。「博」當博學講，那種向外求太多知識的人，很可能不知道道。

老子的這句話講的是一般規律，我們從兩個層面分析。第一，學問是不是掌握了關鍵就不用再博求了？博求者是不是往往沒有掌握道？

我覺得這句話在某種程度上確實揭示了做學問的一個階段。比如剛開始學中醫的時候，很多人會有一種「中醫好像挺簡單」的感覺——這是不清楚、迷濛的狀態。然後學著學著，他會覺得中醫太複雜了，怎麼有這麼多方劑，不同藥的味道你要記住，不同藥治什麼你要記住，怎麼運用君臣佐使去配伍你也要記得，還有穴位和經絡走向等，需要學的東西特別多。

有人統計，從古到今的方子大約有五十萬個。很多人一看，這誰能把這五十萬個方子都記住啊！這時候，很多人往往視學中醫為畏途。也有一些人開始不斷地學，越學越多，好像進入了知識的海洋。有時覺得自己有點心得了，看另外一本書時，又發現這個藥還有這種用途，趕快記下來，再一看別的醫生的方子，覺得人家用得真巧妙。

你看，學習是一個非常辛苦的過程，有時你會覺得很痛苦，但是學著學著，你會發現有跡可尋。

有些知識你可以把它歸到同類，比如涼的和熱的，分別是陰和陽，當你能分出寒、熱時，你就能找到一個大方向。這樣一點點地學，你會發現知識架構變得逐漸清晰、簡單。

有的老中醫一輩子就在一個方子上進行加減，比如有一位叫麻瑞亭的老先生，他是黃元御的傳人。麻瑞亭替人治病基本上用的都是黃元御的下氣湯，就用這個方子進行加減，因為他知道了人體氣機運行的規律，反而不需要很多方子，根據不同患者的情況用一個方子進行加減，才見功夫。

正是由於博學，最後才被自己歸納總結成了簡單，當你真正登堂入室以後，你會發現中醫越學越簡單、越學越清晰。

在《黃帝內經》裡有這樣一句話：「知其要者，一言而終。不知其要，流散無窮。」

這句話的意思就是，你真正掌握了要點，一句話就能說清；如果你不知道要點，會覺得毫無頭緒。

「越學越多」是學知識的一個過程，當你掌握規律以後，會覺得越來越簡單，這就是老子說的「知者不博，博者不知」。

在學習的過程中，一旦你掌握了規律，就不用再盲目地浪費精力。正常的情況下，「博」很可能是到達「知」的一個過程，因為你在「博」的基礎上掌握了規律，才能提升。老子的意思是，如果你滿足於「博」的狀態，覺得「博」了不起，就會處於一種「博者不知」的狀態，你永遠不知道真理到底是什麼。

沒有日照和水，再怎麼撒種子都不會發芽

除了做學問，我們的生活也一樣。「知」和「博」之間是一念之差就可以轉換的，但是你沒有這個轉換過程，可能就無法提升。比如，我講過我在三十七歲之前完全不懂道的原則，做事都是為了自己，我抄了祕方就偷偷放在枕頭底下，不告訴大家，一心想著把這個方子賣給哪個藥廠，萬一能賺筆錢呢？

在這段時間裡我做了很多事，結果都失敗了。剛開始我以為這肯定是上天不保佑我，我就去寺廟、道觀參拜，聽說哪有「大仙」我也去。我覺得廣泛撒網，萬一哪路神仙保佑我，我不就發財了嗎？

最終，我祈願了至少有幾百次，但沒有一次靈驗過，所以後來我就覺得這都是封建迷信。其實，這就是我「博」得一塌糊塗，結果沒有什麼提升。

博士畢業以後，我在學校裡不斷地被同學影響，開始學習經典，明白了要放下自己為大家做事，這樣我們都會越來越幸福。明白這個以後，我發願為了眾生的健康努力推廣中醫和國學知識，很多時候念頭一變，事就成了。

這就是因為你接近道了，發願為大家做事了，這個時候你再想做什麼事會非常簡單，只要你能帶著這種發心堅持把事做下去，你將發現事情會做得非常精彩。

老子的話講得非常精闢。「知者」，知道道、按照道做事的人不需要做太多，把一件事做好就足夠了，你對社會有價值，大家會給你回饋，最終你和大家都會幸福。如果你不懂道，做事都是為了自己，就相當於沒有日照和水，你再怎麼廣博地撒種子，都不會發芽，這就叫「博者不知」。

把一件事做到極致，你絕對是這個領域的領軍人物

曾經有位朋友和我說，他覺得人生非常困苦，不知道該做什麼，要我幫他分析一下，做什麼事能賺錢。

賣A產品，他覺得市場已經有很多人在賣了；賣B產品，他又怕大家不接受，領先太多了；過幾天，他覺得搞一個C組織，讓大家交會費，可能會火，但還是擔心賺不到錢；思前想後他又想辦一個D產品……他想出了無數的想法，每一個都在算計自己能不能賺到錢，不斷地衡量。

最後我向他傳遞一個理念，我說：「你講的這些東西都是外在形式，核心才是最重要的，你一定要想清楚三個問題：

第一，你做的事是不是有利眾生的？這個原則就是判斷你做事是否符合道，一定要把這個原則理順了再想其他。

第二，這事是不是你擅長、感興趣的？如果你很討厭做這件事，還非得逼著自己做，那恐怕不會幸福。

第三，堅持十年以上。很多人興趣廣泛，今天做這個，明天做那個，但最後每一個都歸零，你的人生總是從零開始，還怎麼繼續發展呢？所以選好了一件事就要堅持下去。

只要你按照道的原則做對眾生有益的事，在做事的過程中不斷地改進它，把一件事做到極致，做到十年以上，你絕對是這個領域的領軍人物。」

最終我的這位朋友聽明白了，他現在果然事業有成。因為他把方向理順了，跟道接近了，結果就不需要那麼多想法——今天做這個產品，明天做那個產品，而是你把自己做好了，產品就都來找你了。

如果你停留在「博」的層面去探討問題，對道的層面沒有搞清楚，那你就是「博者不知」。老子講的「知者不博，博者不知」，對我們人生有非常大的啟發。

03 「天堂」和「地獄」只在一念之間

善者不多，多者不善

爲自己多求的人，一定沒有上善的境界

「善者不多，多者不善。」這句話在通行本寫的是「辯者不善，善者不辯」，如果按照通行本的寫法，這句話的涵義和前面的「信言不美，美言不信」應該很接近。

那麼，「善者不多，多者不善」是什麼意思？這裡的「善」不是單指善良，而是上善若水的「善」，指達到一個很高的、相當於悟道的境界。在這種善的境界裡，人不會為自己多求。也就是說，為自己多求的人，一定沒有達到上善的境界。所以，這裡的「多」是有指向的。

如果按照字面來解釋「善者不多，多者不善」，應該是善良的人不多做事，多做事的人不善良——實際上這句話的涵義比這要深。

「多」是對自己的，達到了上善的境界的人，不會為自己多求。老子在這裡指領導

者，那種利用平臺為自己多求的領導者，一定沒有達到上善的境界；而那些達到上善境界的領導者，絕對不會為自己多求。

只要能弄清楚「不多」和「多」的對象是自己，找到這句話的核心，就很好理解了。

只要把「我」字擺在前面，與他人的合作就會變得很難

在生活中，什麼事都為了自己多求的人，是非常自私、貪婪的。一個人如果有這種品性，我覺得他在社會裡，絕對不會生存得很好。

我不知道你的生活中有沒有這樣的人，他平時不怎麼出現，但只要他出現，就一定有事求你。他只有在需要你的時候才出現。在不需要你的時候，他永遠不會出現，他把自己的生活過得很好、很享受，可是他絕對不會想到你。

如果你需要求助他，他會先考慮自己的利益：「這事不行，這事我可辦不了，我這兩天特別忙，你問問別人吧。」一旦他需要你了，就好言好語地求你幫忙……

如果你的身邊有這種人，你可以觀察他的生活和工作，他一定發展得非常有限，這種人絕對成不了大器。為什麼？

在社會上，人與人是互動的，我們發出什麼，別人回饋什麼，如果你把這種循環給中斷了，只索取不付出，那你如何在社會裡跟大家互動呢？

比如說做生意，很少有人能單獨做起來，現在很多事都需要大家同心協力合作。如果碰到那種什麼都先考慮自己的人，合作起來會很難。如果幾個合夥人都自私自利，那就不如不合作了。為什麼？精力、財力都投入了，事做起來了，矛盾就該出現了——幾個人都想著自己，都不斷為自己的自私和貪婪攫取。

在公司裡，有的人會想：為什麼員工都叫他董事長、總經理？我也一樣努力了，憑什麼地位沒有他高？或者會想：為什麼他總是出差，和別人打交道，風光全他一個人占了，我就得在這裡埋頭苦幹？……這時候矛盾就出來了。

只要把「我」字擺在前面，考慮「我」的利益有沒有受侵害，「我」的利益有沒有回報，大家一起合作起來就很難了，會逐漸產生衝突。

我收到過一些回饋，很多家長在學習《道德經》時，都帶著孩子一起學——這樣做特別好，作為家長，千萬不要讓孩子養成自私的品性。

有人說，在小的時候就要培養孩子的個人領地意識，但我覺得個人領地意識是一種動物本性，不需要培養，到了一定時候，大腦裡自然就會生成。應該培養的反而是那些人類優良的特質，因為這些東西不夠強大，稍微搞不好就會被動物的本性給帶走。因此，家長要教小朋友不要自私、要有同理心等，如果學會這些，將來他們長大自然會與他人合作，做事業自然也順暢。

可能有人會想：上善的人，不為自己多求，可是我什麼都沒有了，還談什麼善呢？那不都是空的嗎？

老子講的是你要先放下為自己獲取的念頭，為大家去做事，當大家感受到溫暖後，也會來幫助你，最終大家都會幸福，這是道。並不是你不多求，最終就什麼都沒有，而是你放下為自己多求的念頭，跟大家一起合作，你會發現最終獲得更多。

這句話裡的核心要點，就是我們要提高層次。互相協作是人類生存的基礎，你做事要盡量先放下為自己多求的念頭，看到大家的需求，在幫助大家的同時，彼此能夠更好地在一起工作，最終所有人都獲得幸福。

我曾經看過一個故事，講的是有一個人見到了神仙，他很好奇天堂和地獄有什麼不同，就問神仙：「你能帶我看看天堂和地獄有什麼區別嗎？」

神仙答應了，就先帶他到了地獄。他們到的時候正好趕上地獄開飯，所有人都圍著一口特別大的鍋子坐著，手裡拿著一雙兩公尺長的筷子，紛紛去夾鍋裡的食物，想往自己的嘴裡放，但因為筷子太長了，大家都吃不到食物。你想想，這得多難受？餓著肚子，食物就在眼前，但就是吃不到……這人一看地獄也太慘了，他就和神仙說想去看看天堂。

隨後神仙帶他來到了天堂，天堂的人也在吃飯，同樣是很多人圍著一口大鍋子，每個人也拿著一雙兩公尺長的筷子。不同的是，這些人都在用手裡的筷子夾起鍋裡的食物餵給對面坐著的人，大家都互相餵，吃得津津有味，看起來幸福無比。這個人看完了這個情景恍然大悟，**原來「天堂」和「地獄」只在一念之間。**

當時，我看完這個故事後深受觸動，它點出了人生一個重要的法則——**在人世間生活，如果你事事抱著利己之心，你的事業和生活會很不幸福；如果你事事抱著利他之心，你的事業和生活就會越來越順暢。**

幸福與不幸之間就是一念之差，這一念之差絕對不是我們碰到每件事的時候憑靈感來做，而是在平時就要加以訓練、培養自己，加強大腦皮層印象的深化，這樣的人才能生活得越來越好；這樣的領導者才能真正團結大家的力量，一起創造更大的價值。

04 如何實現雙贏

聖人無積，既以為人，己愈有；既以予人矣，己愈多

越給別人，自己擁有的越來越多

「聖人無積，既以為人，己愈有；既以予人矣，己愈多。」這句話是什麼意思呢？

「聖人無積」，「積」是積蓄的意思，聖人指有道的領導者。老子說，有道的領導者不為自己處心積慮地謀劃、撈取，他們從來不這樣想。

「既以為人，己愈有」，他們總是為別人做事、增加福利，結果他們最終擁有的也越來越多。

「既以予人矣，己愈多。」聖人總是在為大家付出，這叫「予人」，越給別人，自己擁有的越來越多。

很多人看到這句話，心裡不禁會有一個問號：「聖人無積」，有道的領導者不累積，為大家付出，就擁有的越來越多？老子這是在教我們如何增加財富、如何獲取更多的資

源？是告訴我們只要擺出姿態，對大家好，就能「己愈有」、「己愈多」？

老子這句話的涵義很深，首先，老子說「聖人無積」，這是在講聖人的態度——不為自己累積，把自己放下，為大家做事，這是在利益方面做到無我。

「既以為人」和「既以予人」的意思是，為大家付出，首先你的態度是放下自己，只有你放下自己為大家做事，你管理的人才會真正受益。

大家感受到你的發心，才會願意團結在你的周圍，和你一起朝著同一個方向努力。老子說「己愈有」、「己愈多」，就是你為大家服務、付出，最終大家自然會回饋給你，讓你的收穫也特別多。

老子的這句話講的是如何實現雙贏，我一直在和大家強調，**你在利他的同時，自身也會受益**。但這種雙贏法的前提是你要先放下自己，不多為自己想，凡事先為大家考慮，大家再來成就你，從而獲得雙贏。

如果你一開始就只為自己考慮，「己愈有」、「己愈多」，你做事的心就不純粹，容易把道引入權謀裡去，使道變成權謀之術。

我建議你千萬不要向這個方向走——我為了自己多獲得，然後故意裝作某種樣子。不是這樣的，你這樣做，時間長了，就會出現漏洞，被人發現的同時你就喪失了自己的誠信，這會導致你前面做的一切都前功盡棄。**用奸詐之法示人，可能會有一些收益，但最終**

很難堅持到底。

如果你真正相信道，按照道的原則行事，你一定會活得很好。

做好事的人，就應該完全犧牲自己嗎？

為什麼老子一直在講雙贏，這有什麼意義呢？在這個世界上，大部分人都存在一種想法——如果我為了大家好，為了大家而努力，我是不是就得犧牲自己？這是一種極端的想法，只有在一些極端的情況下，比如只有犧牲某個人才能保全整體時，有些聖人會選擇犧牲自己。在一般的情況下，如果你這樣做，就是違反了聖人之道。為大家犧牲自己，看起來激動人心，令人感動，但是這種事不可持續。如果都打著為大家好的旗號，今天犧牲一個人，明天又犧牲一個人……事情就沒人做了，這違反了道的原則。道是可持續的、能夠讓大家越來越好的法則，而不是透過毀掉一個人才能把利益帶給大家。

老子在此特別指出要共贏，這才是真正的聖人之道。

現在很多人都有這種偏見，你為大家做好事，就應該澈底放下自己，什麼都不能擁有才行。比如你為了大家做了很多事，賺了點錢，這就不行了：「你憑什麼靠這個賺錢？你的人品有問題！」就會有人發出這種聲音。

如果你非得要求一個人為大家做好事，他卻連飯都沒得吃，無法做到養家活口，那他做的事是無法持續的。

可能很多想做好事的人，後來都不敢做了，因為做下去大概會餓死。老子非常不鼓勵這種行為，老子提倡的是一種雙贏的行為，你為大家付出，最終你越來越幸福，擁有的也會越來越多。

順應自然之道不是聽天由命

有的人問：「羅博士，你向我們講《道德經》，堅持了這麼久，你收穫了什麼？」

事實上，我在為大家做事的過程中，收穫特別多，比如幸福感——我看到這麼多朋友留言，他們心裡的鬱結打開了，覺得開心了，有的人覺得自己肝氣不舒的情況得到了很大緩解，甚至有的人的肝氣不舒徹底消失。

看到這些，我特別高興，對於一個醫學工作者來說，治好患者疾病的幸福感遠遠高於金錢帶來的幸福感。有時都過兩三年了，患者可能早就忘了找我調理的事，但我心裡還記得呢。還有個情況是某個醫案思路精彩，我當時一下切中要害，把患者調理好了……總之，這個過程讓我覺得很幸福。在治療患者的過程中，我擁有了很多幸福的感覺，這就是道的原則——你真心放下自己為大家做事，大家感受到你的溫暖，就會反過來回饋你、幫助你，最終和你一起進步。無論在精神上還是物質上，你都會擁有更多。

這種正能量的循環就是道。這種能量沒有形態，但是自在人心。只要你是血肉之軀，只要你擁有情感，這種能量就在循環，這就是聖人之道，也是人間之道。

老子在《道德經》裡反覆講順應自然之道，很多人都以為順應自然之道就是冬天多穿衣服，夏天少穿衣服——這不是什麼自然之道，而是順應大自然之道、順應天地之間節氣的變化；還有人講順應自然之道就是什麼都不做，老天自有安排，你聽天由命就好了。這也是一種曲解。

老子在《道德經》裡講的順應自然之道，是順應能量的流動。你明白了這種循環以後，順應它的變化，你的人生就會越來越幸福，這才是真正的自然之道。

這個自然之道是向天之道觀察模仿而來。天之道具有無我利他的特性——生成萬物，卻隱身於背後，不索取名利，這種善的能量，我們看不見它，但是它一直存在。

老子說的「聖人無積，既以為人，己愈有；既以予人矣，己愈多」，講的就是道的循環，這裡沒有任何功利色彩。老子講得很清楚，只要你先讓大家幸福，你也會幸福，這是雙贏的幸福之道。能學習《道德經》的人，都是有特殊緣分的人，一旦你接近《道德經》，你就接近道了。如果你學完能認真踐行，我相信你的人生會發生改變。

05 老子講的道不是消極避世之道，而是幸福之道

天之道，利而不害；聖人之道，為而不爭

當你回首過往的人和事，會發現道的規則一直在起作用

老子接著說：「天之道，利而不害；聖人之道，為而不爭。」現在很多人一講《道德經》，就說道玄妙，只可意會不可言傳，其實沒有完全理解老子講的是哪個道。老子講了兩個道：一個是天之道，天之道的玄妙只可意會不可言傳；第二個道是聖人之道，聖人之道是領導者法則，這個是可意會可言傳的，而且特別明確。

「天之道」是玄妙的，老子說，在人世間之上有種力量，先於整個世界形成之前存在，以我們現在的知識、大腦，無法猜測這種力量究竟是什麼。世間所有的事都是按照天之道運轉的，你順應它的規律，人生就會順暢；違背它的規律，人生就會有很多磨難。

「天之道」隱形於背後，無名無形，所以我們不太容易去猜測它。就好比科幻小說講跨維、降維，我們不太好猜測，因為想像力不夠豐富，也有可能是智慧沒那麼高。

老子告訴我們，要透過分析世界運轉的規律，來猜測天之道的遊戲規則（有大智慧的人也可能有其他方式和天之道溝通，這個我們就不了解了），但老子在這裡告訴我們，「天之道，利而不害」，意思就是，「天之道」的原則是「利而不害」。「利」是盡量利益大家，為大家帶來好處，「不害」是不去傷害。

「利而不害」就是「天之道」設定了世界的遊戲規則，順應這個規則就昌盛，如果逆著規則行事，就容易遭受各種打擊。

在生活中你會發現，別人幫助我們，給我們笑臉、溫暖，我們就歡迎他；別人沒事打你一下、扇你一個耳光，或者害你，你就會躲著他。如果對方傳遞的訊息是正向的，我們就歡迎；是負面的，我們就拒絕。

因此，世間的事都一樣，在我們身上發生的，其實在別人身上也會發生，所以老子說「天之道，利而不害」。只有「利」才能不斷發展，「害」則會得到更多傷害，「天之道」的原則，就是這個世界的遊戲密碼。

有時候世界紛亂，你可能看不出這個密碼和規則。過一段時間你回頭再看過往的人和事，會發現這個規則一直在起作用，這就是老子說的「天之道，利而不害」。

你別覺得這句話看起來很簡單，最終你會發現，世界一定會按照這個規則運行。我們知道這個密碼以後，人生的方向會更加明確。

「無爲」是對自己的，「有爲」是對衆生的

「聖人之道，為而不爭。」這句話在帛書乙本裡寫的是「人之道，為而弗爭」，帛書本雖然寫的是「人之道」，實際上講的也是「聖人之道」。所以這句話我們按照通行本寫的「聖人之道，為而不爭」來講。

老子在《道德經》裡講過很多「無為」的概念，我一直在講「無為」並非是什麼都不做，而是你要做利益大家的事，不為個人的利益撈取。

「無為」是對自己的，「有為」是對眾生的。

老子講的這句「為而不爭」，「不爭」就是「無為」的意思，不為自己去爭。其實，《道德經》真正的道就是八個字，「聖人之道，為而不爭」。**人世間運行的法則就是為大家作為，對自己不要爭私利**。老子在《道德經》裡講了「為」和「無為」兩個概念，「為」是對大家的，「無為」是對自己的。這個概念你明白了，才算真正明白《道德經》。

如果你不清楚這一點，覺得「無為」就是對外「無為」，對內也「無為」，什麼都不做，就算你學了一遍《道德經》，肯定也是糊里糊塗的，因為你沒有搞清楚對象。要是你將老子思想理解為虛無、倒退、消極避世的，你就是在誤解老子。非常遺憾的是，這種講法是現在的主流，我覺得這樣理解老子，就把他對大家的用心泯滅了。

只要「爲而不爭」，你的人生就會一點點改變

我花了這麼長的時間講《道德經》，只是把我個人的觀點講出來。我講《道德經》是為了告訴大家，我們在生活中應該如何受《道德經》的啟發，在講的過程中，我把老子的思想，以及我的觀點和盤托出，我真的認為老子不是一個消極避世的代表人物。

老子真正的責任是，他知道這個社會應該怎樣運轉才能讓老百姓生活得更好，我們在生活中怎樣做，才能更加幸福。

老子講的是一個原則，人都是有感情的，都喜歡關愛、幫助，討厭傷害、背叛，人與人之間想要消除隔閡，彼此更融洽地生活在一起，一定要發出善念，去幫助、關愛大家。你幫助大家，大家感受到溫暖，就會團結在你周圍，回饋給你溫暖，這樣你就會更加溫暖、幸福。

老子講的道不是無用的，他的思想對我們的生活有非常大的指導意義，如果我們能達到這種狀態，人間即天堂。

我相信只有我們真正去做，老子才會感覺欣慰。

—第六十九章—

所有的功德應該像隱形的翅膀

01 如果有功德卻不以為有多大，那麼福德會不可思量

天下皆謂我大，大而不肖。夫唯不肖，故能大。若肖，細久矣

不刻意刻劃自己的功德，才能做大

「天下皆謂我大，大而不肖。夫唯不肖，故能大。若肖，細久矣。」這句話是什麼意思呢？「天下皆謂我大」，這個「我」是誰呢？

老子在《道德經》裡有過這種比喻，「我」代表的是悟道之人。「天下皆謂我大」，講的是悟道之人。「大而不肖」的「肖」，不是孝的意思，在古代「肖」字當相似講，不肖子孫就是你跟你的前輩一點都不像，比如你的前輩都是做人的楷模，但你做得非常不好，一點也不像你的先人。

「天下皆謂我大，大而不肖」的意思是，天下之人都說悟道之人的功德很大，其實不是，道是隱形於背後的，它把形象隱藏起來，你無法模仿它，把它給複述出來。

「不肖」這個詞有各種講法，有的人將其解為不合常情、不合常理，天下的人都說悟道的人功德大，大得不盡常情，我覺得這種說法有點不妥。

「肖」應該當無法描述講，指功德很大，卻隱形於背後，不顯形。「夫唯不肖，故能大」的意思是，正因為它不顯形，總是把自己放到背後，為大家做事，所以功德才大。

有人把這句話裡的「我」講成「道」，就是天下都說我「道」大，我覺得也有點不妥。老子在《道德經》裡沒有用這種口氣說過類似的話，所以應該說的是悟道之人。這種悟道之人行善之後，自己不在意，他們從不彰顯自己，老子說，正因為這樣，他的功德才真正大。

「若肖，細久矣」，如果你總是覺得自己不得了，那麼你的功德就會變小。

其實仔細品味這句話，你會發現它跟《金剛經》裡的話很像，「若菩薩有我相、人相、眾生相、壽者相，即非菩薩。」意思就是如果你著相，覺得自己高高在上，施捨給大家，你就不是菩薩了。

老子講的這個「肖」，可以理解為「相」。天下的人都說悟道的人功德大，但是他們不著相，從不覺得自己功德大。如果他們覺得自己做事後的功德很大，都等著大家讚美的話，他們就已經沒有功德了。

《金剛經》說：「菩薩應如是布施，不住於相。何以故？若菩薩不住相布施，其福德不可思量。」如果你不著相，不覺得自己有多大功德，不為了回報去布施，那麼你的福德會不可思量。這種思路和老子講的一樣，「天下皆謂我大，大而不肖」，你無法描述我的功德，因為我隱形於背後，正因為如此，不刻意去刻劃我的功德，我才能做大。

也就是說，《道德經》和《金剛經》在很多地方是非常相似的，它們講的人間至理其實是同一個。

功德很大，做的事很大，但是自己要隱形於背後

有很多企業家，企業做大以後，覺得自己地位上來了，功績很大，大家對我尊敬是理所當然的。這樣的企業家，往往不能擺正自己的位置，所以他在待人處世方面會出現很多問題，比如傲慢、舉止失措等。

為什麼很多企業發展壯大後，會倒得很快，突然整個企業分崩離析，這和企業核心價值觀的缺失是相關的。

前一段時間，我在替某個商學院講課時，我提到了這一點，我說老子在講《道德經》的時候，把企業管理者分成了四個境界，前面兩個境界是需要我們去琢磨的。

老子講的第一個企業管理者的境界是「太上下知有之」，意思是真正境界高的企業領導者，下面的員工只是知道有這個人，並不覺得他隨時在管他們。這種領導者隱形於背後，他是關愛員工的，但是他把規則制定好，用規則去關愛員工，讓員工按照規則來運行。

第二個企業管理者的境界是，員工敬他、愛他，把領導者當成自己的榜樣，這種領導者是企業文化的太陽，往往具有很強的感召力，員工也會感恩老闆的好，跟著老闆好好做。要是老闆生病或無法經營了，會怎麼樣？這個企業的文化立刻就沒有了，因為太陽沒有了。這種管理者就是前面提到的自己覺得功德很大，他也關愛大家，但是他把這種關愛當作了功德回報。這並不是老子最推崇的，因為這種領導者一旦出了什麼問題，整個公司的文化立刻就會變得黯淡無光。

那天我講完課，馬上就有一位同學回饋，他說：「羅老師，你講得太對了，我就碰過這樣的企業。當時這家企業經營得非常好，老闆是行業內讓人尊敬的老大哥，特別有人格魅力，有時候經銷商和他一見面就被他感動了，很多替他工作的工程師也一樣，不談錢，『薪資你決定，你說多少就多少，我覺得跟著你做有前途』，這個老闆也非常關愛員工。」

結果後來這個老闆的身體突然出現問題，做不下去了，導致整個公司立刻分崩離析，因為公司的文化是靠他個人魅力來維持的，他一出現問題，公司就沒辦法繼續維持了，這就是老子說的「肖」了。

老子說「大而不肖」，「不肖」才是對的。一旦你「大而肖」，你出現問題後，你的家屬接管企業，企業文化立刻就會改變。

比如之前給這個人的薪水太高，家屬接手後覺得憑什麼給那麼多，雖然他之前是功臣，但現在要從頭開始，就把他的薪水減少；或者幹嘛給經銷商這麼多優惠？這不行，我們要重新招聘，讓其他經銷商一起來；把這個部門砍掉，把企業換成錢才是真的……減薪、砍部門、取消獎金，之前領導者建立的制度全部被改變了，導致這家企業立刻分崩離析。

還有一個朋友也和我講過一個案例，某領導者是行業內的老大，人稱什麼大哥，很講義氣的一個人，大家都覺得跟著他做很有前途，這也是「大而肖」的一個人，他的企業也沒有任何制度，做什麼都是憑他一句話。結果最後這個人出現了一些問題，很大的一家企業瞬間分崩離析，大家作鳥獸散。這麼大一家企業，居然最後連點影子都沒剩下。很多人都感慨，這種榜樣型的企業家，其實是靠不住的。

一家公司的穩定發展，真正靠的是制度和文化。在制度的運行下，領導者可以隱形於背後，他不必總是以自己的形象去感召別人，這叫「大而不肖」。功德很大，做的事很大，但是自己「不肖」，隱形於背後，不把自己的形象托出來，不突出自己的功德，低頭為大家做事，所以大家才願意團結在他的周圍，這叫「夫唯不肖，故能大」。

如果你在為大家服務的時候，把自己的形象托得很高，讓別人覺得你很了不起，這叫「若肖」。如果你處於這種狀態，你的企業文化是靠不住的，說不定哪天就會分崩離析，這叫「細久矣」。你可以仔細體會一下，老子的《道德經》是一部管理學巨著，管理人心的巨著，如果你真正明白這些道理，你就能走向正軌，走向管理的最高境界。

02 得道之人有三寶：慈、儉、不敢為天下先

我恆有三寶，持而葆之。一曰慈、二曰儉，三曰不敢為天下先。夫慈，故能勇；儉，故能廣；不敢為天下先，故能為成事長

領導者，不敢把自己的利益放到天下人前面

「我恆有三寶，持而葆之。一曰慈、二曰儉，三曰不敢為天下先。」、「我」的意思是悟道之人，「恆有三寶」的意思是悟道之人有三個寶貝，「恆」是一直有的意思。「持而葆之」的「葆」通「保」，是保護的意思。這句話的意思是我要好好保護它，「持」是拿在手裡，不要讓它丟失的意思。

「一曰慈」這個「慈」是對眾生的、對你管理的員工的，這是關愛和愛護，也是一種善念和利於他人的做法。

「二曰儉」這裡的「儉」是對自己的，而不是對天下人都節儉，老子的意思是希望你把自己的欲望清乾淨，不要為了自己獲取太多，因為你根本不需要那麼多，就算你獲取很

多名利，你離開人世時也什麼都帶不走。當你把自己的欲望放下，看清世界的本質以後，你會發現沒有什麼東西能夠真正獲得。還不如讓大家過得好一點，這樣你的心裡更愉快、更幸福。

「三曰不敢為天下先」被很多人誤解了，大家認為這句話是老子在告訴我們「出頭的椽子先爛」、「槍打出頭鳥」，所以你要在隊伍中間混，等待時機和機緣成熟的時候再上去撈一把，現在先讓別人出頭。

很多學者都這麼講，我覺得這是沒有弄懂老子這句話是說給誰聽的。「不敢為天下先」講的是領導者，領導者不敢把自己的利益放到天下人前面，意思是你要把自己的利益放到後面，不要先想自己，「不敢為天下先」，不敢把自己的利益放到天下人前面。

後世的范仲淹說「先天下之憂而憂，後天下之樂而樂」，我覺得他是真正懂得老子思想的，他的這句話可以作為「不敢為天下先」的注解。如果我們把這句話講成要等待時機，「槍打出頭鳥」，就把老子給低俗化了。

老子在這裡講的「一曰慈」，慈是對眾生的，是利他；「二曰儉」是要我們放下自己的欲望、清空欲望，是對自己的「無我」；「不敢為天下先」是對無我利他的總結，不敢把自己的利益放到天下人之前，要先考慮眾生的利益。

做事先考慮到對方的利益，才能獲取更多合作

老子在後面總結：「夫慈，故能勇」，一旦你心懷慈悲，為大家著想，做事就可以勇於向前，因為你代表了大家的利益。老子第二句講「儉，故能廣」，其實現在很多人在合作的時候都先想著自己，看自己能賺多少錢，或者你給我多少錢我就怎麼做。一起合作，他會考慮你是不是多拿了錢，如果不公平，他就會「對不起，不合作了」。老子宣導的這種「儉」，是要你把自己的欲望放下，你是為了大家而做事，當你發自內心地希望大家幸福，對方感受到你的真誠，就會願意和你合作，覺得你了不起，所以你和別人合作的機會是「廣」的。

在生活中你會發現，有的人做事左右逢源，有很多合作對象，大家都願意和他合作，為什麼會如此？

因為他在做事時會充分考慮到對方的利益，他考慮的是做這件事不光我受益，也得讓你受益，讓雙方共贏。大家一看，我也受益，當然跟你合作了，所以這樣的人做生意的機會是最廣的。

我以前講過，李嘉誠的兒子從李嘉誠那裡學到了一句話，這句話被他視為做生意的法則——**我賺十塊錢是正常的，我努努力能賺到十一塊錢，但是我一定只賺九塊錢，因為我**

要為大家帶來利益。

只有你讓大家都能從你這裡受益，你做事才會做得好，大家才願意跟你合作。

同樣，晨光文具的老總陳湖雄也跟我說：「我聽完你講的這個道，終於明白我為什麼成功了，雖然我說不出來，但我是按照這個法則來做的。小時候，我媽告訴我，做人一定要與人為善，不要什麼事都先想自己，一定要給大家帶來幫助，這樣做事才可以。從小我就按照這個原則做事，做每件事之前都先想到這樣做對方會怎麼樣。」

你看，正因為如此，他才能不管去了多少家自己的連鎖店、加盟店，仍然能一間一間地指導大家。因為他很擔心大家加盟了之後，因為一些細節問題，導致賺不到錢，那將是他的罪過，他希望大家跟他合作後都能賺到錢。

因為你想到大家的利益，大家才願意跟著你做，所以他的晨光最終變成了中國文具的第一品牌，這與他的做人有關。

他做人的準則是從哪裡學來的呢？我覺得潮汕地區保留了比較好的中華文化根基，李嘉誠和陳湖雄都是出自潮汕，民間就有這種善根，再由父母不斷將這種道理傳遞給孩子，所以潮汕地區的商人做事都非常成功。

我覺得這就是老子講的「儉，故能廣」，因為你把自己的欲望放下了，先考慮別人的利益，大家才都願意和你合作，把大門向你打開，你的生意機會才廣。

真正的領導者叫「成事長」

「不敢為天下先，故能為成事長。」這是帛書甲本的寫法，韓非子的〈解老〉篇，也是這種寫法，其他版本寫的是「不敢為天下先，故能成器長」或「為成器長」。我覺得帛書甲本這樣寫更妥當。

這句話的意思就是有道的領導者，不敢把自己的利益放到公司員工利益的前面，這樣大家會覺得你是為他們考慮、為他們做事的，大家都願意團結在你的周圍，向你匯集而來，成就你做的事，所以推舉你為「成事長」。「成」就是做，「事」就是事情，「長」就是首領的意思，所以推舉你為做事的首領。

我經常把「成事長」直接翻譯成董事長，其實就是公司的領導者。

很多大企業的領導者薪資是很高的，一年幾十萬、上百萬，但員工的薪水沒有那麼高。如果你真的能夠把公司員工的利益放到前面，別先想著自己，你的企業一定會越做越大。一旦大家感覺到你是真的為了他們做事，就會願意團結在你的周圍。如果你天天想著自己，怎麼能把股份多弄點，或在外面再成立一家公司，把自己的股份來回互持、轉移等，你說你做的這些員工會看不到嗎？員工知道了你做事都是為了自己，他們也會凡事為了自己，從而跟你離心離德。

我見過太多這樣的大企業了，以前在日本有位首富，叫堤義明，他開了很多家百貨公司，他的太太很喜歡購物，經常到百貨公司買各種奢侈品。有一次，堤義明跟他的太太說：「你買這麼多東西有用嗎？百貨公司都是我們家的，你把這些東西搬回家來，回頭不用，我還得把它搬回去，你說這麼來回搬有意義嗎？」這句話把他的太太點醒了，他太太一想也是，百貨公司都是我們家開的，我買這麼多奢侈品，又穿不完，這都是庫存啊，最後把自己家都變成倉庫了……從此以後，堤義明的太太再也不去百貨公司買奢侈品了，穿著也簡單下來，因為她真正看清了這些東西都是虛的。

這就是看懂了財富的本質，無論是購物，還是消費，都是虛幻的，好多東西買了也沒用。你買多少吃的，每天也就吃三頓飯，你不可能吃八頓飯；你再有錢能買三十幢別墅嗎，一個月你能每天晚上換一幢睡嗎？

其實，晚上睡覺不過一張床，吃飯也不過是一日三餐，你說要那麼多錢有什麼用呢？你「走」的時候什麼也帶不走。

因此，真正看明白的人是有大智慧的人。你能為員工多謀福利，好好地養活眾生，你心裡的幸福是買多少皮草和奢侈品都無法替代的，這樣的領導者才是真正的領導者，老子稱這種領導者為「成事長」。

如果你能理解這幾句話中的道理，你就會看透很多人生的事。

03 別把人生的模式設定為爭奪

今舍其慈，且勇；舍其儉，且廣；舍其後，且先，則必死矣

一旦你進入三種狀態，人生就走進了死胡同

「今舍其慈，且勇」，意思是你捨棄慈悲之心，不為大家做事，不關愛大家，凡事只為自己考慮。「且勇」，你還保持勇氣滿滿的狀態，這就糟糕了。

「舍其儉，且廣」，你捨棄了節儉，滋生了欲望，為了自己去爭、去搶，你還想讓自己的道路「廣」，希望大家都向你敞開大門，這是很難的。

「舍其後，且先」，你捨棄了謙讓，一味地爭先。本來你應該把自己的利益放到後面，先考慮大家的利益，現在你把自己的利益放在了第一位。

老子說，如果你以這種狀態生活、工作，你就會「必死矣」。這句話在帛書甲本中寫的是「則必死矣」；帛書乙本寫的是「則死矣」；傅本寫的是「是謂入死門」，就是你走入了死門；其他版本寫的都是「死矣」。我覺得帛書甲本的寫法比較有分量，所以這句話

用帛書甲本的寫法。

為什麼你進入了以上三種狀態後就會「必死矣」？因為當你進入這種狀態——凡事都為了自己，你把自己的欲望放大後，保持一種勇猛的、非要「廣」的狀態，你的人生爭奪起來就沒盡頭了，你會陷入無盡的衝突中，這時候你的身心一定會加倍疲憊。

只要計較名利的人，生病後不容易調理好

我在替人看病時，坦誠地講，有些人的病我心裡知道是治不了的。為什麼呢？有的病人心態很豁然，你一看他的表情淡然、平和，你就知道這種人的病不會深入臟腑，因為人家氣血通暢，沒有那麼多糾結，這樣的人調理起來會比較容易。

什麼樣人的病不好治呢？如果你看這個人的臉是扭曲的，眼睛看人是斜著的，平時在生活中處處糾結，「憑什麼這個利益我得不到」、「他說的話是什麼意思，看不起我嗎？」……只要在名和利裡分寸都計較的人，他的內心就會不斷扭曲，而且這種扭曲會顯現在臉上，他們的臉色往往晦暗。

為什麼說相由心生？平和之人的肌肉是鬆弛、和緩的，面色也是晶瑩潔白的，他們的

氣血是正常的。而心態扭曲之人的面色往往晦暗，臉上的肌肉也會帶出來各種表情。這是件很微妙的事，你看到了患者的臉色，再結合他種種表情動作的細節，你就會知道，他不容易調理。

哪些細節呢？比如帶著媳婦來看病的婆婆，跟媳婦說話比較蠻橫、比較厲害；或帶著自己的下屬來看病的老闆，對下屬說話頤指氣使，下屬稍微做錯點什麼事，就非常嚴厲地批評。其實你犯不上和下屬大吼大叫，一個司機忘帶了東西，你就「怎麼回事？為什麼沒帶？趕快回去取，必須給我拿來」。這樣的人生病是不好調理的，因為他天天糾結，導致氣血逆亂、氣血凝滯，所以他身體裡的問題會非常多。一旦你給他開了方子沒有調理好他的情緒，他會繼續糾結，這個病還會重新出現。

這樣的人在生活中也會出現問題，因為人與人之間是協作的關係，要禮尚往來——我對你好，你對我好；我罵你、欺負你，你也會欺負我……你付出什麼，世界就會回饋給你什麼。如果你「舍其慈，且勇；舍其儉，且廣；舍其後，且先」，你就會和大家進入爭奪的狀態，這種爭奪會破壞人和人之間的和諧，你的生活和工作往往都會出現問題。

你的生活中可能會出現這樣的人——當你向他求助、需要他幫你做點什麼事，他拒人於千里之外，覺得幫你是在浪費時間和精力，不值得。這樣的人會建立起一種氣場，你透過他的臉色、狀態，就感受到了他的想法——你不要求我。當你有什麼事想求他時，你一看他的狀態就知道絕對沒戲，所以都不用開口了。

但他有什麼事求你的時候，他會向你伸出橄欖枝。時間長了你會發現，他有一個特點，只要他出現，必定有事相求。

我不知道你的生活中有沒有這樣的人，我的生活中就有這樣的人，他只要一出現，我就知道他必有事相求。平時他絕對不會跟你聊天，有什麼事直接找你幫忙，他覺得你一定得幫我。

一開始大家都會幫忙，但是誰會無止盡地幫下去呢？這樣做事的人，人際關係會越來越冷，他在社會裡要想運轉得好，也是非常難的。

我認為，之所以出現這種情形是由於家庭教育所致。往往在他小的時候，全家人就都圍著他轉，讓他產生了一種「我是世界中心，別人都要為我服務」的心理，他不覺得自己要關愛大家，大家關愛他就夠了，所以他就會進入「舍其慈，且勇」的狀態——他不關愛別人，但是什麼資源他都要。他的欲望被家人培養起來之後，會覺得天下都應該是我的，我得好好享受，所以他走上了工作崗位之後，就想要所有人的大門都向他打開，不斷地讓他人為自己提供資源。一旦你覺得世界的規則都是這樣的，這就錯了。

愛是需要循環的，別人關愛你，你也要關愛別人。這是在家裡訓練出來的，如果父母沒有為孩子建立愛的循環，覺得我們給孩子是無止盡單向的愛，孩子不需要給我們任何回饋，孩子就會逐漸變成老子講的「舍其慈，且勇；舍其儉，且廣；舍其後，且先」的狀態。

老子認為這種狀態非常危險，這樣的人在工作中會碰到很多挫折，人生受到的苦難也會多一些。通常，這類人的人生會不幸福，無論是身體和工作都會相繼出現問題，所以我們千萬不要進入這種狀態。

首先，家長要反思自己有沒有為孩子建立起愛的循環——我們給孩子愛，孩子有沒有把愛回饋給我們；其次，我們要想想，在生活和工作中，自己有沒有建立起來這種愛的循環，有沒有先把別人放在自己前面？

如果你凡事只想著自己，老子說「則必死矣」，最後你會走入人生的死胡同。

04 慈者無敵

夫慈，以戰則勝，以守則固。天將建之，如以慈垣之

慈愛，才是一個人建立事業的根基

「夫慈，以戰則勝，以守則固。天將建之，如以慈垣之。」是什麼意思？「夫慈」裡的「夫」是語氣詞，「慈」就是慈悲、關愛的意思。「以戰則勝」，如果你帶著慈愛去打仗，一定會勝利。

這句話的意思可以從兩個層面來理解：第一個層面，如果你真的慈愛、關愛大家，會不戰而勝，孟子講這叫「王道」。

孟子說「仁者無敵」，這個詞真正的涵義不是你打誰都能打贏，所以無敵。「無敵」是因為仁慈的人關愛大家，大家都來向你匯集、成就你，沒有人願意與你為敵，這才是「仁者無敵」的真正涵義。

「夫慈，以戰則勝」也是同樣的意思，不是說心懷慈悲的人，去打誰都能打勝，而是

大家都願意來成就你、幫助你，你還打什麼仗呢，這是不戰而勝。

第二個層面就是學者們解釋的，如果你「慈」，懂得關愛士兵、下屬，你的部隊打誰都能打贏，這也是一種解釋，但我覺得這種解釋只是流於字面，而且比較功利。實際上，老子講的涵義應該和孟子的「仁者無敵」是同義。

「以守則固」，如果你帶著慈愛固守基業，這個基業一定固若金湯，會很好地運轉下去。「天將建之」，如果老天爺想要幫你做成什麼事，會「如以慈垣之」。其他版本裡沒有「如」字，只有帛書的甲乙本裡有，「如」字當則、就講，「垣」當城牆講。這句話的意思是，老天爺如果想幫你建立事業，會用慈愛來幫助你建立根基。

老子的這段話集中講的是，慈愛的品性是一個人建立事業的根基。我覺得大家一定要深思，這段話非常重要。

互相關愛的人就能存在，互相傷害的人終會消失

我們人生中最重要的一課，就是培養自己的慈愛、關愛之心。這種品格是一種道德要素，是我們與生俱來的特質。

心理學家在經過大量實驗後發現，只要孩子的大腦發育到一定程度，就會有善和惡的感受。三個月到六個月的孩子就有這種感受了，這是遺傳來的。比如心理學家給孩子做測試，發現六個月左右的孩子就會討厭破壞者。

實際上，我們的大腦裡有兩部分內容：一部分是動物性，這些內容在大腦的邊緣系統，裡面有衝動、欲望等。比如大猩猩永遠在搶東西吃，這是將動物性發展到極致了。但我們跟牠們不同，還有大腦皮質層在外面，溝壑縱橫地像核桃紋一樣，裡面都是用來協調關係的因素，關愛、語言溝通等，它會抑制裡面的衝動。

這部分內容非常重要，是人類花了大量的時間進化，最終留在大腦皮層裡的。這些內容跟動物性的衝動、欲望互相對抗，使得每個人都有天人交戰的時刻，比如我們看到別人手裡拿著好吃的，本能地就想去搶，但是大腦皮層馬上會開始興奮，抑制這種衝動。

正因為我們有了關愛、公平、忠誠等道德要素，才能結成幾百人、幾千人、幾萬人甚至十幾億人的國家，從而共同對抗災害、互相幫助。

以前，我們認為道德要素是領導者制定出來教化普通人的，現在國外大量的研究證明，這些東西是一代代人遺傳在大腦裡的，只要大腦稍微生長，這些東西就會開始發育。

比如說我現在給你看一張嬰兒的照片，這個小嬰兒長得很可愛，胖胖的，大眼睛，長睫毛，他的小手伸出來要抓你。當你看到這樣一張小嬰兒的照片時會有什麼感覺？大部分人會覺得好喜歡，想捏捏他、抱抱他、保護他……這種關愛曾經有人教過你嗎？幾乎沒有，不會有人突然抱來一個嬰兒，告訴你要保護他。這是我們的一種本能，看到這個小嬰兒就覺得太可愛了，發自內心地喜歡，從而生出想要保護他的想法。

正因為大家都互相關愛，才能結成群體，共同對抗惡劣的環境。大家在一起生活，這種過程也可以看作一種「天之道」淘汰的過程。

「天之道」的過程是「利而不害」，互相關愛的人就能存在，互相傷害的人最終會消失，這是上天制定的法則。人就是因為有了符合這些法則的要素，才得以存活。

老子為什麼講「夫慈，以戰則勝，以守則固。天將建之，如以慈垣之」？

他是在告訴我們，如果你有慈愛，你的組織就會堅固，大家就能夠在一起生活下去。這種「慈」的品性是非常重要的，但這種品性不是每個人時時能想起的，因為我們的大腦裡還有動物性，動物性的欲望是不斷在滋生的，它會和這些道德要素互相對抗。

因此，領導者最重要的作用，就是啟發團隊成員心中的道德要素，當你把大家的道德要素啟發出來了，大家都懂得關愛、公平、忠誠、互相幫助，你的組織就會越來越堅固，發展得越來越好；如果你啟發了大家的惡念，你的整個組織稍微遭受動盪，就會分崩離析。

我為什麼希望大家學習《道德經》？我覺得老子做的一項特別重要的貢獻，就是告訴了我們為什麼要啟發他人的善念。這些善念對我們的人生非常重要，有了這些善念以後，你能很好地抑制欲望，跟大家相處起來更加協調，你的人生也會越來越幸福。

俗話說：「贈人玫瑰，手有餘香。」在餘香中大家都會越來越幸福。如果你天天爭名奪利，你就會在患得患失之間糾結、扭曲，你的生活很難幸福。

作為一個普通人，也要和對方互相啟發善念。如果大家能互相啟發善念、互相關愛，你的人生一定會在幸福中走向幸福，這是世間最快樂的事。

老子在本章裡特別講了為什麼「慈愛」如此重要，因為上天給了你這個品性，就是為了讓大家團結在一起建立更大的功業，從而讓大家都過得更幸福。這種品質就像城牆一樣保護著每一個人，如果你把這個城牆毀了，就會遭受各種風霜的打擊，最終一事無成。

我覺得這不是上天希望看到的。所以，我們學習了本章內容，就應該理解天之道。上天已經把慈愛放進了我們的大腦裡，我們要去啟發它、培養它，這將是人生最寶貴的財富，也是人生建立一切事業的根基。

一第七十章一

別生氣，生氣你就輸了

01 有制怒能力的人，才能永遠處於優勢

善為士者不武，善戰者不怒，善勝者弗與

能夠把事做好的人，一般不會動用武力

從本章開始，就涉及一些軍事內容了。老子的《道德經》對軍事、法律等內容都有所涵蓋，我們繼續學習下一句原文。

「善為士者不武，善戰者不怒，善勝者弗與。」這三句話，是老子為了下面的「善用人者，為之下」做鋪墊，這個鋪墊得非常好，我們先一句一句地看。

「善為士者不武」的「士」在過去當有學問、能做事的人講，我將其理解成文官。現在很多人都認為這句話的意思是，善於做將帥的人，不使用武力等。我覺得老子在這裡講的不是武將，「士」在古代是有所指的，專指做事的文職官員，只有學問好、修為高的人才被稱為「士」。《說文解字》裡說：「士，事也。」孔子說：「推十合一為士」，就是能從眾多事物中推演歸納出一個根本道理，把事做好、管理好的人叫「士」。段玉裁說：

「凡能事其事者稱士」，就是能把事做得非常好的人叫「士」。因此，老子說的「善為士者不武」，指能夠把事做好的人，一般不會動用武力。比如文官能透過處理外交方式解決的問題，一般不會用武力的方式去解決。

在憤怒的情況下不能打仗

「善戰者不怒」的意思是真正善於打仗的人，不會在怒氣沖沖的情況下做出打仗的決定。「善勝敵者弗與」的「與」當爭講，善於戰勝敵人的人，不會與敵人爭鬥。他能用其他方式征服敵人，這是戰爭的最高境界。

《孫子兵法》說：「主不可以怒而興師，將不可以慍而致戰。」一個國家的統領不能因為生氣而動用軍隊去打仗。人會憤怒是因為覺得別人侵犯了自己的尊嚴和名譽，這時候一旦統領把自己的名譽、地位放得很高，在一怒之下做的決定，往往是錯誤的。

可能本來你有機會打勝，但因為你採取了一個最直接、最愚蠢的方法，結果往往會打敗仗。

「怒可以復喜，慍可以復悅，亡國不可以復存，死者不可以復生。」你的憤怒過兩天就沒了，你又高興起來了，可是國家亡了，士兵都死了，這件事是沒辦法挽救的。

《孫子兵法》特別忌諱人在憤怒的情況下打仗，很多古人都很清楚這一點，當時司馬懿和諸葛亮對戰的時候，諸葛亮因為自己這方糧草不足，就想速戰，不斷地用激將法激司馬懿。但司馬懿老奸巨猾，知道諸葛亮是因為後方糧草不足，才故意激他出戰，他就不生氣，也不出戰，一直拖著諸葛亮。

最後諸葛亮搞了一套女人衣服派人給司馬懿送了過去，想侮辱對方「你這女人啊，膽子這麼小，不敢跟我打」。司馬懿明白激將法的道理，一笑了之，這有什麼？但這件衣服把別的將領都氣得不得了。「這是侮辱你啊。」「沒事沒事，不打。」最終諸葛亮拖不下去了，此戰高下勝負立判。

司馬懿的定力確實讓我們佩服，因為他懂得「善戰者不怒」的道理，真正善於打仗的人不會因為憤怒去打仗的，如果你因為憤怒而決定打仗，就容易失去自己的優勢，導致出現問題。

人在盛怒情緒下做出的決定，代價無法估量

楊家將的故事千古流傳、威名遠揚，很多人說楊家是忠義滿門，那麼真實的歷史是怎麼回事呢？

楊家將的老太爺名叫楊業，是一員名將，他年輕時就特別能打仗，後來做了宋朝的一員大將，宋太宗非常愛惜他。當時宋跟遼在打仗，宋太宗想出兵收復北方的失地，於是他派兵分三路去打，楊業和潘美（潘仁美）是最西邊的一路，楊業是騎兵，他繞到了敵人背後，潘美則是正面進攻，在兩個人合圍之下大破遼軍。後來有傳說在遼軍的部隊裡，聽到楊業的名字都會嚇得渾身發抖，看到他的旗幟就望風而逃。

楊業的威名是和潘美合作而獲得的，並不是他們二人鬥得不可開交。他們兩個是西路軍，中路軍打得也還可以，東路軍則沒有攻打成功。

宋太宗收到東路軍失敗的消息，覺得整個戰局受到了影響，就下旨讓大家都回撤，保全實力，順便帶著當地老百姓一起撤到宋國裡。

可是遼國因為打贏了宋東路軍，所以遼國蕭太后立刻帶領大隊人馬就奔著西邊來了，西路遼軍的力量一下增強了，而且來的都是著名的戰將。此時，準備撤退的宋朝統帥就趕緊開會，有主帥潘美、副手楊業，以及兩個宋太宗派來的監軍（主要負責監視將領的行

為）。開會的時候楊業說，他設計的路線是走一條小路，大家走回去就行了，他們一點點撤，從這條路走回去應該萬無一失。

雖然監軍不打仗，但因為他們是代表皇上而來，所以說的話也很有分量，一番話就把楊業給激怒了，其中一個監軍說：「楊將軍不是號稱天下無敵嗎？這次怎麼窩囊了？難道有二心不成？」這句話太要命了，讓楊業的心裡非常難受。

當年楊業是北漢政權的名將，是宋朝的敵人，後來宋把北漢滅了，他歸降了宋，但是因為皇上特別重視他，所以他的待遇很高。而監軍的一句話，懷疑他的忠心，把他氣壞了，實在吞不下這口氣。於是，他為了表忠心，沒有撤退，只好迎著敵人去打，但是他也留了後手，告訴潘美他撤退時會經過陳家谷，讓潘美在那裡布好弓箭手。

楊業知道這仗一定會敗，因為敵人太過強盛，他和潘美說：「我們退到這裡的時候，你就下令萬箭齊發，若能把敵人壓制住，我們就都能退出去，否則可能就完了。」

隨後楊業就帶著自己的精銳部隊迎敵而上，敵人這方很狡猾，一看不對啊，他們不是該撤退嗎？怎麼打上來了，這絕對是莽撞之師。遼國的戰將很冷靜，隨即下令對於這種部隊要先派小股部隊誘敵深入，於是派了一隊人馬跟楊業打，敗了就跑。他們篤定了楊業是帶著怒火來戰的，一定要證明自己能打且忠於大宋，所以敵方就提前做好了埋伏，等到楊業追著敵人一路打的時候，就進了敵人的埋伏圈——狼牙村。

楊業進了狼牙村之後一問名字，就覺得不妙，我姓楊，這是狼牙村，狼吃羊啊，他就想往外撤。可是來不及了，敵人已經把他們層層圍在裡面，楊業只好奮力廝殺……

而潘美在陳家谷這裡等著，眼看著撤退的時間到了，怎麼楊業還沒來呢？而監軍想著楊業打贏了，自己好去搶功，結果這時候報信的人來了，說楊業已經被敵軍包圍了。

這時候已經沒有辦法了，潘美一想敵軍那麼多人，這肯定凶多吉少了，於是他下令開始撤退。而楊業殺了無數敵人，最後一路撤退，來到了陳家谷，沒想到空無一人……所以，歷史上有人說是潘美在陷害他，故意撤退，不是的，因為潘美還要護送老百姓離開。

結果楊業到了這裡一看，潘美已經撤退，於是他立刻轉身跟敵人繼續打……楊業是一員勇將，據文獻記載，楊業一人殺敵百人。這是我們今天難以想象的，確實英勇無比。但無奈敵軍人數太多，最後宋兵的精銳部隊無一生還，只剩下楊業一人。

當他渾身是傷地躲在一個小樹林裡時，不慎被遼軍的一個將領發現了，一箭射過去，正中楊業，把他射傷，然後將其俘虜了。楊業被俘後說，我是大宋的子民，是一員戰將，不能投降於你。最後他絕食三日，以身殉國。

遼軍很敬佩楊業，所以射傷他的將領也沒有受任何戰功。而宋朝的皇上知道楊業的死訊後特別悲痛，下詔將潘美降職三級，王侁削職為民，發配流放。此外，宋太宗還特地為楊業舉行了隆重的典禮，以示表彰紀念，且追贈他為太尉、大同軍節度使，賜他的家人布帛一千匹、糧食一千石。還為楊業專門寫了祭文，他評價楊業是千古難見的名將，氣節豪邁，忠義剛烈，「求之古人，何以加此」，古人之中沒有比他更崇高的了；「魂而有靈，知我深意」，希望楊業在天有靈，能知道我的這番心意啊。

後來，楊家將的故事就流傳下來了。在文藝作品裡，潘美變成了潘仁美，故事情節改為了他們二人作對，楊家將則變成了威名遠揚，但文藝作品裡的內容有很多是虛構的。

在我剛才講的這段歷史裡，如果楊業當時能夠委曲求全、放低自己，我相信宋朝的那些士兵未必會戰死沙場。

宋太宗的意思就是要他們保存實力，但是因為監軍的幾句話，楊業受到了刺激，他在盛怒的情況下，做出了這個錯誤的決定，最終導致全軍覆沒，自己也戰死在沙場。

老子講的「善戰者不怒」，是非常有道理的。在我們的人生中，很多人都因為過於在意自己的名譽、地位等，導致自己在遭受別人侵犯時會產生怒氣，人在盛怒情緒下做的決定，多數情況是有偏差的，付出的代價也是無法估量的。

因此，保持冷靜很重要，但要想做到保持冷靜，你就要先把自己的名譽、地位放下，不那麼在意這些虛幻的東西，這樣再遇到什麼事，你就不會那麼容易生氣了，你才能做出正確的選擇。

02

善於將眾人之力團結起來的領導者，會把自己的位置放得比較低

善用人者為之下。是謂不爭之德，是謂用人之力，是謂配天，古之極

不要跟自己管理的人去爭：領導者貴有不爭之德

「善用人者為之下。是謂不爭之德，是謂用人之力，是謂配天，古之極。」老子在這裡用了一串排比，核心內容說的是「善用人者為之下」，意思是善於借用大家力氣，將眾人之力團結起來一起做事。「善用人者」指的是有道的領導者，善於動員大家的力量，「為之下」，這種領導者通常會把自己的位置放得比較低。

「是謂不爭之德。」老子說這就是不爭之德，需要注意的是，老子講的「不爭之德」是不跟你管理的群眾爭，你把自己的位置放得低，不考慮自己的名利、地位等，把好處分給大家，這樣大家就會團結在你的周圍，這樣的人才是有「不爭之德」的人。很多人講

「不爭之德」，把這句話理解為自己與世無爭，處於一種不做什麼事，很逍遙、很清閒的狀態，這是一種誤解。

「是謂用人之力」，這是懂得善用眾人的力量做事的道理。老子接著說「是謂配天」，這跟「天之道」的法則是吻合的。「古之極」，這是從古至今人們的行為準則。

為什麼老子對這件事如此重視，並且給予這麼高的評價呢？因為老子講了一個非常重要的人類社會法則——在人類社會中，幾乎所有的事都需要眾人協作完成。只有眾人團結把力量用在同一個地方，才是一個社會進步的狀態，人類也由此進化。

人究竟是性本善，還是性本惡

人類和大猩猩的區別在哪裡？大猩猩會幾十隻、幾百隻在一起互相打、互相搶，牠們永遠為了自己。人類則不同，荀子說「人能群」，能夠在一起生活，因為我們進化出了關愛、公平。我們剛生下來，這些道德要素就在我們的身體裡了，孟子認為「人之初，性本善」，比如惻隱之心生而有之，這是「性善論」。荀子講的是「性惡論」，他認為我們的大腦裡也有惡的東西，其實這就是我們講的動物本性。

因此，孟子和荀子分別講了人的大腦裡的兩個部分，一個是動物性，一個是協調關係抑制動物性的。人和人之間透過互相關愛彼此，開始群居，後來逐漸結成大的群落，比如有的村子幾百人，有的城市幾萬人，有的國家幾億人口，等等。

能在一起生活是因為彼此協調得好，把力量用在同一個地方。一個地方發生水災了，顆粒無收，其化地方的人趕快運糧食過去，讓受災地方的人活下來，這是一個正常社會的表現。

人類之所以能夠存在，而且越活越好，和我們學會了如何在一起生活有關——大家合起來做一件事。

很多時候，如果你說我不靠別人，就自己完成什麼事，是不可能的。比如你想蓋一座城邦，這就需要大家通力合作，才能把這個城牆給立起來。

如果一個人能夠認識到自己和大家在一起需要協調生活、共同協作，這個人的品質和素養會有所提升，他的認知境界也會相對高一些。

沒有一個人能離開別人獨自成事

在生活中也是如此，比如一個內科醫生替人看病需要開檢驗單，要你做各種檢查，例如電腦斷層掃描、彩色杜卜勒超音波等，同時還需要檢驗科室的人配合檢驗。有人說，中醫用三根手指就行了，不需要用那些設備，所以中醫不需要協作。其實不是的，中醫也需要協作，比如我用三根手指把脈，再看患者的舌頭，就會和患者說，你有哪些問題，應該吃點什麼中藥。我替她開了一個方子後，她會把這個方子拿到藥房，請藥房裡的人幫忙秤藥、抓藥。這個藥是怎麼來的呢？需要有藥農去種。

你看開一個方子很簡單，但方子需要的中藥源是不易獲得的。比如我替你開了一味懷山藥，這個懷山藥吃起來容易，種起來卻非常艱難，一塊地種完懷山藥，要休八年的時間，意思是在這八年期間你要種辣椒、小麥等其他東西來養這塊地，等到八年以後才能再用這塊地種懷山藥，這樣山藥才能長大。否則你在第二年又種懷山藥，它長出來就只有短短的一點，還有的就直接爛死在地裡。

我們都不用說八年才能種的事，就光說種懷山藥的一年裡，你要在春天開始種，先拔草，現在有的人為了方便會使用除草劑，但除草劑是致癌的。那些不用除草劑的農民，要開始人工拔草，在三伏天拔草真的非常累。等到霜降以後，開始挖山藥，通常這時候已經下雪了，土地乾得像磚頭一樣，要先把地澆濕了，讓土地變成像黏土一樣時，再穿著大雨靴在裡面挖山藥，此時土都是濕的，陰冷陰冷的，農民要坐在溝裡一點點往外挖山藥，挖出來之後再切片晒。

真正的農民不會在山藥上噴藥，而為了保持山藥白色的狀態，天還沒亮他就要把切好的山藥拿出來，風乾，繼續晒……最後到我們手裡這點山藥，實際上做起來是非常不容易的。所以，你覺得醫生能夠自己獨立去完成嗎？不可能的。我再和大家說說三七。三七每種一次要間隔三年，它在地裡要長三年才能收，兩年以下的三七沒有什麼藥性，三年的三七藥性才最好，現在基本上沒有五年的三七了。

而且種三七的這三年要走兩塊地，種了一年以後，你要把三七從地裡挖出來，換塊地再種進去。你說把一大片地裡的三七都挖出來辛不辛苦？然後還要換塊地種下去，再讓它長兩年，經過三年後才能出來藥性好的三七。

有些人偷工減料，拿著一年的三七出來打粉賣，這種三七沒有什麼藥性。我跟那些三七農聊天的時候，都覺得很感動，他們就像照顧小孩一樣，不斷地「伺候」這些三七，整整三年才長出來，你說容不容易？

你要是說讓中醫都自己去種藥材，是不太可能的。而且現在人的腦袋都很聰明，想出各種方法來偷工減料，所以我看到這些認真的老實人種三七，心裡真的很感動。作為一個醫生，開的方子無論是否有效，你都別覺得自己醫術高，也別吹牛，因為現在偷工減料的人太多了，很多人將一年的三七就直接打粉賣給你了，一樣是三七味，但你聞不出來，也嘗不出來，只是沒有藥效，患者吃了不好不壞。導致你也不知道患者這樣吃是否對症，你就讓患者繼續買，要人家每天吃，說對心臟有好處，結果人家某天心臟出問題住院了，說：「我天天吃三七粉，怎麼沒效果啊？」你哪知道是前面提供貨給你的人偷工減料了呢？你不知道。

真正提供好料給你的人，選的都是頭兒比較好的、長得好的，幫你打粉送過來，你開的方子用了這種三七或山藥患者吃下去才有效，患者吃完自己也會覺得見效。

這是你一個人的功勞嗎？中醫只是一個大的環節裡的一個小環節，你開的方子見效了，要感謝前面每一個環節的人。

我用中醫的例子講了一個人做成一件事是多麼不容易，因為有了眾人提供的優質服務，最終才成就了你。只要前面的環節裡有一個人偷工減料，你的方子開出去都沒效。

我們仔細想想，生活中吃的每一頓飯，做的每一件事，都有賴於大家幫我們提供優質的服務，如果人人都鬆懈一點，這個社會就沒戲了；如果人人都學會感恩，做好自己的分內之事，不光你自己的事能做好，別人和你一起合作的事也能做成。

如果你能夠意識到在社會裡，我們都是來協調他人工作的，那你是了不起的、有境界的。如果一個領導者能清楚地意識到大家的力量都很重要，絕對不是自己了不起，把自己的位置放低，團結大家的力量去做事，就會把事做得更好。

這就是老子講的「是謂配天，古之極也」，這種行為是符合天之道的準則的，我們一定要好好揣摩一下這個道理。

—第七十一章—

每天跟別人爭，能爭來什麼東西

01 不要以為有勢力，就可以隨意欺負別人

用兵有言曰：吾不敢為主而為客，吾不進寸而退尺

一旦你覺得自己戰無不勝，最終一定會衰落

「用兵有言曰：吾不敢為主而為客，吾不進寸而退尺。」從這句「用兵有言曰」，我們可以看出老子的治學態度非常嚴謹，在《道德經》裡，有很多處老子都提到了自己是引用的別本書的內容。

我曾經講過，老子總結的是上古時代君主治國的言論，他將這些思想精華、領導者法則總結出來，加以自己的發揮，著成了《道德經》。

我們不要神化老子，他也是在前人的智慧基礎上整理出《道德經》來的。當時他的職務負責替國家整理典籍，相當於今天國家圖書館的館長，所以他能看到這些資料並整理出來。

「用兵有言曰」的意思是上古時代就有這種兵書。書中怎麼說的呢？「吾不敢為主而

為客」，我們打仗不主動進攻，而是處於防守的狀態，等對方打我，我再迎戰。

這個「不敢」不是膽小的意思，在古代「勇」和「敢」的意思是不同的，「勇」是有勇氣，「敢」是有點貿然、膽子大的意思。這裡說「吾不敢為主而為客」，意思是我不會貿然地、很莽撞地進攻，而是會先防守。

「吾不進寸而退尺」的意思是，我跟別人打仗，不會貿然地前進一寸，而是會後退一尺。老子的戰爭思想，常常讓人聽起來覺得困惑，你前面不是說自己不主動進攻，寧可防守嗎，但是你現在一寸都不敢進，還往後退，這仗還能打贏嗎？這是怎麼回事呢？

老子之所以這麼寫，是因為將領和國君面對戰爭的角度完全不同。只有打仗才能體現出將領的價值，所以，將領就應該攻無不克、戰無不勝，這是他的使命。但是國君看問題的角度往往比將領要高一層，一個國家有文官、有武將，只要文官能解決的問題，就不用武將。所以，一般情況下，國君要用德行的教化使國家保持穩定，用外交手段感召對方，讓對方來歸附，真正打仗的時候都是迫不得已的。從國君的角度來看，非必要時不會動用軍隊。

老子在《道德經》裡講過很多這樣的法則——如果你愛打仗，後果會很嚴重。如果軍隊過於強盛，在將領看來，非常好；在國君看來，往往是件壞事。

如果這支部隊特別強盛，打誰都能打贏，國君往往會被勝利衝昏頭，認為我的部隊天下最強，開始四處征戰、掠奪，最終的結局往往不好，因為這不是王道，而是霸道。

比如，春秋戰國時期的魏國有一支特別了不起的部隊，叫「魏武卒」，由吳起建立，相當於一支重裝甲部隊，可操十二石之弩，每位戰士都能背箭五十枝，帶著戈、鎧甲、劍，加三天的糧食，行軍百里不疲，非常強健。

你能加入魏武卒，不僅是一種榮耀，也說明你是精英中的精英。同時你加入後，國家會替你的家裡免除徭賦租稅，還獎勵你土地、房子。進魏武卒，等於有一個巨大、強大的物質基礎刺激。

據記載，這支隊伍一共歷經了七十二場大戰，全勝六十四次，剩下的幾乎不分勝負。最有名的一戰就是吳起率領魏武卒攻下函谷關，奪取了秦國土地。秦國是非常強盛的，而魏武卒把秦國黃河西岸的五百多里土地都掠奪了，將秦國的國土壓縮到了華山以西的狹長地帶。也就是說，曾經強悍的秦國，被魏武卒打得抬不起頭。

周安王十三年，也就是西元前三八九年，這場特別有名的戰役被稱為「陰晉之戰」。吳起在此戰中帶領五萬魏武卒，跟比自己多十倍人數的秦軍打仗。「兼車五百乘，騎三千匹，而破秦五十萬眾」，結果魏武卒以五萬強健的步兵，五百輛車，三千位騎兵，大破五十萬秦軍。

西元前四〇五年，吳起率領魏武卒協助韓國、趙國，在龍澤大敗齊軍，殺死齊軍三萬人。次年攻入齊長城，令整個齊國朝廷震恐。

從戰績來看，在吳起帶領下的魏武卒幾乎戰無不勝，打遍天下無敵手。你說對於國家來講，部隊這麼強盛，是不是一件好事呢？

對於這個問題我們要畫一個問號，因為對於國家來講，任何精銳部隊都脫離不了經濟基礎而獨立存在，組建一支精銳隊伍需要大量消耗國家財力。而魏武卒創建的成本極高，鎧甲、兵器、裝備都是巨額開銷，且士兵的待遇還很高。所以，對於國家來說，需要巨大的消耗。

而且古代的打仗不像今天，你直接去打就行了。那時候有五萬人出征，要有成倍的人為他們運送糧食，送的這部分糧食，不僅路上眾人要吃，送到了還要帶回去一部分留著運送糧食的人回程吃。所以運的糧食如果有十份，能留下三份給前線的士兵就不錯了。

戰爭需要巨大的後備力量，一旦國君覺得自己太能打了，跟誰都打，導致自己樹敵過多，最後會拖垮自己國家的經濟。

魏武卒就是一個很好的例子，戰敗後，整個國家立刻被拖垮。魏武卒最終是由龐涓帶領，被孫臏打敗的，他們中了孫臏的埋伏。當時龐涓帶領大隊人馬抵達馬陵，此處為一峽谷地帶，道狹幽長，兩旁古木參天……以龐涓多年的行軍經驗，他也知道此處適宜伏擊戰，但龐涓的復仇心太切、利令智昏，他太想利用這次機會幹掉孫臏了，於是他下令繼續前進。

結果前進了沒多久，他發現有一小片樹木均被伐倒，獨留了一棵被砍光樹皮的歪脖子樹於中間。龐涓感到奇怪，於是走近樹旁，天已昏黑，他隱約看到樹幹上有字，又無法辨識，於是他命人取來火把，一照，「龐涓死於此樹下」。

龐涓看到這裡不由得一驚，就在此時萬箭齊發，魏軍慌作一團，龐涓也死於此地。從此，魏武卒漸漸退出了歷史舞臺。

做人要「不敢為主而為客」

一個國家的部隊垮了、經濟垮了，國家又怎麼能獨存呢？因此，一個強盛的軍隊，對於國家來說未必是件好事。如果國君非常清楚要以德行感召天下，部隊只是備用力量，用於威懾四方，這種情況下有強盛的軍隊是好的；如果部隊太能打，國君又糊塗，往往就會出現問題。

老子的這段話是講給國君聽的，作為一個君主，要保持部隊的威懾力量，但不是「為主」，不主動去打別人。「不敢進寸而退尺」，我的部隊能後退就後退，不隨便去跟人征戰，能用外交力量解決的，就用外交解決，這是老子的用兵思想。這種用兵思想，對於國君來說是一劑良藥。

這種思想用在普通人身上，也會受到啟發——不要以為有勢力，就可以隨意欺負別人；不要以為伶牙俐齒，每天跟別人爭，就能爭來什麼東西。**靠言語技巧和強勢欺壓別人的做法，往往得不到好結果**。因為人類是在一起協同生活的，一旦別人都躲著你，你哪還能有機會呢？

真正成功的人靠的是德行，用自己的德行來感召大家和他一起做事。而靠強勢和武力去壓制別人的人，比如他說的每句話都壓你三分，這樣的人會樹敵過多，得不到大家的支持。

如果你在做人方面能從魏武卒的故事得到啟發，再想想老子講的「吾不敢為主而為客，吾不進寸而退尺」，將其中的智慧應用在你與他人相處的過程中，你會從中受益的。

02 你曾經那麼對別人，別人如今會怎麼對你呢？

是謂行無行，攘無臂，執無兵，乃無敵矣。

禍莫大於無敵，無敵近亡吾寶矣。故稱兵相若，則哀者勝矣

不為了回報而做好事，你的回報會非常多

「是謂行無行，攘無臂，執無兵，乃無敵矣。禍莫大於無敵，無敵近亡吾寶矣。故稱兵相若，則哀者勝矣。」這一段話很長，老子的意思是如果你真正明白了這個道理，不以武力示人，就會「行無行」。

「行」是什麼意思？過去打仗，不像今天，大家蜂擁而上，而是會排著整齊的佇列、方陣，這是「行」的意思，指方陣的士兵邁著整齊的步伐一起走。古代打仗的方法——所有人穿著同樣的鎧甲，列著整齊的方陣，邁著同樣的步伐，這種行為能讓人產生精神共同體，覺得我們是一體的，這時候自我消失了。老子的意思是不要強調這個，要把力量隱藏起來，不要展示兵力。

什麼是「攘無臂」？通常，在打仗前都要動員士兵、鼓舞士氣，要所有人舉起胳膊一起喊。老子說不要這樣，不要強調武力。「攘無臂」就是不去揮舞胳膊的意思。

「執無兵」的意思是廝殺的時候，我們不拿武器與之爭鋒。真正有實力的國家，不靠這個東西，其實力體現在君主的德行和國家的經濟基礎，他們會用德行感召大家來投奔，通常打仗都是敵人來侵襲，不得以才出兵去打。

老子的思想是從國君的角度來考慮，不要先用武力，要先把武力收起來，這樣「乃無敵矣」。

「乃無敵矣」這句話在各個版本的寫法不同，河上公本、嚴本、傅本寫的都是「仍無敵」，王弼的版本寫的是「扔無敵」。大家都在不斷地猜測這句話到底是什麼意思，通常這句話被大家解為沒有對陣的敵人。帛書甲乙本寫的都是「乃無敵矣」，我覺得帛書本的寫法更好，只有你把兵收起來，以德行感召天下，才能真正達到無敵的狀態。

接下來，老子說「禍莫大於無敵，無敵近亡吾寶矣」，這句話是什麼意思呢？老子剛說了無敵是最高的境界，怎麼又「禍莫大於無敵」呢？經典裡經常會有這樣的語句，前面說你達到了「無敵」的狀態，後面告訴你，但你不要想到「無敵」，只要你想到「無敵」，你的殺心就出來了。

你的國家增強實力，感召四方民眾來投奔，你是無敵了，但要記住你不是為了無敵而做這件事。這跟《金剛經》講的「若菩薩不住相布施，其福德不可思量」的意思是一樣的，你不為了回報而做好事，你的回報會非常多。

老子的這句話也是這個意思，就算你已經到了無敵的狀態，也不要想到無敵，一旦你覺得自己無敵，則會出現禍端，這叫「禍莫大於無敵」。

「無敵近亡吾寶矣。」無敵會讓你的寶貝喪失，什麼寶貝呢？老子在前面講了「三寶」：「一曰慈，二曰儉，三曰不敢為天下先。」你想到無敵的時候，你的殺心一動，就把慈愛丟了，自高、自大的想法會自然流露，從而導致儉的德行沒了，然後你就「敢為天下先」了，你會覺得我無敵了，我該去搶了，所以老子才說無敵是人生的大禍端。

老子在本章講述了王道和霸道的區別，孟子也對此做過總結，這兩者到底有什麼區別呢？

其實，這兩種狀態是一種從動物向人進化的過程。動物喜歡霸道、搶奪、以武力示人。比如大猩猩，大猩猩每年被同伴打死的數量，遠超過自然死亡的數量。我們看《動物世界》時就會發現，大猩猩的群體之間經常互相搶奪、偷襲。有時戰爭過後，小猩猩的父親死了，牠在父親屍體旁邊哀號，這種情況在猩猩界特別常見。

如果小猩猩的母親死了，大部分小猩猩會被餓死或被其他猩猩收養——這就是互相搶奪的結果。進入人類社會以後，我們的智商高了，但也有很多人的動物性依舊很強，比如一些人為了搶占資源，發明了武器。以前大猩猩之間互相打，最多也就是死一隻大猩猩，但現在人們發明了機關槍，開幾槍，一排人全死了。還有更厲害的發明，比如原子彈、氫彈，這個東西可了不得，只要一扔，整個城市的人將瞬間灰飛煙滅……**如果人以動物性繼續發展，不斷釋放霸權，將會走向一條不歸路。**

老子告訴我們，人類要好好生存，要培養另外一部分內容——慈愛。老子講的「三寶」，「慈、儉、不敢為天下先」，如果你能做到，就能夠幸福地生活下去，這也是人類未來發展的唯一途徑。否則大家繼續發展動物性，不斷爭奪資源，互相向對方放原子彈，整個地球終將面臨毀滅。

老子早就指出，人是脫離動物性向更高的境界進化的，這是一種放棄霸權、放棄武力，而去追求慈愛的過程。

老子說「吾不敢為主而為客，吾不進寸而退尺。是謂行無行，攘無臂，執無兵」，就是在告訴你把武器收起來，才能進入與眾和諧的生活境界。然後再用慈愛做大家的黏著劑，讓大家共同走向人類更高的境界——老子在幾千年前就講了這些道理，但是我們沒有照這個方向發展，而是在發展霸權，武器變得越來越先進，人類也開始走向危險的境地。

能慈愛他人的人，一定會越來越好

有人會問，羅博士你講的都是世界大事，跟我們個人有什麼關係？每個人都相當於一個小國家，頭腦就是君主，你怎麼跟別人取得好的協調關係？

老子告訴我們，在生活中要懂得放下爭奪之心，用慈愛之心與大家相處。當然，每個人都可以去爭奪，像大猩猩一樣，如果你選擇爭奪，就會逐漸退回到動物的狀態。

前一段時間我看了一則新聞，發生在大連的某飯店。事情的經過很簡單，一位男士看到一個人看他，就說：「你看什麼看，你看我幹嘛？你這是什麼眼神？」結果就直接拿兩把刀往對方身上捅了六七刀……

這種情況以前在東北經常會出現，很多人在街上打架，都是因為一句「你看什麼」。他感覺別人侵犯了他，所以要用武力去解決。現在這種事相對少一些了，我看到這則新聞時大吃一驚，如果我們遇見什麼事都用武力解決，人生就毀掉了。

像這種事情的發生，不僅僅是衝動，是一個人的人生觀決定的，他覺得武力可以解決問題，所以才會這麼做，這是一種必然的，非偶然的衝動。

在生活中這樣的事也有很多，比如在辦公室裡，新來了一位年輕人，一些資歷老的人就會對新人說話的語氣強硬，他認為你必須幫我做什麼事，「你怎麼回事？怎麼水還沒裝呢？」、「這個應該做好，你怎麼還沒做呢？」這樣說話是不好的。

你沒有必要用強力讓別人怎麼做，你應該和善地告訴別人怎麼做。我見過很多人，當年拚命教訓手下的年輕人，結果年輕人有潛力，做得很好，很快就被提升為他的主管了……

而當年一直訓斥、壓迫年輕實習生的人，現在的態度就很尷尬。因為你曾經那麼對別人，別人如今會怎麼對你呢？？他的心裡會非常忐忑。其實我看到大多數曾被訓斥的年輕人升職後並沒有報復。

以慈愛對別人，是一種正常的態度。能慈愛他人的人，一定會越來越好，而那種覺得自己一定要用強力去壓制他人的人，往往他周圍環境不會那麼和諧。

因此，我們一定要盡量擺脫動物性，向更高的層次邁進。無論結果如何，在這個過程中，都會不斷地變得越來越好。

03 為什麼哀兵必勝？

故抗兵相若，而哀者勝矣

衡量兩支軍隊打仗誰能贏，要看五個指標

「故抗兵相若，而哀者勝矣。」這句話在帛書甲本裡寫的是「故稱兵相若，則哀者勝矣」，通行本寫的是「故抗兵相加，哀者勝矣」，我們選用的是帛書乙本的寫法。「稱兵」的「稱」是對抗、兩者相對的意思；「抗兵」的「抗」也是兩軍對抗的意思，「相若」是兵力差不多的意思。兩軍對陣，在雙方兵力差不多的情況下，誰會贏呢？

老子說「哀者勝矣」，這句話後來演變成了一個成語——哀兵必勝。為什麼「哀者」就一定「勝」呢？「哀」指有憐憫心、慈悲心，老子認為有慈悲心的人會勝。

那麼，在兩軍打仗的時候，一方勇敢往前，另一方升起了憐憫之心——打仗要死這麼多人，不打了吧。難道不打了就能贏嗎？

這句話在歷代有不同的解釋，第一種解釋說，兩軍對陣，如果兵力相當，懂得愛惜士

兵的將領，才能領導部隊打贏這場仗，因為他是正義之師。而我認為，我們應該站在國君的角度來看待這件事，兩軍相交的時候，如果兵力相當，誰會打贏呢？哪一方的國君有慈悲心，懂得愛惜民眾，哪一方就會贏。

有人問，兩軍打仗跟國君是否慈悲、是否愛惜百姓有什麼關係呢？這裡的道理很深，我們從《孫子兵法》開始分析。我認為《孫子兵法》是接著《道德經》的軍事思想往下講的，《孫子兵法》的第一篇是〈始計篇〉，很多人把這裡的「計」理解成了計謀，這是不對的。這裡的「計」並不是計謀，而是計算、重複考量的意思。

〈始計篇〉開篇講的就是：「兵者，國之大事，死生之地，存亡之道，不可不察也。」孫子認為，用兵是國家的大事，他站在國家的角度說「故經之以五事」，你要考量五件事。「校之以計，而索其情」，「校」就是來平衡、衡量的意思，「計」是計量的意思，你要透過計算、考量來找出真實的情況。

哪些真實情況呢？「一曰道，二曰天，三曰地，四曰將，五曰法」，這是《孫子兵法》著名的道、天、地、將、法的五個標準。

孫子認為，你要用這五個標準來衡量兩支部隊。你把每一個指標都算清楚，看哪個部隊強，你就知道最終誰能勝、誰能敗了，你也可以提前透過計算來判斷最終勝負結果如何，決定自己這方到底要不要去打這場仗。

第一個指標要看「道」

我們再來看這五個指標。第一個指標，「道」。

「道者，令民與上同意也，故可以與之死，可以與之生，而不畏危。」這句話特別重要，要看兩個國家哪邊的做法符合天道，哪邊領導者的所作所為跟道接近，領導者按照道做事以後，老百姓則會「與上」，老百姓和領導者就是一心的，這個時候老百姓可以為這個國家赴湯蹈火，與國家同生死。

為什麼大家願意團結在你的周圍，與國家同生死？因為領導者有道。那麼領導者的道到底是什麼？在《孫子兵法》裡沒有多講道是什麼，只是說有了道以後老百姓與領導者會同心同德。

在《道德經》裡幾乎通篇講的都是領導者放下自己的利益，全心全意為眾人謀福利，當大家真的感受到了你是為了我們大家做事的時候，就會願意團結在你的周圍，一旦國家有難，他們立刻會為國家出生入死。

《孫子兵法》開篇就講，衡量兩個國家打仗誰能贏，第一個指標要看兩個國家領導者誰有「道」，誰關愛老百姓，誰能放下自己的利益為老百姓謀福利，如果你這麼做的話，你就是有「道」，老百姓就跟你在一起。

第二個指標要看「天」

第二個指標，「天」。

「天者，陰陽、寒暑、時制也。」這裡的天指晝夜、氣溫、季節的變化，比如你不懂天地氣候的變化，穿著單薄的衣服到雪地裡作戰，士兵都凍生病了，這仗還怎麼打？

當年拿破崙就因為不懂「天」戰敗過；希特勒進攻蘇聯的時候，也是在嚴寒的天氣裡，導致德國的士兵凍死了很多，這樣一來仗就打不下去了——這就是沒有掌握好天時的變化。

第三個指標要看「地」

第三個指標，「地」。「地者，遠近、險易、廣狹、死生也。」如果你不懂得勘察地勢，有的地勢平坦，有的地勢狹窄，有的地勢易守難攻，你帶著軍隊走進了死地，或者你選擇的道路很遠，提前被敵方知道了消息，他們做好了防禦，你就突襲不了了，所以「地」也需要衡量，要掌握地利。

第四個指標要看「將」

第四個指標，「將」。「將者，智、信、仁、勇、嚴也。」這指的是將帥的智謀才能、賞罰有信、愛護士卒、勇敢果斷、軍紀嚴明等條件，有智慧、懂慈愛的將領才能讓士兵追隨。在《孫子兵法》裡，把國家領導者和將領拉開了層次，你看這幾項指標：道、天、地、將、法，道在第一位，將在第四位。

第五個指標要看「法」

第五個指標，「法」。「法者，曲制、官道、主用也。」這指的是你操作的制度運行得如何等。接下來孫子說「主孰有道？」兩邊的部隊要先計算、衡量一下，「主」是國家君主的意思，哪個國家的君主有道，誰慈愛老百姓，才能感召百姓和他一條心。

「將孰有能？天地孰得？法令孰行？兵眾孰強？士卒孰練？賞罰孰明？」哪一方的將領更有能力？哪一方占有天時地利？哪一方的法規、法令更能嚴格執行？哪一方資源更充足，裝備更精良，兵員更廣大？哪一方的士兵訓練更有素，更有戰鬥力？哪一方的賞罰更公正嚴明？透過這些比較，「吾以此知勝負矣」，我就知道哪一方能贏了。

孫子告訴我們，只要你把這些指標拿來考量一下，從雙方的國君到雙方的士兵，逐一考量以後，勝負就很顯而易見了。我們從《孫子兵法》裡能看出，孫子把國君的境界放到了第一位，這就是老子在《道德經》裡講的道。

老子說「抗兵相若」，兩邊的部隊要打仗了，部隊的兵力相當，誰能贏呢？首先我們要考量國君是不是關愛、憐惜老百姓？如果國君能做到，就是有道。如果你有道，老百姓就願意跟你同生死——這是戰爭的首要條件，國君有道，這支部隊就會打贏。

老子這句話是《孫子兵法》的一個開端，老子和孫子的思想是有相通之處的。老子講的是國君之道，孫子講的是戰爭之道，而戰爭裡的第一衡量標準，是哪一方的國君有道。

老子的這句話看似簡單，但是歷代的人都錯用到將領身上去了，老子實際上指的是國君，因為《道德經》的內容都是從領導者的角度來講的。

仁愛之心是每個人的「君主」

作為一個普通人知道這些道理有用嗎？

是有用的，因為每個人都是自己的「國君」。中醫講「心為君主之官」，你的心就是你的「國君」，它可以統領你的身體，讓你在人生中一步步走向佳境，這很關鍵。

我認為，在人生所有的教育中，仁愛的教育是排在第一位的。作為家長，一定要培養孩子的仁愛之心，就算別的教育都沒有，仁愛的教育也一定要留下。

記得有一天，我在社區裡看到一個老人帶著自己的小孫子在抓一隻青蛙。抓住了青蛙後，老人就把青蛙往地上摔。這隻青蛙很可憐，翻過身來想跑，老人又馬上抓住牠，接著摔，後來因為抓不住青蛙，他就開始用腳踩住，然後再抓住青蛙的兩條腿往地上摔。

我當時就在想，這個老人在培養他孫子什麼思想？這樣的小孫子會喪失仁愛之心。本來，老人可以告訴他的孫子「青蛙吃蚊子，所以晚上蚊子就不咬你了，青蛙是我們的朋友，我們要保護青蛙」，他如果這樣說多好啊……可是他抓著青蛙往地上「啪啪」摔，我看著這一幕心裡感到很複雜。我估計這個老人可能想回去烤青蛙腿上的肉給孫子吃，可是他忘了要培養孩子的仁愛之心，錯過了關鍵的教育時機。

像這樣的事我見過很多，我覺得這是非常遺憾的。

如果你能培養孩子的仁愛之心，他的情商會比較高，將來也一定會與周圍的人和諧相處，人生會圓融很多。如果缺乏仁愛之心，他到處攻擊別人，別人也攻擊他，最終受傷的是自己。

一家企業文化的核心之處也是仁愛之心。蘇州德勝洋樓的領導者認為，**管理到了最高階段，愛是不可缺少的東西**。企業要培養仁愛之心，如果企業裡的員工都有仁愛之心，對同事、對顧客都散發仁愛之心，你說這家企業能辦不好嗎？

仁愛之心是每個人的「君主」，是必須要有的，這是值得我們深思的。

一第七十二章一

懂道理三千，不如好好踐行一條

01「百人聞道，十人悟道，一人行道」

吾言甚易知也，甚易行也；而人莫之能知也，而莫之能行也

我們都是變化中的片斷

本章是總結性的一章，好像是老子發的一些感慨。老子說：「吾言甚易知也，甚易行也；而人莫之能知也，而莫之能行也。」這句話也有不同的版本，但內容都相差不大，我們還是按照帛書甲本的寫法講。

老子說「吾言甚易知也」——我的話非常容易理解。老子沒有說他講的道有多麼玄妙，而一般人認為《道德經》講道很玄妙，只可意會、不可言傳，但老子卻不這麼認為。「甚易行也。」意思是我講的話非常容易去做。非常容易去做什麼呢？放下欲望為大家做事，無我利他，最終老天會讓你活得更好。你說這是多麼幸福，做起來多麼容易啊，只要你別為自己撈取利益，多為大家做事就行。

「而人莫之能知也，而莫之能行也。」但沒有人能理解，沒有人能實行。

我覺得老子發的感慨確實是存在的，所以過去有「百人聞道，十人悟道，一人行道」的說法。

坦誠地講，道的內容其實很簡單，我將其大致分為兩個原則：

第一個原則，世界的生滅變化是永無停息的，我們都是變化中的片斷，不要執著於任何事，不要執著於自我獲得，因為所有的獲得終將失去，要懂得放下，輕裝前進。

第二個原則，你發出什麼，世界就會向你回饋什麼，你和世界是一個整體，你發出的一切資訊，世界會在各種時間以各種形式成倍地向你回饋。

你可以發出善或惡的訊息，最後這些訊息會無數倍地向你回饋。如果你發出的都是惡的訊息，則會導致自己天天挨罵，誰想在挨罵中度過一生呢？所以，你不計回報地發出善的訊息，你的人生才能更幸福，周圍的世界才能更美好。

但你發出善念的核心是不要求回報，道的第一個原則告訴我們：**只有放下，才能輕裝前進。**

其實，道的原則就是這麼簡單，我在各大學院都講過，比如北大哲學院、復旦哲學院等，學者們對此並未發生過什麼激烈的爭論，因為所有先聖講的大致都是這些內容，可能總結出來在文辭上稍微有些差異，但是總體的核心內容一樣。

凡事都爲了自己而做，行嗎？到底好不好？

前面說過，道這麼好，其道理也如此簡單，為什麼大家不去做呢？

我們的大腦裡有一個強大的動物腦，裡面包含了私心，所以我們更傾向去爭奪。

有人說「做什麼要先利己」，利己到底好不好呢？只要是人，就有利己的動物性。在某種程度上，利己確實可以促進社會的發展。比如，我為了賺錢拚命工作，別人六點下班，我天天工作到晚上十二點，我的業績上來了，我在進步，還能多賺點錢，這多好啊！

但是我們必須了解，你靠不斷地透支身體帶來的業績提升，其副作用也是很大的。而且一旦你為了完成自己的目標拚命工作，等到月底你完成了，會開心一下子，接著你馬上又開始想下一個目標。得到之心是永遠無法滿足的，它會不斷地冒出來。所以你才高興一下，又要為下一個目標拚命。如果沒達到目標，你就會覺得痛苦，越得不到就越想得到。

比如，以前我總想著發財，卻老發不了財。我去各個神廟裡參拜、點香，但是一點效果也沒有，所以我很鬱悶、痛苦，那段時間對我的心靈和身體的傷害是比較大的，這就是求而不得所帶來的副作用。

但是我們能不能進步呢？能不能別老是處於患得患失的狀態呢？

聖人說，當你有利他之心的時候，你就已經開始進步、提升了，如果你真的能放下自

己、放下得失，坦然地為大家做事，你會做得更輕鬆，而且做的效果比你拚命做事時的結果更好。

如果你是位家長，有自己的孩子，你把這些理念傳遞給孩子，他也會幸福。你越早替孩子培養利他之心，他將來長大了為人處世就會越圓融，因為他不那麼在意得失了，就會少很多糾結；如果他在意得失，則會因為一點雞毛蒜皮的小事和別人打起來，或把自己氣得半死，以至於尋死覓活的——這都是利己之心太重，想不通的緣故。

古人說：「千里修書只為牆，讓他三尺又何妨。萬里長城今猶在，不見當年秦始皇。」你說爭來爭去有什麼用呢？

因此，一直處於糾結、患得患失的人，是不會幸福的。為什麼會如此呢？這都是因為小的時候沒有受過好的教育，所以家長學《道德經》，對孩子日後的教育也會特別有益。

對於公司的領導者來講，如果你能在公司裡建立利他的文化，這對你自身的事業發展也會特別好。

有些朋友和我說：「我在公司裡是小管理階層，有的老員工自以為資歷深，來上班打個卡就走，我要是管他還不行。」這就是公司的利他文化沒有建立好，一旦企業裡有了利他的文化，員工之間就會少很多摩擦，大家相處起來會更加和諧，容易擰成一股繩子往前走，而且在這樣的氛圍裡工作也比較不會生病。

這種文化是可以建立起來的，人是可以改變的，只不過需要一點點地克服。

老子的這幾句話語重心長——我的話如此容易知道，如此容易做，可是天下人不願意知道，不願意去做，這非常可惜。言外之意就是在鼓勵我們要去踐行，這麼容易的道理，怎麼不做呢？

因此，學完本章我們一定要踐行，別辜負老子的期望。

02 轉念即是轉運

夫言有宗，事有君。夫唯無知也，是以不我知

你爲什麼最近會倒楣事不斷

「夫言有宗，事有君。夫唯無知也，是以不我知。」這句話是什麼意思呢？老子說「夫言有宗」，「宗」是有根據的意思。老子告訴我們，我所說的道的內容，不是瞎說的，「言有宗」，是有根據的。這句話也可以這樣理解，大家每天的言語和思想有很多，有些是特別重要的，有些是無用的，那些重要的是有規律的，是根本。

老子接著說「事有君」，做事有主宰。老子的意思是，每天你會碰到各式各樣的事，這些事裡自有它的規律和主宰，如果你懂得了它背後的規律，做事就不至於忙亂。

「夫唯無知也」，正因為大家不知道這個道理，才會茫然陷於各種事裡。「夫唯」是語氣詞，「夫唯無知也」，正因為大家無知，「是以不我知」，所以才不願意了解老子講的道。正因為大家不了解這背後都是有規律的，所以才不願深究這其中的道理。

其實這幾句話是老子做的一個小結，學習《道德經》這麼久了，大家知道，我們做事的背後是有規律的，有道的原則。如果你不懂這些道理，遇見事的時候，會覺得很亂，完全找不到規律，或者你會感覺怎麼最近我這麼倒楣？我怎麼控制不住局面了？

有時候你看別人，會覺得他怎麼那麼幸運，好事一件接著一件。為什麼我就這麼倒楣？你完全搞不清楚每件事裡的背景和背後的規律。

如果你懂得了道，懂得了事物運行的規律，知道了原來做事需要將心比心，那麼你做事就會順暢很多。在城市熙熙攘攘的人群裡，其實有一個看不見的雲圖，這個雲圖在每個人的心裡，它不斷流動著，如果你按照道的原則做事，雲圖就會向你流動，能量就會向你流動，你的人生就越來越順暢——這是生活順遂的奧祕。

曾經有位朋友跟我講了他想做的無數個點子，他一下想開這個店，一下想開那個店，一下想賣電器，一下又想賣保健食品，最後他就問我：「我到底做哪個啊，我覺得哪個都很難做，怎麼辦呢？」

我對他說：「這些都是平臺，只是一個形式而已，關鍵是形式裡你要向大家傳遞的是什麼，這才是靈魂的東西，這是精神層面的，我建議你不要著急選擇形式的東西，先把核心選出來。」他選的這些幾乎沒有什麼關聯，說明他關注的只是能不能賺錢，他沒想過做這件事到底有什麼意義。我和他說：「我選擇職業有三個原則，我覺得你可以認真用一年的時間來想一下，最後你看哪個能符合這三個原則。」

這三個原則我在前文和大家說過：

第一，這件事是對眾生有益的。能為大家帶來意義、帶來幸福的事，這樣的事你做完了，將來老了會覺得很幸福。

第二，這件事是你感興趣的、擅長的。你千萬別覺得自己數學好，就能做好和計算有關的事，那是不行的；這件事一定是你做起來覺得很快樂的，人生很短，別讓自己太糾結。

第三，這件事你能堅持十年以上。選定了一件事以後，你能堅持十年以上，我覺得你就能夠成功，絕對能做到行業的頂端。

范偉曾演過一部電影叫《有完沒完》，在影片的開始范偉是一個很笨的人，很多事都搞砸了，結果他進入了時間機器以後，一直在重複同樣的一天，於是他開始不斷地改進每一個細節，結果越來越精彩。

同類型的電影在國外也有一部，叫《明日邊界》。這部電影是湯姆．克魯斯演的，影片中外星人入侵，他要上戰場參戰，但戰役的第一天他就慘死在戰場，沒想到這一死讓他擁有了時間迴圈的能力，於是他開始和外星人時間迴圈作戰，不斷死去、不斷重啟時間，結果完美地突破了束縛，最後把外星人消滅了。

我覺得這兩部影片的構思非常有智慧，講的是做一件事時，只要你不斷地改進、提升，你堅持下去，絕對是專家級別的人物。

後來我的這位朋友找到了一個他覺得這三個原則都符合的領域，一直做下去，如今已經成了這個領域的專家。

其實很多人都在重複地做一件事，如果你能知道這裡的規律，發心為大家，堅持下去，你做事的結果就會變得不一樣。

凡事先考慮大家，就與道相吻合

我有一位朋友，有一段時間做事業特別不順利，導致他心情憂鬱。他說自己很不開心，整天想著自殺，因為公司最後連員工的薪水都發不出來了。

當時正好在同學聚會的飯局上，他就問我有沒有什麼經營法則？這經營法則是「術」層面的東西，我說我沒有，因為我不知道他具體的情形怎麼樣，我和他說：「有一個規律可以遵循，你可以了解一下佛教，佛教是非常重要的。」說完這句話，我們就分開了。

結果第二年我又遇到了他，他已經完全變了一個人，他說：「你記不記得當時你跟我說什麼話了？」我說：「記得，我讓你信佛。」

他說當時他回家後就開始看佛教方面的書，選了南懷瑾先生的《金剛經說什麼》開始看。結果有一天他看到了「眾生無邊誓願度」這句話，內心一下觸動了，瞬間淚流滿面。他說自己心裡的烏雲一下就散了，當天晚上就睡了一個好覺，慢慢憂鬱症就這麼好了。

為什麼他會有如此大的轉變？因為他的發心變了，以前他想的就是怎麼賺錢，怎麼擴大生意，反而生意越做越小。現在他明白了應該度一切眾生，為大家做事，於是開始幫助大學剛畢業立足未穩的學生，為他們提供平臺，或跟大學聯辦實習基地等。結果當他發心為大家做事的時候，奇怪的事發生了，他的生意開始越來越好，從此以後，他的事業蓬勃發展，現在生意已經做得很大了。

他的心念一轉，他的人生和事業都開始轉變了。

之前一切都為了自己的時候，和別人談合作要先考慮我能賺多少，為什麼對方多賺了呢——這是很多做生意之人的本能。但是他的心念變了以後，開始考慮能不能幫到大家，比如跟學校聯辦大學生實習基地，這種事是要投入精力的，因為這些大學生都剛畢業，不一定有回報。可是因為他的發心是為年輕人，學校的老師會來幫他，他的平臺會越來越大，所以最後他的生意反而越來越大了。

為什麼心念一變，他的事業全都改變了呢？這就是道的原則，其實每件事裡都蘊含了道，**如果你凡事先想著自己，就與道相背離；凡事先考慮大家，就與道相吻合。**

因此，一旦你能明白這些東西都是虛幻的，沒那麼重要，從而輕裝前進，為大家做事，最終在成就他人的同時，你也成就了自己。

如果你不知道這種規律，也不願意去了解，每天在各種紛繁複雜的事裡糾結，這就是老子講的「夫唯無知也，是以不我知」，因為你不知道，所以你無從了解道，你也未必願意了解。一旦你明白這個原則，知道了原來做事、說話都是「夫言有宗，事有君」，都是有規律的，你順應了這個規律，你的人生就會完全改變。

很多朋友學習《道德經》以後，發現自己的人生改變了，不糾結了，覺得坦然了，做事也順暢了，就是因為你符合了道的原則，所以你說道簡不簡單？

老子講的「吾言易知也，易行也」，並不是多深奧、多玄妙的，它就在你做的每一件事裡。學習《道德經》的過程，就是讓我們知道世間萬物運行規律的過程，只要你按照這種規律做事，既能成就大家，也能讓自己幸福，這就是老子寫《道德經》的初衷。

03 道德經，成功之人的遊戲規則

知我者希，則我貴矣。是以聖人被褐而懷玉

早點懂得遊戲規則，就不會頭破血流

「知我者希，則我貴矣。是以聖人被褐而懷玉。」這句話是什麼意思？老子說「知我者希」，這裡的「我」指老子講的道的原則，能懂得道的原則的人非常稀有。

老子說得非常客觀，人世間講道的場所特別少，也很少有人一直講道。其實我特別希望在年輕時有人能跟我講這些道理，但是沒有，我們基本上都是自己在社會的風浪裡跌跌撞撞。

我小時候學的就是如何考第一，如何超過所有人，這是唯一的目的，家長們教育孩子就是「為什麼你的成績下降了？」、「名次為什麼退步了？一定要進步，超過所有人」。家長們心裡想的大多是讓孩子將來買更大的房子、賺更多的錢、做更大的官，導致孩子從小學開始就拚命考試，有的小學從一年級開始就排榜，週週考試、週週排榜。上了中學以後孩子被灌輸的思想就是考一所好的高中，考上了好高中再上一所好大學。

等到上了大學，突然家長不管孩子了，很多大學生就出現了蹺課、出去喝酒、去電子遊樂場玩的現象，學校也未必管得那麼緊，學生們想怎麼樣就怎麼樣，然後跌跌撞撞大學四年轉眼就畢業，走進社會了。

走向社會之後，大家都想賺錢，公司以業績考核為第一，只要你為公司創造效益，你就是好員工；你沒創造效益，就對不起，走人。所以很多人剛進入社會，就開始在社會競爭的風浪裡起起伏伏。

你說，在這種起伏中，怎麼會不困惑呢？這時候當你開始學習一些思想，付出的學習代價會比較慘重，因為你已經跌跌撞撞很久了，心靈已經受了很多傷。有的人透過學習，想通了，總結出自己的做人準則；有的人沒有學明白，沒想通，就此消沉。

我多麼盼望，在我年輕的時候，能有人認真地跟我講一講社會的準則是什麼，怎麼做才能活得更好……我也是跌跌撞撞到了三十七歲以後，到北京中醫藥大學讀了博士，開始接觸國學經典，才明白這裡面講的全是真正的道理，我要是能早點懂該多好！

老子說「知我者希」，在人生中能明白這個道理的人很少，所以我現在才會不斷地講這些內容。我真的希望有更多年輕人在人生剛起步的階段就聽到這些話，而不是像我一樣經過了跌跌撞撞，撞得頭破血流才接觸到國學，我知道這是好東西，希望分享給大家。

很多人學了《道德經》之後，都和我分享自己的生活改變很大，希望你明白了這個道理以後，能再分享給你周圍的人，讓更多的人少走彎路，盡早地獲得這種好的思想體系，明白人世間的遊戲規則，這是我們應該做的。

知「道」之人，方爲貴人

「則我貴矣」是什麼意思？「則」是法則、原則的意思，按照道的原則去為人處世的人，人生會發生很大的改變。老子這裡用了「貴」字，「貴」是稀有、珍貴的意思，這樣的人一定會脫穎而出，成為對社會有用之人。

有的人將「知我者希」解釋為，知道我的人很少，所以我是很珍貴的。這個解法是不對的，老子講的是你按照道的原則去做，你的人生會發生改變，從而你會進入一種「貴」的狀態。「貴」是有價值的意思，指你對社會有價值、對大家有幫助。

「是以聖人被褐而懷玉」是什麼意思？「是以」是所以的意思；「聖人」是悟道的領導者，「被」通「披」，當披著什麼東西講；「褐」是粗毛編的衣服，就是那種像麻編的衣服，這種衣服的顏色沒有怎麼染，所以它是褐色。

「被褐而懷玉」的意思是外面看起來很普通，跟大家是一樣的，穿著很粗糙的衣服，但心裡懷的是玉。這句話是老子在講一個人悟道之後的變化。

知道「道」的人很少，可是知道「道」以後人生會變得有價值，你會進入悟道者的狀態。你的外表看起來可能跟別人一樣，披著普通的衣服，但是你的內心開始光明起來，像懷著寶貴的玉石一樣，就是說你的心裡特別明亮。

老子這句話涵義很深，老子講悟道之人，並不是衣袂飄飄，站在山頂上吸風飲露，悟道的人跟普通老百姓看起來是一樣的，依舊在世俗裡生活，但是你的心跟以前不一樣了。

為什麼會進入這種狀態？因為你已經放下個人得失了，那些陰暗的糾結、放不下、想不開已經散了，你會坦然地為大家做事，幫助大家，不計回報，大家感受到你的付出會覺得很溫暖，從而回饋你，這樣你跟大家就都幸福了。

心懷暖玉，不問吉凶

我們知道明朝的王陽明是聖人，是悟道之人，他做事的原則是「但行善事，不問吉凶」，所以平定了寧王叛亂，勝利的消息傳來時，王陽明正在講課，依舊言語不亂、神色不亂。

等到下課時人家問他，你怎麼這麼平靜？他說這事「真如飄風之過耳，奚足以動吾一念？」這件事就像風過耳朵一般，哪還能讓我動念呢？「過眼便為浮雲，吾已忘之」，全都是歸於浮雲，我已經把這件事忘了……

他的學說是「致良知」——什麼都忘掉，心中就保持著良知。他為大家行善、做好事，任何好的、壞的回報全都忘記，所以他的心裡一片坦然，這是一種很高的境界，只對自己的內心負責，他的心裡總是充滿了喜悅。

王陽明去世之前，他的弟子問他，你彌留之際要不要留一句什麼話給我們呢？王陽明說了幾個字：「此心光明，亦復何言？」

這就是他的人生真諦，「此心光明」就是但行善事，莫問吉凶。我做善事是開心的，不計回報與得失，我心中有良知，其他的全是浮雲。

你的心裡是光明的，還有什麼好說的呢？能以這樣的狀態走完人生的人，多幸福，所以「此心光明」就是老子講的「是以聖人被褐而懷玉」最好的注解，聖人的外表看起來與大家無異，但是他的內心懷的是玉，這樣的人生就會幸福，這是老子這句話的真正涵義。

很多人會將「知我者希，則我貴矣。是以聖人被褐而懷玉」解成聖人不被人理解，所以知道我的人特別少，我穿著破衣服，但我心裡的道很寶貴。你這麼講也可以，但是我覺得這樣講不夠透澈，並不是聖人不被大家所知，而是聖人根本不在意外在的這些東西，所以他跟大家的行跡是一樣的，他穿的是粗布的衣服，但是他的心裡一片光明，這是真正的修行者。

我覺得真正的修行者絕不是靠華服為人稱道的，比如穿著寬服大袍、華麗的衣服等，出去讓人一看就說「這個人是大師啊」，這樣的人未必是真的大師。真正的悟道之人的外表很普通，唯一不同則是他的心裡沒有糾結、想不通、放不下，他的心裡一片光明，像一塊潔白的玉一樣晶瑩透澈，這樣的人才稱得上是真正的悟道修行之人。希望你學完本章以後，盡量放下生活中的糾結以及各種陰暗的心理狀態，走向這種「此心光明，亦復何言」的狀態，這是我們追求的。

一第七十三章一

有一種人，老子認為他們會有災殃

01 道不是用來誇耀的，道是用來做的

知不知，尚矣；不知知，病矣。是以聖人之不病，以其病病，是以不病

境界高的人，知道自己有多少不足之處

「知不知，尚矣；不知知，病矣。是以聖人之不病，以其病病，是以不病。」這句話是什麼意思？「知不知，尚矣」有兩種涵義：

第一種涵義，你知道自己是不知道的，這就很高明了，「尚」是高明的意思，知道自己不知道，就是我的學問還有沒學到的地方，還有很多東西我是不知道的，所以我清醒地意識到，我處於「不知」的狀態，這種人是高明的。

另外一種涵義，實際上我已經知道「道」了、了解「道」了，但是我做出一種很普通的樣子，展現出「不知」的狀態，因為我不把知道「道」當作炫耀的憑藉，天天講「道」太玄妙了，我是悟道之人，一旦顯示自己是「知」的狀態，就已經背離道了。所以悟道以

後表現得和普通人一樣，但在行為上按照道做事就行了。

你以知道的狀態，展現出來卻像不知道一樣，這是一種沒有任何行跡去行善的狀態，這種狀態叫「知不知」。

這句話翻譯過來就是，以「不知」的狀態去「知」，去了解道，或者翻譯為我知道「道」以後，表現的卻是一種「不知」的狀態，實際上我在行道。

這兩種解法我認為都可以，但我覺得第一種解法比較實際，第二種解法比較高妙。

老子認爲哪種人會有災殃

「不知知，病矣」的意思比較清楚，你不知道「道」，卻以為自己知道了，表現出了一種知道、了解道的狀態。對這種狀態，老子說得很有意思，他說這是「有病」，實際上這個「病」當憂患、災殃講，指不是好事。

老子認為，你不知道非說自己知道，這是不對的。正如孔子在《論語》裡講的，「知之為知之，不知為不知，是知也」。你不知道就說自己不知道，不要還沒有掌握全部，就覺得自己了不起，已經悟道了，這是不對的。

道不是用來誇耀的，道是用來做的。在行道的時候，才能體現出道；如果你只是講道，老子開篇就說了「道可道，非恆道也」，你要是太能講道，就有可能偏離道了。

記得很久以前，我在北京參加了一次文化圈朋友的聚會。我觀察到有兩位朋友很特別，其中一位朋友做了很多善事，幫了很多人，是位慈善家，但是他總表現出一種小孩的狀態，把自己的位置放得很低，什麼事都仔細聽，都想學習。

另外一位朋友，是一位美麗的女士。這位女士在席間侃侃而談，知識面特別豐富，她好像信佛，知道佛教各種的說道，比如香什麼時候供，應該用什麼香來供佛，那種香怎麼做，供香的時候手勢一定要用什麼手勢，「不同的手勢代表的涵義不同，你千萬不要搞錯了，搞錯就壞了，拜佛的次序也不要搞錯了，搞錯你就倒楣了」……講得我真是長見識，各式各樣的講究。我估計她是經過了長期歷練，總結了大量的相關資料。後來我才知道，這位女士是個闊太太，她幾乎把自己所有時間都用來研究這些東西。

當時在聚會上，聽她講到最後，大家都有點聽煩了，因為席間她都在講同一個的話題……其實我心想，你如果真的有供佛之心，拿一支最普通的香都可以供佛。

因為這兩個人都坐在我面前，我觀察他們，之後就發現那個真正經常行善助人的人，在那裡饒有興致地聽，「有意思，真的，這我不知道，好玩」，他呈現出的是一種特別有趣的狀態。我覺得這就是「知不知」，他真正明白道，而且他在做，表面上看起來他跟大家一樣，他也沒覺得自己有什麼特殊的，沒有侃侃而談，反而是放低自己，我覺得這種人才是真正有功德的人。

而這位女士，對社會的貢獻和這位男士是有差別的，但她總是表現出自己很有學問，對佛多麼恭敬，對佛法了解得無比透澈，講得無比精妙，但在實際生活中，她幾乎不做任何幫助別人的事……因此，我覺得她沒有真正走在道上，其實她不了解道，只是表現出了一種知道「道」的狀態，老子說這種「知不知」的人，是「病矣」。

在生活中，我們也常會見到這兩種人：一種人會在語言上講得特別玄妙；另外一種人則是不會多說什麼，就是低頭做事。

因此，我們要時常警惕自己，學了《道德經》後要去力行，而不是講得很高妙，自己卻不去做，這是不行的。

盡量按照道的原則做事，才不會「有病」

「是以聖人之不病」，悟道之人不會進入這種令人擔憂的狀態，「以其病病，是以不病」，「以其」是因為的意思，「病病」這兩個字是以病為病，悟道之人知道這種不知道非說自己知道的狀態，是一種病態和弊害，所以悟道之人時時警惕自己，趕快去做事，盡量按照道的原則做事，才不會進入「有病」的狀態。

其實老子在本章講了兩個要點：第一，我們明白道以後要去做，不要在外在形式，比如不要在言語上顯示出太多不同，我們要透過做事來行道。千萬要警惕這種我按照道做事，卻整天顯得自己悟道了一樣，用高妙的語言來蠱惑大家，這是不對的。

第二，我們隨時要自省，因為人容易自高自大，抬高自己的位置，明白某種理論以後，會突然覺得自己了不起了，跟以前不同了，這時你必須清醒地意識到這是一種「病」的狀態，是不正常的狀態，所以你要趕快放低自己，盡量去做事，逐漸在做中體會道，這是老子所提倡的。

老子說的「是以聖人之不病，以其病病，是以不病」，是一種隨時有清醒意識的狀態，這句話能為我們帶來警惕作用。很多人悟道以後，容易出現自高自大的問題，覺得自己超然於眾生之上，比大家都高一層，一旦你陷入這種狀態你就著相了，這就是老子講的「病矣」。忘記名相，盡量低頭去做事，才是「尚」的狀態，才是境界高。

老子在這裡替我們打了一劑警醒的針，每個人都容易出現這種狀態。有時候我講《道德經》也會覺得，這麼高妙的理論，別的學者不會，但如果我一直這樣想，我也「有病」了，因為我只是簡單地講。我到底有沒有認真地做，是我自己要去衡量與考核的。

第七十四章

做人之道——「自知而不自見，自愛而不自貴」

01 世界離開誰都不會有什麼不同

民之不畏威，則大畏將至矣

領導好一家公司，離不開「道、德、法」

「民之不畏威，則大畏將至矣。」這句話是什麼意思？

「民之不畏威」的意思是老百姓不怕威脅，「威」指威嚴、壓力等。「則大畏將至矣。」這裡的「大畏」，指大的恐懼（這句話在其他版本寫的是「大威將至矣」，只有帛書乙本寫的是「畏」，我們還是按照帛書乙本寫的講）。這句話的意思是，如果下面的人不怕領導者的威脅，真正恐懼的事就要來了。現在很多人將「大畏」解成威脅將至，大的威脅來了，這種解法與帛書乙本寫的「大畏」隔了一層，這句話應該是，當被領導者不怕領導者給的威脅、壓力時，真正讓領導者恐懼的事就要發生了。

領導一個組織或一家公司時，一定要道、德、法三個層面一齊運行。道是領導者要放下自己，為大家做事，實行「利他」的文化；德是大家遵守的行為規則，用好的規則來規範大家；法是最後一個強制性措施，屬於威脅、壓力。法是強制性的，必須有前面兩個層面的鋪墊，才能保證組織裡的法正常執行。

如果你不懂這些道理，公司裡道和德的層面都沒有，老闆天天為自己撈錢，員工之間沒有關愛的文化，互相不謙讓、不關愛，整天勾心鬥角，最後就靠法來維持公司運行，往往會出現問題。

法是一種強制的措施和規章制度，比如要你必須怎麼樣，出差錯就罰錢等。一家公司如果光靠法經營，通常是可以運作的，但如果法變得太嚴苛，道、德的層面都不要，這家公司很可能就要垮了。這就是老子講的「則大畏將至矣」，真正的恐懼馬上就要來了。

歷史上這樣的事特別多，比如秦始皇的管理就非常典型。在中國歷史上，秦始皇是一位特別了不起的人物，統一中國。但秦始皇有一個特點，他特別相信權力，統一六國以後，他開始焚書坑儒，把百家的書都燒掉，就留了點治病的、種樹的、種地的書等，他覺得這些書對他有用，其他書用不著，下令讓人全都燒掉，尤其是把好多儒生給活埋了，他認為不需要儒家思想。

他相信秦軍是最強大的，法令是強大的。秦國從商鞅變法以後，就依靠法的威嚴與威力管理國家。剛開始的時候，老百姓是怕秦始皇的，因為他有威嚴，可是後來百姓被剝削得太厲害了，秦始皇修阿房宮、修長城，全國的勞動力幾乎都被調來工作，沒有人種地，這時候老百姓實在沒有活路，就開始不怕他了，當老百姓無所畏懼的時候，真正讓秦始皇害怕的事就來了。

陳勝揭竿而起，一下就掀起了全國反抗的大潮。陳勝也不是六國貴族的後代，如果他是貴族的後代，有點影響力，聚起人來還情有可原，但陳勝就是個普通老百姓，所以一旦老百姓不怕權勢的威脅，真正讓領導者害怕的事就來了——秦國分崩離析、瞬間倒塌。

其實，這就是道、德、法三個層面沒有一齊運轉的緣故。

我們在看歷史的同時要學管理，在一個組織或公司裡，只有將道、德、法三個層面都做到，才能讓你管理的組織正常運作。如果沒有道和德，你就靠法來管理大家，你實行的法越嚴苛，最後出現的問題可能越大。很可能經濟不景氣了，你少給員工兩百塊，員工都會走一大批，去別的地方工作，這都是因為你沒有任何道和德方面滋潤的緣故。

威脅只會讓你身邊的人越來越遠

大家要記住，在我們跟親戚、朋友、公司同事接觸的過程中，道和德方面是特別關鍵的，如果你以善來對大家，大家回饋給你的也是善，最終你會建立起一個愛的循環，你周圍的環境就會越來越好。

可是有人偏偏相信「威」，我威脅你，你要不怎麼樣我就怎麼樣。你覺得這種威脅能夠持久嗎？開始的時候，大家照顧你的心態，覺得自己妥協一下沒什麼。可是你一再發出威脅，當對方實在受不了的時候，一定會開始反抗，他回饋給你的也一定是惡的。尤其當對方不怕你的威脅時，你真正的危機就要到了，你的人際關係會變得非常糟糕。

人與人之間應該互相包容、理解、關愛，儘管對方偶爾有些負面，但你以正面的東西回應他，很快就會建立起良性循環。可是如果你靠「威」來運行，很快就會變成以「威」治「威」，最終建立起惡性循環，你們之間的關係一定會越來越糟糕。

記得我小的時候，街坊、鄰里經常吵架。有一家鄰居的吵架屬於兩口子互動模式，只要家裡的這位女士感覺丈夫不對了，就會開始哭鬧，「你再這樣我就死給你看」、「你敢跟我提出離婚，我就死給你看」，當時他們倆的關係已經不太好了，只要一吵架，這位女士就會這麼喊，喊得我們滿院子的人都知道。這種情況長期持續，他們的關係怎麼可能會好下去？沒有任何好轉的可能，只能越來越惡化。她的丈夫可能會越愛她嗎？不可能的，只會離她越來越遠——離得越遠她就越恐懼，從而變本加厲地威脅她丈夫，最終這對夫妻離婚了。後來這位男士再次結婚、生孩子，開始了新的生活。

世界離開誰都不會有什麼不同，在一個本應互相關愛的環境裡，威脅只有破壞作用。

老子的這段話，原意講的是國家治理，但我們學完之後要知道，發出什麼念頭是非常關鍵的。在我們與人相處的過程中，如果你發出的都是溫暖的念頭，就會形成善的循環、良性循環，將來回饋給你的會越來越溫暖；如果你忘記了道和德，不斷以「威」和大家相處，剛開始可能有用，比如在辦公室裡，大家照顧到你的面子會忍一忍，但是時間長了，這種強勢之人的人際關係危機就來到了。這是老子這句話的引申涵義。

教育孩子也一樣，過去的教育強調家長的威嚴，比如我小時候經常挨打。同樣打孩子，很多孩子會越打越皮，當他不怕爸爸的棍棒時，就能拿起鍬來跟爸爸對著槓，當他有這個能力時，還有可能變成「小流氓」，這時候家長就控制不了了，威嚴已經無法發揮任何作用了。

雖然我也常挨打，但我爸爸很喜歡看書，我是跟著學的。**所以家長的引導很關鍵，「威」不要輕易用，「威」就像道、德、法層面的法，不能缺，但要有度。**

如果你在道、德的方面做得不好，光靠威嚴去壓制孩子，當孩子不怕你的威嚴或孩子長大的時候，你的危機就來了。因為你沒有其他手段了，這時候孩子再調皮，你也管不了了，我經常看到街坊家的爸爸狠狠地揍他的孩子，揍的時候孩子像殺豬一樣喊，結果過兩天，家裡四處找孩子，孩子又蹺課好幾天，在街上混，這說明家長已經沒有任何手段能控制孩子了。

因此，在教育孩子時，大家要知道，老子的這句「民之不畏威，則大畏將至矣」是有它的深刻涵義的。

02 與人相處的過程中，一定要留空間給別人

毋狹其所居，毋厭其所生。夫唯弗厭，是以不厭

老子說，要讓大家都生活得富裕，而非安貧守道

「毋狹其所居，毋厭其所生。夫唯弗厭，是以不厭。」這句話是什麼意思？「毋狹其所居」，在古代有這樣一種解法，不要嫌你居住的地方窄。

「毋厭其所生」的意思是不要厭惡你生活的環境，雖然清貧但是你要安心，這樣才能做一個好的領導者。這麼解是可以的，這種說法也說得通。

如果將前後文連起來，就會發現老子講的是，如果你光靠威脅來管理下面的人，管理者的威脅就要到了。

「毋狹其所居」，不要讓大家居住的地方越來越小、居住的條件越來越差。

「毋厭其所生」的「厭」當壓制、堵塞講，不要壓制大家生存的條件，不要堵塞大家生活的生機，「其」可以解釋成民，一開始老子就說「民之不畏威」。「毋狹其所居」是

跟領導者講的，指別讓下面的人沒房子可住，「毋厭其所生」，不要壓制他的生機，比如他本來想做生意，好好賺錢，可是你不斷地收稅，壓制他，這就是「厭其所生」，所以千萬不要壓制大家嚮往美好生活的願望，不要破壞他們生存的條件。

很多人對《道德經》有誤解，認為老子講的是安貧樂道，比如你窮，吃的是糠，還要你「甘其食」，覺得糠很好吃。其實不是的，老子一方面告訴大家把欲望降低，不要追求奢華的東西；另一方面告訴領導者，你要盡量讓下面的人生活富裕。

在《道德經》裡有很多這樣的話，「我無事，而民自富」，領導者把欲望降低了，不去撈取利益，下面的人「自富」。

老子這句話的最後落在「民自富」上，其目的是讓下面的人富裕。老子還曾說「絕智棄辯，民利百倍」，前面所做的是為了「民利百倍」，讓下面的人獲利。

讓大家都生活得富裕，是《道德經》的一個重要核心。如果你不理解這個，認為老子是要大家安貧樂道，要大家接受窮，那你就理解錯了。老子一直在講要讓大家富裕，因為在古代，貴族特別講究享受，為了自己的利益，不惜搜刮民脂民膏，所以下面的人生活得很困苦。老子是一個特別愛民的人，所以才會告訴領導者，一定要讓大家有房子住，不要讓他們居無定所，不要讓他們沒有工作做。

「夫唯弗厭」的「厭」是壓制的意思，你不壓制大家的生機，「是以不厭」（這個

「厭」是討厭的意思），大家就不會討厭你，願意來支持你。

這句話在管理中是非常重要的。作為一個公司領導者，一定要考慮到員工的住房問題，現在房子的問題非常嚴峻，一個年輕人到大城市裡來，房價上漲得這麼快，他有沒有希望買房子？有的企業領導者考慮得比較早，買一塊地，自己建房子，再低價賣給員工，確保員工買得起房子，幫員工解決後顧之憂，這樣員工工作起來也會非常安心。

我為什麼很推崇新加坡的管理？因為新加坡的管理就是建組屋，然後很便宜地賣給大家，讓大家都有房子住。一旦你有房子住，工作就會安心，生活也會安心，焦躁的情緒自然就會降低，國民也會生活得比較快樂。

有一次我在新加坡的地鐵出入口，看著大家下班後臉上的狀態，就特別感慨，只要兩個人一起走的、聊天的，臉上全都掛著微笑，這帶給我很大的衝擊，這說明大家的幸福感比較強。

老子講「毋狹其所居」，如果住房問題能夠解決，公司員工工作起來會特別安心。「毋厭其所生」，公司領導者還應該考慮一下員工的升遷問題，他將來怎麼發展，有的老闆希望員工在同一個位置上一直做下去，我覺得這種角度不太好，因為一項工作如果總是重複，做工作的人沒有任何提升的話，對他是不好的，你應該給他提升和成長的機會。比如培訓，或讓他去做別的部門，慢慢提升他的各方面能力。

海底撈就是這樣，只要你工作做得好，就給你提升的機會，他們不斷地開店，讓員工知道只要自己做得好就有提升的機會，大家覺得未來有希望，就會用心工作，這叫「毋厭其所生」。

如果一個公司的領導者告訴你，永遠沒有升遷的機會，你過了十年、二十年還是做一樣的工作，這家公司絕對沒有生機，因為大家都會覺得沒有希望。作為一個領導者，如果你能理解老子的這個思想，你會做得很好。

大家覺得有希望，才願意跟著你做

在我們和別人相處的過程中，一定要留空間給別人，不要處處都是自己優先，否則別人就會討厭你——你壓制別人，別人就會討厭你。

老子說應該要「夫唯弗厭」，你不壓制別人，「是以不厭」，別人也不討厭你，這樣人與人之間形成一種良性互動，大家才會一齊往前走。

有的人不留空間給別人，我要獲取，一旦有一個機會我上，一旦有成果了都是我的——這種人就是「狹」別人所居，壓制了別人生存的機會，這是不應該的，應該「毋厭其所生」，你留空間給別人，大家才願意跟你合作，這樣生活才會和諧。比如，李嘉誠做生意，從來都是有錢大家一起賺，他曾說，我賺十塊錢是可以的，努力一下，拿十一塊也是能拿到的，但是我一定只拿九塊錢，退一步只拿九塊錢。這是很重要的法則。

留餘地給別人，是人生中很重要的一個法則。大家覺得有希望，才願意跟著你做。如果每次生意正常賺的錢是十塊錢，你要拿十一塊錢，從表面上看，你是占便宜了，對方沒辦法，但人家以後還會願意跟你合作嗎？還會有下次嗎？

在人生中，如果你能學會留空間給別人，說明你是有智慧的，你周圍的環境會越來越好。如果你處處以自己優先，什麼都要獲得，不留機會給別人，你看似比較強勢，比較能爭取資源，但從長遠來看，你是沒有前途的，因為大家都不願意再跟你合作了。

我覺得《道德經》的每句話拿出來仔細品味，都能在生活中、工作裡發揮指導作用，這就是經典的力量。

03

人最大的問題是不「自知」

是以聖人自知而不自見也，自愛而不自貴也。故去彼取此

對於有點成就的人來說，要時常問自己有幾斤幾兩重

「是以聖人自知而不自見也，自愛而不自貴也。故去彼取此。」這句話是什麼意思？老子在前面告訴領導者應該讓下面的人活得好，生活富裕，不要靠武力來壓制他們，否則你的威脅就來了。

「是以聖人自知而不自見也」的「是以」是所以的意思，「聖人」指有道的領導者，「自知」指清楚自己的位置，知道「道」的原則，知道應該這麼做事。「不自見也」的「見」字通「現」，就是不表現自己，古代的「現」和「見」經常在一起用，比如「風吹草低見牛羊」，實際是「現」字，露出了牛羊。所以，這裡的「不自見」指不抬高自己。

老子在《道德經》裡一直在講，領導者千萬不要抬高自己、展現自己，不要把自己放到聚光燈下，應該把自己的位置放低，把下面人的位置抬高。如果你把大家的位置放低

了，你就會喜歡用威力、威嚴去壓制、遏制大家的生機，讓他們沒有活路。

真正悟道的領導者應該清楚自己的位置，把自己放低，把下面人的位置抬高，這叫「自知」，「自知」就是知道，指明白了道的原則。

「自知」是不容易做到的，人最大的問題是不自知。

人有一種特殊的心理狀態，喜歡把自己的位置看得高一點、重要一點。對於有成就的人來說，尤其需要「自知」，我們要時常問自己是不是「自知」，清楚自己有幾斤幾兩重。

比如，我向大家分享《道德經》，很多人都說：「羅博士，跟你學《道德經》簡直受益無窮，你真是功德無量啊！」如果我真的覺得自己功德無量，那就糟糕了。

我們學習《道德經》，越學到後面越要知道，我們都是學習者。其實很多方面，我也沒有做到，我也需要一點點去做，也在不斷地反思自己，從而更加努力地去踐行。

每個人都是普通人，這一點我們必須清醒，世界上有太多的修行者，都做得非常好，我們應該向這些大德學習，而不是覺得自己講得多麼好、見解多麼獨到。

前一段時間我看到一段話很好：「如果你看到我做了什麼錯事，千萬不要懷疑佛法，我不代表佛法，我和大家一樣只是一個正在學習佛法的普通人，凡夫之軀會不斷地滋生出各種欲望，但佛法是清靜的、光明的，各位照著佛法去學就行了……」他說的大致是這樣的內容，原話我記得不是很清楚。

我覺得這就叫「自知」，特別清楚自己的位置，不是說我講佛法，我就代表佛法了，大家都來恭敬我吧！不是這樣的，我們都是學習者，所以在學習的過程中千萬不要抬高自己，如果你真的做到了「自知」，明白了自己的位置，明白了道運行的原則，你就會放低自己，不會再主動抬高自己，把自己放到聚光燈下。

你會自愛嗎？

「自愛而不自貴也。」《道德經》裡強調，我們不是要放棄自己，老子講的「無我」不是真的沒有自己，道家特別強調要愛惜自己的身體，身體是修行的載體。

為什麼歷史上中醫跟道家的關係特別密切？因為道家在修練的過程中，往往會想怎麼修練自己的身體，只有自己的身體健康才能更好地修道。

道家總結了很多對身體有益的修練方法，甚至在道家的典籍裡記載了很多中醫內容，比如我經常講的熟地和懷山藥的用法，道家主張把這兩種藥材熬成湯來食用，以滋補身體，讓自己更好地修道。這是道家的特點，這是老子說的第一種「自愛」，對身體的愛。

另外一種「自愛」是對眾生好，放下自己的欲望為大家做事，這是一種更好的愛惜自己的方式。**也就是說，你越放下自己為大家做事，反而對自己越好，對自己的身體也越好。**這種看重身體、看重人格、看重品格修養的「自愛」，是老子強調的。這種「自愛」是為了大家做事，然後跟大家一起幸福地生活——透過利他的方式來體現自己的價值，這叫「自愛」，而不是把自己抬高。

老子在這裡講了「不自貴」，那麼應該貴誰？其實，這句話的意思是「貴民」，領導者「不自貴」而貴民。

老子在前面講「自知而不自見」，隱藏的話是「無威」，放下自己的威嚴，以各種關愛去對待下屬，這是老子總結出來的為人處世法則，也是領導者的法則。

老子最後說「故去彼取此」，「去彼」去的是自見和自貴，「取此」取的是自知和自愛。

在人生中，如果能夠明白道的原則，做到「自知而不自見」、「自愛而不自貴」，那你的境界就很高了，你做人一定會很圓融、很坦然，這是我們追求的一個境界。能達到這種境界的人，「是以聖人自知而不自見也，自愛而不自貴也」，老子說這就是有道之人。

老子在本章講的每一句話都很有分量，我們能不能做到「自知」？能不能「自知」而不抬高自己？能不能「自愛」？如果這些你都能做到，我相信你的人生一定會有所改變。

—第七十五章—

生門死門，一念一瞬

01 無論善果、惡果，都是自己選擇的結果

勇於敢者則殺，勇於不敢者則活。
此兩者或利或害，天之所惡，孰知其故

你的每一個選擇背後都有生門和死門

「勇於敢者則殺，勇於不敢者則活。此兩者或利或害，天之所惡，孰知其故？」這句話是什麼意思呢？

老子說「勇於敢者則殺」，勇於爭強好勝的人會被淘汰，「殺」，指死亡、死路一條。「勇於不敢者則活」，不爭強好勝的人就能活下來。「此兩者或利或害，天之所惡，孰知其故」這兩種做法有利有害，老天選擇的或討厭的，普通人哪知道呢？

這是什麼意思呢？「勇於敢」和「勇於不敢」有什麼區別？通常，解這句話的人都將其解成，人要是勇敢往前衝就會死；不爭強好勝，就能活下來。這種解釋是可以的，它體現了兩個選擇方向：一個是爭強好勝，一個是盡量什麼都不做。這種解釋是通常的解釋。

我講得更詳細一點，「勇於敢者則殺」，我在前面提到過，古代的「勇」和「敢」涵義是不一樣的，「勇敢」這個詞是後來出現的。

「勇」上面的「甬」表示音，下面表示「力」，這個字是有力量、有氣力的意思，過去有氣、氣足稱為「勇」，這是一種內在表現，比如他充滿正氣，就是有實力、有力氣，有力氣指肢體的力量，實力則是一種隱藏在內部的力量。

「敢」是膽子大的意思，有解釋說「敢」是以下觸上、以卑觸尊，比如我的身分低微，但我去冒犯了身分尊貴的人。還有一種解釋說，「敢，不自明也」，什麼是「不自明」？就是自己不清楚自己的實力，膽子卻很大。

我們經常說，你敢不敢來打我，而不會說你勇不勇。這時候「勇」和「敢」就區分開了。「勇」指有實力，「敢」指膽子大。

「勇於敢」的意思是，我的實力很強，我的膽子又很大想去做。老子說這樣的人「則殺」，會死路一條。其實，「勇於敢」代表一種人生取向，一旦我有點實力，就會侵犯別人。老子認為，如果你以這種原則作為人生取向，是死路一條。

「勇於不敢者則活」則是另外一種人生取向，我有實力，但我不輕易地去冒犯別人，不會隨意去做什麼。這種人生取向不以傷害為目的，老子認為這樣的人才能活下來。

這句話看似簡單，但其中的涵義很深。為什麼你有實力卻不去侵犯別人，不把傷害作為你的人生指向？因為你的心中有道、有愛，知道你對大家關愛，大家會回饋給你同樣的愛，最後大家都會走向幸福。這樣的人有實力，並且把實力用於為大家做好事上，不會冒犯別人。這種有實力，並且懂得節制自己，為大家做事的狀態，老子認為是有活路的，相當於老天替你開了一道生門。

老子把這兩句話跟天道結合，告訴我們，在人生裡處處充滿了生門和死門，這是一個樞紐，你的每一個選擇背後都有生門和死門。

當你關愛大家時，你開的就是生門，你的道路就廣；當你對大家發出惡念時，開的就是死門，你的選擇就會越來越窄，而且有時候死門會一環套一環、一個接一個……

處處爭鬥、處處糾結、處處不開心

有些人看不懂生門和死門，意氣用事，我就要怎麼樣，他這個眼神冒犯我了，他這句話冒犯我了……這樣下去你開的都是死門，你的一念之差，往往會決定你的前途。

老子講得很清楚，這兩者「或利或害」，一個是「利」，生門；一個是「害」，死門。如果都是善念，互相循環，則會一個生門接一個生門；如果都是惡念，則都是死門，沒有前途。人生，只有這兩種選擇，你一定要看清楚。

「天之所惡，孰知其故？」老子說老天討厭哪個，我們哪知道為什麼討厭。其實老子非常清楚老天為什麼討厭，因為那是死門。這個規律符合天之道，其實你的每一個選擇都逃不出自然之道——要麼善良，生門；要麼兇惡，死門。

老子在這要用修辭的方式講「天之所惡，孰知其故」，好像不知道為什麼，但在本章的後面全是在回答，為什麼老天會這麼選擇，因為這是天之道。

老子說，要麼「利」要麼「害」，你自己選擇，這是天之道給的選擇。誰知道老天支持哪一種？讓哪一種人活下去，越活越幸福？這是天之道規定的法則，自然淘汰的結果。

每個人都想越活越幸福，都不想開一個死門，又開一個死門，每天處處爭鬥、處處糾結、處處不開心，那麼你的每一念，都要有一個選擇，這個選擇「或利或害」你自己看。

我們學習《道德經》要看出裡面的門道，這對人生有很大的指導作用。如果我們把這一章單純地看作老子講膽子大肆意妄為和膽子小不去爭強好勝，就將老子理解得太淺了。老子講得非常清楚，這是兩種人生態度。

這幾句話，其實是在說因果。**每件事都可能是善因，從而得善果；每件事也可能是惡因，從而得惡果。老子在這裡告訴我們，無論善果、惡果，都是我們選擇的結果。**在你有實力的情況下，你選擇幫助大家，你的人生會幸福；你選擇去傷害別人，你會結惡果。

02 把自己做到別人沒法爭的地步

天之道，不爭而善勝，不言而善應

做事不爭名譽，反而越做越好

「天之道，不爭而善勝，不言而善應。」這句話是什麼意思？老子在這裡講的是「天之道」，其特點是做事不爭，反而越做越好，「善勝」是更容易勝出，越做越好的意思。

「天之道」是一種自然的規律，懂得關愛，為大家做事，所以人家不爭。因為他關愛大家，大家感受到了善念，所以都來成就他，他反而越做越好，這叫「不爭而善勝」，這是我們在前面講的「不爭之德」。

為什麼「不爭」？因為你沒有覺得自己有多重要，你把自己的位置放得很低，你越為大家做事，收到的回饋越是正能量，你跟大家就會越過越幸福。一旦你開始爭奪，就會受到傷害，結果大家都不幸福。有時可能你暫時看起來好像幸福，但總體來講，你的幸福感是很低的，做事也更容易失敗。

每個人都要好好地反思一下自己的人生，你爭的那些名譽、地位，最後真的能把它牢牢地捆住嗎？未必。比如金錢，你以為這錢就是你的，但錢是怎麼來的？是你為大家做了很多事，大家回饋給你的——**為大家做事在先，錢只是回饋的結果而已**。你想要錢，又不為大家做事，甚至做傷害大家的事，你說這錢能留住嗎？

有些人在公司會和同事爭名譽，向公司提交名單的時候，他會把自己填在前面，你這樣寫，大家會覺得你太在意自己了，導致在共事時得不到良好的配合，你說你能成功嗎？將來你的事業一定會越來越慘澹。喜歡爭的人，看似好像自己爭取到了名譽，最後你傷害的是自己。

有些事就是如此，比如名譽、地位、身分等，你越爭反而會覺得離它越遠，因為你在爭的時候就傷害了別人。你如果不在乎這些名譽、地位、身分，你為大家付出得越多，大家越會牢牢在你的身邊支持你。因為他們覺得跟著你做才有希望，所以都會牢牢地留在你身邊，這就是老子說的「不爭」。

很多女士經常會看一些宮鬥劇，比如《甄嬛傳》等，說實話，這些劇我一部都沒有看過，我覺得宮鬥把人的惡展現得淋漓盡致。這裡面也有規律，越是用各種技巧爭的人，結果反而越慘，因為爭鬥難免會顯露出來，引起別人的討厭。

在生活中也是如此，你看談戀愛的女孩，有的特別厲害，「你幾點幾分在幹嘛？」、「你把手機螢幕截圖給我看一下，你在跟誰講電話？」、「你幾點幾分又在幹嘛，向我報告一下！」、「我告訴你不許看她，你看她就代表你不愛我。」……說實話，這種每天對男朋友管得事無鉅細的女孩，最後兩個人成的特別少。有時候我也好奇最後這樣的女孩都嫁了誰。為什麼她這樣管著男朋友，對方會覺得討厭？因為束縛得太厲害了，大家反而想自由一點。

其實你不用管對方，你把自己的內在修養好，你的魅力展現出來，他自然就不看別人了。如果你非要規定，不讓他看別人，那是不可能的。

把自己做到足夠好，就不用再和誰競爭了

在企業管理中也是如此，那種天天和別人競爭，沒事就找個理由「我去起訴你」的人，和對方受到的傷害是相同的。對於企業來說，本來幾家企業相安無事，但是你非要把對方「幹掉」，認為把他幹掉你就勝出了，處處揭對方的短，對方也反過來揭你的短，消費者一看，「你們行業裡怎麼有這麼多內幕，這哪行？」

結果這幾家企業相繼倒閉，這樣的例子比比皆是，比如有些乳業，黑幕全曝光以後，大家都不買了。這就是惡性競爭的結果，當然，這些人互相曝光內幕對於消費者來說是件好事。而那些不爭的企業，自己做得足夠好以後，別人就沒辦法跟他爭，因為他做到了足夠好，對方的品質和他的根本無法相比。比如蘋果電腦，比別的電腦貴很多，為什麼大家都買蘋果電腦？因為它自己建立了一套系統，把這套系統做到了極致，不僅能夠節省開關機的時間，而且運轉得很順暢。一般的電腦使用時間長了以後，裡面檔案越存越多，就會越用越慢，有時候開機要開好久，點開什麼網頁也要等半天。我的蘋果電腦用了快十年了，寫文章一直很順利，沒有任何故障，這說明產品特別穩定，這就是老子說的「不爭而善勝」，就是我把自己做到足夠好，就不用再和誰競爭了。

同樣，如果企業文化好，關愛員工，也會越來越壯大。稻盛和夫先生經營企業就是這種特點，辦企業的宗旨是讓員工幸福，領導者不和員工爭，所以稻盛和夫先生在退休時把所有的股份都捐贈給了員工，最後得到的結果是「善勝」，員工都匯集到他的周圍，讓企業越來越大，結果企業進入了世界五百強，這就是老子講的「天之道，不爭而善勝」。

人貴有「不爭之德」和「不言之德」

同樣的道理，只要你關愛大家，為大家做事，大家自然會向你匯集，這叫「不言而善應」。這裡的「應」是回應的意思，「不言」指不需要去招呼大家，也不需要過多的宣傳，你做到以後，大家口耳相傳，自然對你會有所回應。

在生活中這樣的例子有很多。有的人在生活中，整天吹牛，說得特別好聽，可是做事的時候溜得最快。無論這樣的人之後再說什麼，大家都不會跟著他做。有的人在平時總是默默為大家付出，遇到事能幫就幫，這樣的人說要做什麼事，大家都會群起呼應，「有什麼事你說一聲，我們全去做」，這樣的人就是「不言而善應」，因為人家平時做到了，大家都看到了他的人品，所以他要做什麼事，別人會立刻呼應他。

老子特別強調「不爭之德」、「不言之德」，這兩點非常關鍵。

作為一個領導者，如果你能做到這兩點，大家自然會團結在你的周圍，你的力量會越來越強大；一個普通人，如果能做到這兩點，你會發現自己在不斷成長，生活得越來越好。

很多時候，只要你把事都做到了，不用多說什麼，大家自然會跟著你走，團結在你的周圍，這是一種精神的感召力量。

03 坦坦蕩蕩，順順利利

不召而自來，繟[3]然而善謀

把員工當成保姆的領導者，是不會有感召力的

「不召而自來，繟然而善謀。」這句話是什麼意思？「不召而自來」的意思就是為大家做事，利益萬物、利益眾生，不為自己的利益考慮。這樣的人，就算不去召喚大家，大家也會向你投奔而來。

這句話講的是領導者法則，作為一個領導者不用一直向大家承諾，你把事情做到，為大家好，大家自然就會向你投奔，這叫「不召而自來」，也是孟子所講的「王者之道，仁者無敵」。

什麼是「王者之道」，什麼是「仁者無敵」？就是你發出善念，對大家好，大家會

3 繟：ㄔㄢˇ（chǎn）。

來投奔你，你的組織會越來越大、越來越幸福、越來越安寧，這叫「王者之道」。與「王道」相比還有「霸道」，「霸道」則是不斷侵略，長期這樣下去是會出問題的，你可能會成就霸業，但稍有不慎，就會導致整個系統崩潰，這是人心所向。

公司的管理者也是如此，各公司的文化不同，有的公司領導者作威作福，把員工當作自己的私有財產，「我花錢請你來的」，要女員工幫他買菜、洗衣服、接孩子等等。

我有一位朋友和我說，他去應徵一家公司，結果發現做不了，為什麼？他一看這家公司的文化根本接受不了，領導者把祕書當作自己家的保姆一樣，接孩子、打掃家裡衛生、買菜、洗衣服都是員工來做，甚至晚上出去應酬，女員工還得陪同喝酒。

這種領導者就是把員工當作了私有財產，覺得自己非常了不起，員工都是他的附屬，他花錢要員工做什麼，員工就得做什麼。這種企業根本談不上企業文化，它是一種家文化。這樣的領導者非常容易膨脹，你說他會有感召力嗎？當然沒有感召力，員工是絕對不會死心塌地去當保姆的，人家應徵是來工作的，怎麼可能當保姆呢？

因此，這樣的企業沒有感召力。稍微有點波動員工就會離職。目前還有很多企業處於這種狀態，老闆覺得自己就是土皇帝，我說了算，我給你錢了，要你做什麼你就得做什麼——這是很多企業領導者的想法。

老子所推崇的領導者是「不召而自來」，發出善念為員工考慮，員工自會來投奔你。

你以為員工之間不溝通嗎？他們私下會溝通，「老闆真好，處處為我們考慮，給我們這麼好的福利，我們努力做吧」。接著，眾人口耳相傳，很多人都專程投奔而來。

你看稻盛和夫在創業的時候，就立下了誓言，要為了員工的物質和精神兩方面的幸福努力。因此，他四十多歲就創辦了一個世界五百強企業。為什麼他能把企業辦得這麼好？因為他對員工好，考慮員工的福利，員工就會向他匯集，這叫「不召而自來」。大家願意團結在他的周圍，這就是「仁者無敵」，也是莊子講的「內聖外王」。你把自己的修養提高以後，你的內在就是聖人，大家自然會向你靠攏，你就是王了，莊子講的這句話非常符合儒家的理念。

接著老子講「繟然而善謀」。「繟」這個字在各個版本的寫法完全不同，老子到底用的是哪個字，我們沒辦法確定。根據字義推斷，這個字應該是左邊一個絞絲，右邊一個「單」字，是寬鬆的意思。河上公本的這個字寫的是「墠」，當平整過後的土講，比如被清理過的操場。嚴本寫的是「坦然而善謀」，這裡的「坦」意思也是寬鬆、平坦的意思。我們就按照王弼的「繟然而善謀」來講，寬鬆但是又善謀。

這句話的意思是，你看天之道好像很寬容的樣子，沒有去斤斤計較，去絞盡腦汁想什麼，做出的事卻好像謀劃好的一樣，「謀」是計畫、籌畫、設計的意思。

也就是說，當你真正為大家做事，放下自己的時候，你會發現做事能進入一種不用刻意謀劃、不用刻意設計，但一切都像設計好了一樣，做起來非常順暢的狀態。

善心善願，終究會感召善緣

人生中這樣的情況其實很多，你坦然地按照心中的善念做事，這種路走起來看似很難，但你逐漸會發現這是最直接、最容易走的路。

有的人做事會不斷設計，走斜路、走歪路，處處用技巧，說實話技巧用多了以後，說不準哪個技巧就會把你絆在那裡。你覺得別人真的看不出來嗎？其實全都看得出來。

在用技巧的過程中，你是在替自己增加難度，你以為走的是近路，實際上可能越繞越遠，然後被這些關卡越卡越牢，或者有的技巧還需要設計另外一個技巧來掩蓋，最後你終究會被技巧困住。

相比之下，那些坦然為大家做事的人，但行善事，莫問吉凶，反而走的是最近的路。

當你發出善念為大家做事時，也會收穫眾人的回饋與支持，好多機緣會隨之而來。這些機緣都是你想不到的，各種便利和助力，就好像設計好的一樣，但一點都不是設計的。

我的朋友梁冬講過一句話，「我發現做事有兩個路徑：一個是為大家做事，只要我心念一動，就會八方振動，立刻有很多資源向我匯集。但是做事只要是為了我自己的，往往做不成，一去找資源，就會落空，本來好好的資源，結果機緣不成熟。」

其實這就是你發出善念以後，資源自己就來了，好像是設計好的一樣，我們也不知道是誰設計的，但就是如此。

有的力量是看得到的，當大家覺得你的發心好，就會主動提供平臺和資源給你。還有些力量可能看不到，恰好機緣就到了，那個人就出現了，主動來幫助你。

老子講「繟然而善謀」，你看這種為大家做事、放下自己的人，做事很平緩，沒有那麼計較，不會「我一定要怎麼樣」，這些人就只有一個心念，為大家好，結果各種善緣會自動出現。

這樣的事，我相信大部分人身上都發生過，我在前面跟大家講過我的例子。有段時間我想學習微信的經營方式，我就想怎麼樣才能學習微信、了解微信、了解騰訊呢？

後來我出差到深圳，準備離開時在深圳機場候機，進機場的時候我還在想，深圳這麼大，騰訊公司在哪裡？我真想跟人家好好學習一下。等我到候機室的時候，一看幾乎沒有座位了，只有一張桌子，坐著幾位女士和一位男士，中間空了一把椅子，我走過去，就在那裡坐下了。沒想到的是，這一桌子坐的全是騰訊的人，而且還是微信的中階主管。我們聊得非常開心，他們問了我一些身體健康問題，我請教了他們一些微信怎麼經營的問題。

你說那麼大的機場，怎麼就那麼巧只有這一桌空了一個位置？

緣分真的妙不可言，當你想用微信這個平臺向大家傳播知識的時候，你的心念是善的，你想要的資源就會在你的身邊出現。因此，這些事不用著急，你坦然一些、放鬆一些，只要你的方向是對的，這些資源會自己出現的。

天下之事往往非常奇妙，天之道也超出我們的想像。為什麼稻盛和夫的每本書都在講敬天愛人？敬天敬的是無我利他的原則，天之道講的就是無我利他，只要你按照天之道的原則做事，你距天之道就很接近了。這是老子在《道德經》裡一直在講的思想。

04 按天道做事和不按天道做事，結果大不相同

天網恢恢，疏而不失

生活中的事，不能隨心去做

「天網恢恢，疏而不失。」這句話大家一看，會覺得很熟悉。現在警政機關經常用「天網恢恢，疏而不漏」，其實這句話的出處就是《道德經》。

「天網恢恢」的「恢」是廣大的意思，天網看似很廣大，網眼雖然稀疏，卻沒有漏失；「失」當疏失講。

「天網恢恢」是什麼意思呢？老子難道就是單純講那些壞人，天網疏而不漏嗎？不是的，後來我們將「天網恢恢，疏而不失」這句話引申為法律之網特別大，你平時覺得這些法律沒有約束到你，以為派出所員警離你很遠，但是你一旦犯法，則會立刻受到法律的制裁，是不會漏掉的。

但老子講的不是這個意思，老子講的是天道的原則。天道是有原則的，它的覆蓋面就

像大網一樣，儘管你看不到它的存在，但是它疏而不失，你是否按照天道做事，所得到的結果是不同的，沒有一個人能漏掉。

這句話值得每一個人深思，很多人認為，生活中做的事都是隨機的，要隨心去做，想怎麼做就怎麼做，其實不是這樣的。

你做的每件事都在天道的指導下，會有善或惡的選擇、利己或利他的選擇。如果你按天道做事，最後你得到的回饋一定是善良的、正向的、積極的；如果你輸出惡念，不按天道做事，為了利己侵害他人利益，最終一定會有惡果來到你身邊。

當你做事破壞準則，後果會像骨牌一樣一個個向你倒來

天道是我們在這個世界上逃不掉的法則。我經常看新聞，有時候一個犯罪分子破壞了法律，改名換姓跑到了其他地方，生活過得還不錯，有的人後來還成為了企業家，發了大財，結果最後還是被找到，受到了法律的制裁，為之前做的事付出代價。

再比如，有的人破壞道德準則，覺得被這些束縛了。你千萬別這麼想，當你破壞一個準則，後果會像骨牌一樣一個個向你倒來，你要不斷去應付。這就好比開車要遵守交通規

則一樣，如果你非要破壞規則，在高速公路把車開到逆向車道上，很快你就會發生嚴重的交通事故。

人世間的很多準則都是如此，有時你破壞一個道德底線，後果是不堪設想的，最後你會為此付出非常慘重的代價。老子在這裡講的是，你違反了天之道，為了利己去侵害別人，或去破壞道德準則、破壞法律，最後所有的惡果都要你來承受，也就是後世大家經常說的「天網恢恢，疏而不漏」，法律或者道德的制裁是隨時會出現的，只要你作惡，則一定會有惡果來到你身邊，讓你遭受挫折。

「命自我作，福自己求」

「天網恢恢，疏而不失」這句話的另一方面，講的是如果你能夠放下自己，為大家做事，利益眾生，大家就會向你回饋正能量，你的生活也會越來越好。

我講一個明代的真人真事，有機會各位可以看一本書，叫《了凡四訓》。這本書是位叫袁了凡的人寫的。

他在年輕的時候，家裡來了一位算命先生，據說這位算命先生很厲害，經他算的人，所算皆應驗。他替袁了凡算了一命，把他一生中所有的大事都排出來了，而且還說他是短命相，不是長壽之人。袁了凡將這位算命先生算的一一記下，他本來抱著一些僥倖心理，後來他發現就算很小的事情，都被算得非常靈驗。比如，縣考應該考第十四名，府考應該考第七十一名，提學考應該考第九名，每一個都算得十分精準，唯獨算到他應該領多少石糧食，就能從秀才變成貢生時出現了差異。算命先生算的是他領到九十一石五斗的時候才能出貢，但他吃到七十一石米的時候，就批准他補貢生。袁了凡一看，是不是算命先生算得不準呀，沒想到後來果然被另外一位學台駁回，不准他補貢生。直到丁卯年，有人看見他在考場中的備選試卷沒有考中，覺得可惜，於是吩咐縣官，准他補了貢生。

經過這番波折，袁了凡又多吃了一段時間糧食，算起來連前面所吃的七十一石，恰好補足，總計是九十一石五斗。

這袁了凡一看，算命先生的水準太高了，把他的一生都算定了，於是他就更加相信一個人的進退功名浮沉，都是命中注定。而走運的遲或早，也都有一定的時候，所以他將一切都看得很淡，什麼都不去追求了。

你說他連自己哪一天、什麼時辰死都知道了，人生還有什麼意思？所以他萬念俱灰，一天到晚靜坐不動，不說話，也不動念。

後來，機緣巧合之下，他到了南京棲霞山一個寺廟去旅遊，結果碰到了一位高僧雲谷禪師，他和禪師面對面坐在一間禪房裡，三天三夜。禪師問他：「凡人所以不得作聖者，只為妄念相纏耳。汝坐三日，不見起一妄念，何也？」意思是，一個人之所以不能成為聖人，是因為他心中妄念不斷，但你在這坐了三天，一個妄念也沒有，是為什麼呢？

於是，袁了凡把自己的命被算命先生算定的事都告訴了禪師，「榮辱生死，皆有定數，即要妄想，亦無可妄想」，一切都有定數，我還有什麼可想的？禪師聽完就笑了，他說我本以為你是修行很高的人，原來也不過是個凡夫俗子。

袁了凡就問禪師為什麼這樣說，禪師說：「命自我作，福自己求。」命由自己造，福也由自己求，你造惡就自然折福；修善就自然得福，只要你從現在開始每天做好事，慢慢你的命運就會開始改變。

袁了凡相信了雲谷禪師的話，回到家之後將從前做的所有錯事，不論大小輕重，都到佛前說了出來，並且發自內心的懺悔。同時他還寫了一篇文字，發誓先做三千件善事，祈求得到功名。

雲谷禪師給了他一個「功過格」，讓他記錄每天做的善事和惡事。從此以後袁了凡發生了改變，見禪師的第二年，他又去禮部考試，算命時算定是考第三名，結果考了第一，而且算命沒說他會考中舉人，沒想到到了秋天鄉試，他竟然考中了舉人，這都不是命中注定的。而當初他發願做的三千件善事，待到全部做完，十年的光陰已逝。後來袁了凡又接著許了三千件善事，求子。等過了沒多久，就生了自己的孩子。

之前算命先生算的事情，一件件都開始改變了。而且算命先生算他五十三歲時有災，是年竟然毫無病痛，等到他寫《了凡四訓》的時候已經六十九歲了，比算命先生算的已經多活了十六年。而他的這本《了凡四訓》，在清代以後一直作為著名的勸善之書流傳於世間。

《了凡四訓》裡講了兩個層面的內容：一個是當你天天做好事的時候，你的心態就會改變，你會變得愉快起來，而且你會發現越幫助人越幸福。所以，通常愛幫助他人的人沒有肝氣不舒的，這樣的人不容易生病，身體會很健康。孔子講「仁者壽」，古人把「仁者壽」當作最高的養生境界。也就是說，真正長壽的人，一定是樂於助人的仁慈之人。這樣的人，年紀大了依舊身體健康，因為他澈底改變了氣血的狀態，這是從物質層面來講的。

另外一個層面，這位算命先生也是個高人，他能把一個人一生中的事算得很準確，也是將易學原理掌握得透澈的人。但為什麼袁了凡改變了呢？因為他行善了，他開始放下自己為大家做事。**你在做善事的同時，你周圍的磁場和氣場就會發生改變，這就是老子說的天之道，這個道是一個能量場、力量場。**

老子說天之道的原則是「天網恢恢，疏而不失」，就是說你只要一念向善，為大家做事，感應馬上就會來，你的生活隨之也會發生改變。「疏而不失」的意思是，你是看不到它的，但這個回報一定存在。

稻盛和夫先生寫過那麼多本書，每本書都把「敬天」放到第一位，這說明他是懂得道的。他認為在我們之上有一種力量，他稱其為宇宙意志，這是一種科學化的講法。

稻盛和夫常說：「有些發明不是我發明出來的，我的學識根本到不了，但為什麼這些意識會出現在我的腦子裡，讓我把這個發明做成？這是因為宇宙的意志在加持我。」因此，他的每本書開篇講的都是敬天愛人，為什麼愛人？**因為你敬天，按照天之道做事，做事的具體方式就是去愛人**。

很多有成就的人都明白這個道理——敬天，你知道天之道在那裡，「天網恢恢，疏而不失」，它的原則是絕對不會漏的。我們身處人世間都應該遵循這個遊戲規則，盡量放下自己為大家做事，只要你累積善緣，就會發現自己的人生開始改變。

—第七十六章—

法律是管不了一個不怕死的人的

01 生活幸福的人，不會觸犯法律

若民恆且不畏死，若何以殺懼之也？
使民恆且畏死，而為奇者得而殺之，夫孰敢矣

無「道」無「德」，「法」何以堪

「若民恆且不畏死，若何以殺懼之也？使民恆且畏死，而為奇者得而殺之，夫孰敢矣。」這句話是什麼意思？

這句話我們選用帛書乙本的寫法，在通行本寫為「民不畏死，奈何以死懼之」。這句話很著名，講的是當老百姓不怕死的時候，管理者就不要拿死來嚇唬百姓了，因為已經不靈了。帛書甲乙本這句話的意思和通行本大概是相同的，「恆且」的「恆」是長久、一直的意思，「且」是暫且的意思，「恆且」指的是無論短暫還是長久都是如此，古人說的恆且如此就像始終如此一樣。

「若民恆且不畏死」的意思就是說大家無論短暫還是長久都不怕死。「若何以殺懼之

也」，他不怕死，為什麼要用「殺」去嚇唬他呢？「殺」在這裡代表刑罰。一般理解大家不怕死的原因，是因為不想活了，要反抗了，但是為什麼大家要反抗呢？

老子在本章講的是道、德、法三個層面的關係。我在前面講過，道是領導者為下面的人考慮；德是德行，大家都遵守規則；法是防止前面道和德沒做到，避免出現紕漏的強制性措施。

這三層應該是豁然貫通的，在一個組織裡都應該存在，如果前面任何一個環節缺失，後面的層面實行起來都不會那麼順暢。

比如，領導者不按照道做事，凡事不考慮員工的利益，整天想自己，你要員工去學《弟子規》，去學德層面的東西，你說員工能學嗎？員工會覺得你又來洗腦我們，就是為了要我們好好工作，替你賺錢！

你天天打高爾夫，自己都不學，你做事不講道，讓員工去做到德，員工就會質疑為什麼我要做到德？為什麼你不去做？因此，你推行的德就會受到質疑，大家會覺得憑什麼，憑什麼要我們尊敬長輩？憑什麼要扶老攜幼？當你道和德的層面都沒有做到，卻一味地施行法，問題就來了。「法」是一種強制措施，無論做什麼你都採取強制管理，員工的心裡是不服的，但他還要被你管，長此以往會產生特別大的衝突。光靠法運行的時候系統可以運轉，可是稍有風波，就會出現問題，導致全盤崩潰，因為法的張力特別大。

「若民恆且不畏死，若何以殺懼之也」講的也是同樣的道理。如果你在道和德的層面都沒做到，只為自己考慮，把所有利潤都拿走，不給員工利潤，也不關愛員工，只靠一些強制的措施要求員工，這時候員工就會鑽漏洞。甚至有的工廠少發薪水給員工，員工就把工廠的機器都偷偷拿出去賣了，這都是因為領導者沒有做好道和德的層面，所以規章制度就不起作用了。

老子說「若民恆且不畏死」，當道和德的層面都沒做到，你光靠法去管理，是不行的，因為大家不怕你了，「若何以殺懼之也」，你拿法去壓制他，是不行的。

很多人是二元對立思維，要麼說法制重要，只要法制，道德是胡扯；要麼說道德教育重要，法不需要。這兩種都是錯的，**道、德、法這三個層面一定要在同一個系統裡一起運轉，當道和德在前時，法才能發揮應有的作用。**

只靠法來運轉的公司，最後一定會倒閉

老子接著說「使民恆且畏死，而為奇者得而殺之，夫孰敢矣」。「使民恆且畏死」的意思是你先教化大家，你把道德做好了，大家生活安逸了，他們還會去犯法嗎？不會的，

這是「倉廩實而知禮節」。

當公司領導者把福利都給員工，不斷地關愛員工，員工會把機器偷出去賣了嗎？不會的，因為他的收入已經夠高了，他的內心會充滿感恩，會為了企業好好工作，這種時候他是不會觸碰到「法」的，這就是老子講的「使民恆且畏死」，你讓下面的人生活得幸福，他就不會想觸犯法律。這裡的「畏死」只是一個結果，因為他生活得很好了，根本不需要冒這個風險。這是老子講這句話背後的涵義。

「而為奇者得而殺之」是什麼意思？就是前面的道和德都做好了，大家就不會去犯法。如果有人就是想犯法，則要用法律懲戒他，「殺之」是懲罰的意思。「夫孰敢矣」，誰還會在生活好的狀態下去挑戰法律呢？不會的，沒人敢做這種事。

比如，世界上有很多戰亂的國家，不斷在打仗，他們的狀態就是「若民恆且不畏死，若何以殺懼之也」，為什麼會如此？因為當地的自然資源非常貧乏，領導者也未必會為普通人考慮，通常都是自己撈取得比較多，下面的人生活得非常貧窮。

當大部分人生活貧窮的時候，說明領導者在道和德的方面沒有做到，這時候法有可能就發揮不了作用了，有的人為了生活會去當海盜，他為了生計已經不怕死了。所以這時你拿法律管他，是管不了的，這就是老子說的「若何以殺懼之也」。

反過來我們再看有些國家，比如新加坡，新加坡的狀態就是老子講的「使民恆且畏死，而為奇者得而殺之，夫孰敢矣」。新加坡的前總理李光耀的家人都是學法律出身的，很多人都說新加坡是法治國家，是的，但新加坡不是完全靠法律。他們在道和德的方面做得很好。

比如道的層面，他們讓普通人生活得富裕，基本上人人都有房子住，領導者會買一塊地來建組屋，然後低價賣給大家。新加坡的房子，外國人去買價格會很高，但新加坡公民買非常便宜。

新加坡的公共設施也很好，街邊還有長棚，能為大家遮陽遮雨，讓你從家裡到地鐵站這段路程不會被雨淋濕、被太陽晒。我曾經講過，新加坡的企業家到商學院學習，可以向政府報銷60%學費，甚至有些課程能報銷90%的學費，就是為了鼓勵大家學習。因此，新加坡的經濟活力一直在全球的前幾名，這都是因為領導者要讓大家共同富裕。

在德的層面，新加坡有各種德育體系，我跟很多新加坡朋友聊天，他們都說自己週末會去做義工。

你看，一個領導者將道和德都做好了，他領導的人還會犯法嗎？幾乎是不會犯法的，犯法只是個別的人。

但老子也針對個別的人說「為奇者得而殺之」，如果你非要去犯法，那逮到你就會給予嚴懲。新加坡的鞭刑特別厲害，幾鞭子抽上去，皮開肉綻。有時候把哪個犯人抽壞了，還要送到醫院去養，養好回來再接著抽……所以，很多人一邊養病就一邊想，肉長好了還要再抽開。你說這一般人能受得了嗎？

因此，當道、德、法三個層面一起運行，法的壓力就會很小，只有極個別的人才會犯法。

你看這種管理狀態就與那些經常動亂的小國不同，這是兩個管理境界。老子在這裡反覆告訴我們，道、德、法三個層面要豁然貫通，不要單獨靠法來管理。

在公司裡也是如此，很多公司根本沒有道德層面的文化，領導者不關心員工，每天就研究我該怎麼多用點措施，多扣點員工的錢……這種領導者每天考慮的就是怎麼節省開支，公司的文化就是競爭，讓大家互相鬥來鬥去，你幹掉我我幹掉你，你說在道和德都沒有的情況下，公司列那麼多規則會起作用嗎？

有可能這些規則會讓公司運轉一時，但是各位記住，一定會有人去突破這個規則——最終多數員工就會採取「你罰吧，給我罰這麼多，錢也沒剩多少了，我不做了行吧」，這就是「若民恆且不畏死，若何以殺懼之也」。這種時候，你用法來約束，人家根本不怕了，規則也就變得沒用了。真正經營公司的領導者應該把道和德的層面做好，法是針對極個別出現的情況去用的。作為一個公司經營者，一定要認真思考。

02 法律應是道德的保護傘

若民恆且必畏死，則恆有司殺者。
夫代司殺者殺，是代大匠斫也。夫代大匠斫，則希不傷其手

領導者千萬不要代替管理部門，什麼都管

「若民恆且必畏死，則恆有司殺者。夫代司殺者殺，是代大匠斫也。夫代大匠斫，則希不傷其手。」這句話是什麼意思？

「若民恆且必畏死」，這句話說的是如果領導者道和德的層面做到了，但還有人非要去犯法，你在懲戒他的時候一定要「恆有司殺者」，應該有專門的管理部門來管理（「司」是有司，指專門管理法律的人員）。

「夫代司殺者殺」，指領導者代替司法部門去直接處罰，是不行的，這是「代大匠斫也」（「大匠」就是手藝高超的木匠，「斫」是砍削的意思），這句話的意思是你代替司法部門去處罰，就好比代替手藝高超的木匠去砍木頭。

老子認為，如果領導者越過司法部門干預司法，就相當於越權管理。結果會怎麼樣？就好比代替手藝高超的木匠去砍木頭，「則希不傷其手」──很少有不把自己的手砍傷的。

老子在這裡打了一個比方，人家有專門做法律工作的人，知道什麼樣的罪該如何懲戒（「殺」當懲戒講），他們處理得會很得當，你不是搞法律的，覺得自己是領導者，就越過法律部門去干擾法律工作，相當於你代替熟練的工匠拿刀去砍木頭一樣，你很容易把自己的手砍傷。

在老子那個年代，很多貴族都會越過法律來做一些事。老子是重視法律的，他覺得道、德、法三個層面要一起運轉，一旦領導者覺得自己比法律還高，越過法律代替司法人員去進行懲戒，則會導致系統混亂。

董事長事無鉅細什麼都管，公司必定會混亂

老子是非常有遠見的，且十分洞悉人性，為什麼？在一個管理系統裡，最高管理者設了司法部門後，總會覺得自己的位置高，我要高於司法，我可以直接去懲戒，一旦領導者越過司法部門去做事，司法部門要如何正常運行？

老子在那個年代指出的問題，對於現在的公司管理，同樣適用，而且這樣的事也非常多。有的領導者很聰明，設立好各個部門後，讓部門正常運轉，他不去干擾。但有的管理者不這樣，他覺得自己的位置很高，所有部門都是我建立的，所以他沒事就看一看，「你這個不行」、「你這個應該多罰點錢」、「你不要管了，我來處理，你把員工叫來，我去跟他談話」……

董事長直接管最底層的事，你說應該嗎？那管理人員的職權何在呢？他要怎麼去運行？他做什麼之前都要先問你：「董事長，你說這件事應該怎麼處理？」那你說他存在的意義何在呢？現在很多領導者都容易犯這個錯誤。

大家仔細觀察就會發現，只要董事長什麼事都要管，這間公司最後必定會混亂。大家都等著董事長做事，漸漸地掌管具體職務、具體操作的部門就會喪失功能，因為每件事董事長都會來干預，所以他們做什麼都要等等消息，看看董事長發表什麼意見——長此以往，公司的運轉就會一團糟。

這樣的例子我們見過很多，老子在這裡講了一個很重要的司法概念，大家自己領會就可以了。

一味用善良去對待他人對嗎？

經常有朋友會問我這樣的問題：「羅博士，你在講《道德經》時總是講與人為善，盡量做到無我利他，可是你碰到壞人怎麼辦？你碰到壞人不斷地作惡，你還要對他善良嗎？」

其實是這樣的，老子在《道德經》裡講了道、德、法三個層面，但他主要是針對領導者講的，所以《道德經》也是一本領導者素養的培養手冊，講道和德層面的比較多。若是還有人作惡，也是要使用法的。經常有人問我，面對一個惡人，我一直對他發出善念，但是沒什麼用，我還繼續這樣我不是虧了嗎？

在該行善時還是要行善，面對他人作惡，我們要及時制止——這是做人的一個準則。

前一段時間，深圳有一家公司（我估計是空頭公司），突然在網路上用我的名字註冊了一個「羅大倫官方網站」，我都不知道。網站裡模仿我的簽名，用我的口吻寫了一封公開信給大家，包括裡面的LOGO用的都是我的照片，網站裡在賣光碟，是我在中央電視臺《百家講壇》講課時的錄影，他們宣傳說已經賣出去了百萬套等等。

其實，一開始我不知道這件事，是有一位朋友告訴我說：「你挺火，上百度推廣了。」我上網用百度一搜我的名字，第一則就是賣光碟的這個訊息。這有點過分了，我的處事原則是盡量與人為善，我知道我的名字大家能用，是因為我有被利用的價值，大部分時候我也不太在意。我母親常說「你太容易被人利用了」，我總是覺得大家能利用就利用吧，我就這點價值……

這家賣光碟的公司如果偷偷賣，其實我未必管，可是都已經上百度推廣了，影響已經很大了，因為只要一搜「羅大倫」三個字，第一則和最後一則都是這家官方網站，弄得好像真是我的官方網站一樣，可是這件事跟我一點關係都沒有。

那麼，這有什麼害處嗎？他在網站裡賣什麼東西，裡面夾雜了什麼私貨我是完全不清楚的，比如發表一些擾亂社會和諧的言論，萬一有錯誤，我是負不了責任的。

我就覺得這件事要制止，雖然我與人為善，盡量發出自己的善念去幫助大家，希望大家都能越來越幸福，可是這件事完全越軌了，已經涉嫌詐騙了。因此，後來我跟中央電視臺打招呼，他們的工作人員一看，這整個都是盜版《百家講壇》的錄影，於是有關部門馬上責令司法部門發了律師函，後來百度就把這個廣告撤下來了。

我覺得遇見這樣的事，該用法就要用法，你一味用善良去對待他人，他們會變本加厲。我真心希望這些人能聽聽我講的《道德經》，能夠明白君子愛財，取之有道。按照道的原則做事，在社會允許的規矩範圍內做事，我覺得是可以的，你也會取得成功的。一旦你用自己的本事去侵權犯法，則是非常不可取的，這種行為也應該受到懲戒。

從這件事你就能看出道、德、法這三個層面要豁然貫通，缺一不可。

經常有人只講道德，可是沒有法的保護，惡人就會肆虐橫行。比如開車，有的時候開車從一個路口出去，大家都在排隊，但總會有車從路肩開過去，到前面去插隊，這時候大家都在排隊，如果這個犯法的人沒有受到懲戒，就會喚起別人心中的惡念，別人會想，他從路肩過去省了很多時間，那我要不要也這麼開一下？很多人會容易動搖，所以我們在有道和德滋潤的情況下，一定要有法來約束大家的行為。

在一個正常體系裡，道、德、法三個層面豁然貫通，一起運行，才能保障社會的有序運轉。

老子在《道德經》裡一直在講道、德，但是提到法的時候，他講的標準是非常嚴苛的，他告訴我們，作為領導者不要越過自己的級別去干擾司法程序，這個司法程序的有效運行對道、德的運行有非常強的保障作用。

一第七十七章一

下面的人管不動，肯定是上面的人撈取太多了

01 什麼是「拉弗曲線」

民之饑，以其上食稅之多，是以饑。
百姓之不治也，以其上之有以為也，是以不治

爲什麼人會挨餓？

「民之饑，以其上食稅之多。」這句話是什麼意思？

「民之饑」的「民」指普通人，普通人為什麼會餓肚子？「以其上食稅之多」（這句話我們選用的是通行本的寫法，帛書甲本寫的是「以其取食稅之多也」，這兩者本質上沒有區別，意思都是領導者收稅收得太多了。「以其取食稅之多也」，老百姓去謀生吃飯，要繳很多稅。通行本說「以其上食稅之多」，這個寫得很明確，指出是「上」，也就是領導者收稅收太多了）。為什麼大家會挨餓？因為上面收稅收太多了。老子有針對性地提出這種論述，是因為當年領導者管理無方，特別貪圖享受，導致錢不夠花，於是就靠拚命收稅來確保自己的花銷。大家做什麼都要繳稅，比如生孩子也要繳稅等，從而導致民不聊生。所以，老子

發出了這樣的感慨：「民之饑也」。當領導者總是覺得自己的錢不夠花，導致收稅收得特別多時，普通人就沒有活路了。我們看中國歷史，可以發現一個特點，只要稅輕的時候，大家都拚命工作，國家、政府都特別富裕；只要是收稅收得多時，社會則特別貧乏，國家經濟基礎也特別薄弱。

這種現象在經濟界叫「拉弗曲線」，指剛剛收稅的時候，政府的錢會增加，隨著收稅提高，政府的錢會減少。

提出這種現象的拉弗是美國南加州商學院的一個大學教授，也是一個經濟學家。他提出了這個概念之後，大家都認為很合理，因為當政府一再提高稅收時，大家會覺得我工作的大部分錢都被收走了，就沒有人願意從事經濟活動了。這樣一來經濟活動反而被抑制，導致大家沒有幹勁了，不願意把自己的資金投入經濟領域，整個社會的生產量也由此下降，政府收到的錢會越來越少。

如果你把稅降低，大家覺得自己能賺到更多錢，就都願意把錢投入經濟社會中去。這樣一來，雖然政府稅率變低，但因為整個基數變得非常巨大，所以收到的錢比原來多出了很多。

這種情況在漢朝時就表現得很明顯，漢初文景之治的時候，百姓休養生息，鐵、鹽都不收稅，大家自由貿易，沒有什麼限制。大家都拚命地工作，政府只收一點稅，大家越做越起勁，最後政府的收入也高了。

漢初的時候，基本上處於一種休養生息的狀態，但政府變得非常有錢——「貫朽粟陳」，國庫的錢多到花不完，放到繩子都斷了，穀子豐收多到吃不完，導致都爛了。

等到了漢武帝時代，不斷地東征西討，需要花錢的地方太多了，所以漢武帝不斷收稅，最後無論做什麼都要收稅。老百姓就覺得，無論我賺多少錢都會被收走，那我少賺點錢，能吃飽就行了，結果國家越來越貧窮。所以從漢武帝開始，漢朝一落千丈，逐漸走向了衰敗。

老子接著講，「是以饑」，意思是老百姓會餓。「百姓之不治也，以其上之有以為也，是以不治。」這句話的意思是有時老百姓會變得特別難治理，通行本乾脆說「民之難治」，百姓為什麼不好治理？原因是「以其上之有以為也」，因為上面統治者太有為了，太有目的，「有以為」指有目的地去做什麼，「有為」就是你太有作為了，這句話背後的涵義是什麼？領導者為了自己，覺得自己的利益不夠，於是開始「有以為」，不斷撈取，利用自己的地位為自己撈取就是「有以為」。百姓為什麼難治理？因為領導者為自己撈取太多，你不斷地想辦法利用自己的地位，為自己撈取，最後大家會想辦法抗稅、想辦法跟領導者鬥，這就是老子說的百姓難治，其根源都是領導者為自己收稅收太多了。

爲什麼人難治？

我舉一個例子，王陽明剛被任用的時候曾經當過縣令。這個縣特別難以治理，前面的縣令說自己要崩潰了，寧可去地獄也不願意在這裡當縣令，這個地方的人太狡猾了，而且非常喜好打官司，「我每天桌上打官司的案卷堆積了上千份」，而且有的人還願意進監獄，「你抓我吧，你把我抓到監獄裡我就有飯吃了」，你說抓不抓他？

因此，這個地方的人難治理是出了名的。王陽明來了以後就開始調查，為什麼這個地方這麼亂？

王陽明認為這種事的根源應該在於上面的治理不當，於是他就問這些人究竟是什麼原因讓他們總是打官司，一問才知道，都是收稅收太多，才導致大家「刁蠻無禮」。

當年皇上派來了一個收稅官，這個收稅官為了顯示政績，不管三七二十一，把稅一下增加了好幾倍。稅增加好幾倍那可不是小事，而且很多東西都不是這個地方出產的，很多都是一般人沒見過的東西，也要收稅。

有的人家裡被收得什麼都沒有了，家徒四壁，你說他們要怎麼生活？他們無法生活，只好打官司鬧，鬧完了被抓進監獄裡還管飯吃，這不是好事嗎？王陽明一看，根源就在這裡，所以他立刻就寫信，而且還故意讓皇上派來的收稅官看到，把鬧事的前因後果都寫清了，指明了就是因為收稅官多收稅所致。

收稅官一看，王陽明要把這件事捅出去，他嚇壞了，趕快跟自己的手下說，現在不能收稅了，先「對付」一段時間，等王陽明走了以後再說。於是，當地的稅真的一下子就降得特別低，萬民歡呼，大家不鬧了，都樂於去工作了。

然後王陽明開始辦書院教化大家，事情就這麼扭轉過來了。

為什麼王陽明第一次出山，就能把一個特別難治理的縣治理好？因為他找到了問題的癥結，他悟道悟的就是《道德經》的道，他明白了道，做領導者的心中要為大家去想，將其他的欲望全部放掉，這也是王陽明理論的核心——致良知。

因為他發出善念，能體察到眾生的痛苦，才能找到問題的癥結，從而正確地解決問題。所以，老子講的這些是真正的領導者法則，我們如果能領悟，對自己的管理工作會有非常多好處。

02 誰生活好了，都不想輕易去死

民之輕死，以其求生之厚也，是以輕死。
夫唯無以生為者，是賢貴生

衆生爲什麼怕死？

「民之輕死，以其求生之厚也，是以輕死。夫唯無以生為者，是賢貴生。」這是本章的最後幾句話。

我們先看「民之輕死」，意思是大家為什麼不怕死？正常人應該怕死，但是誰生活好了，都不會輕易去死，螻蟻尚且偷生，美好的生活會使人留戀，為什麼大家「輕死」呢？

「以其求生之厚也」，因為老百姓都想過上富裕的生活，「是以輕死」，一旦領導者為了自己「求生」而撈取太多，下面的人就沒有什麼幸福可言了，因為他們的利益都被領導者撈走了，所以就不怕死了。

當領導者為自己不斷撈取的時候，大家的利益就會受到損害。老子講的是領導者的框架法則，領導者在自己的平臺上，考慮自己的利益多一點，就會被無數倍地放大。

普通人為自己多考慮點沒事，因為他沒有那麼大的力量。可是領導者的資源、平臺都在那裡，下面人會不斷迎合，為他提供資源，貪官都是犯了這樣的錯誤，不然貪官的家裡怎麼會有好幾億？這都是因為他占有資源，一旦他利用資源為自己撈取，則會出現問題。

老子接著講「夫唯無以生為者，是賢貴生。」這句話是什麼意思？「夫唯無以生為者」的意思是，只有不只為自己的利益去做事的人，才是真正悟道的人。「是賢貴生」中的「貴生」是讓自己的生命尊貴，把自己的生命看得非常寶貴的狀態。「是賢貴生」的意思是比單純考慮自己生命狀態的人要賢德、高尚得多。

這句話的意思是，那些不單純為自己生命利益考慮的人，比那種只覺得自己生命很尊貴的人要高尚、賢德得多。

老子講入世，莊子講出世

老子在《道德經》裡一直在講無為，很多人都認為無為就是什麼都不做，放下一切，盡量無所作為，這樣做就是在順應自然之道……其實這種話是很虛的。

很多人一提起「老莊」，都認為其帶來的是一種消極避世的思想，比如你的工作比較繁忙，煩心事太多，你就應該看看老莊之書，學習老莊之道。大家都習慣把老子和莊子綁在一起，認為老子和莊子的思想比較接近，其實不是這樣的。

老子和莊子的思想是完全不同的，老子講的是治國之道，如何以出世之心，放下自己的私利，為眾生做事，這樣你不僅能將事情做得更好，也能讓眾生更幸福，老子求的是眾生的幸福之道；莊子則把老子入世的內容去掉了，他是講出世的，你如何才能夠放下欲念，進入一種逍遙之境，簡言之就是把自己徹底放鬆，心與萬物融為一體。

莊子的文采特別好，他講的《莊子》，確實有他的思想內涵在裡面。一個人非常煩惱的時候看《莊子》，會被他的魅力所折服，覺得自己應該放下。這是《莊子》的魅力，但是莊子講的絕對不是治國之道，也不是具體做事的道理，他講的是一種哲學思想，而老子講的是如何好好地做事。

後世的很多人經常會把老子和莊子合在一起，以為莊子了解老子，莊子口中的老子才是真正的老子，這叫以莊解老，大家從《莊子》去看《道德經》，結果看到的都是《道德經》虛無（放下）的那一面，沒有看到老子放下自己以後積極地做事的一面。本來按照老子做事的理念，你會是一個非常好的領導者，能夠帶領大家走向幸福。但你從莊子看老子以後，就偏於向虛無方面理解，逐漸將老子講的無為變成了逍遙、放下、不去做等。一些將其解成不妄為、不過分干擾的人，已經算是不錯的解法了。

實際上，真正的老子應該比大家想的要入世得多，他想的是如何讓眾生幸福，他是一個特別愛惜眾生的人。如果你把這樣的人解成一個消極避世的代表人物，是非常可惜的。而這種讓人們生活幸福的理論，被理解為一種逃避現實的理論，也是對老子的誤解。所以，我們學習《道德經》，就一定要讓經典煥發出它本來的光彩。

這一章最後一句話「夫唯無以生為者」，特別彰顯了老子講的無為是什麼，就是充分表明了不要僅僅只為自己的生命利益考慮的意思。

如果領導者有這種境界，不去想自己的地位有多高、生命有多麼重要，就是踏踏實實為眾生做事，這種人「是賢貴生」，比那種特別講究自己的生命有多麼重要的人要高尚得多，這才是更接近道的人，只有這樣的人才能真正團結眾生，讓大家跟你一起往前走。

老子這裡講的無為是對自己的，對待他人則要去作為。《道德經》講過「天之道利而不害，聖人之道為而不爭」，告訴我們領導者對待眾生要為，「為而弗爭」才是聖人之道。

為什麼我一再強調這個核心理念，因為你只有明白了「為」和「無為」的真正涵義，看《道德經》時才能真正看懂其深意。

第七十八章

什麼樣的人，能處處見生機

01 人越是「堅強」，越沒有生命力

人之生也柔弱，其死也堅強。萬物草木之生也柔脆，其死也枯槁。故曰：堅強者死之徒也；柔弱者生之徒也

堅硬的東西都屬於走向死亡的一類

「人之生也柔弱，其死也堅強。」（這是通行本的寫法，這句話在帛書本中寫的是「人之生之柔弱，其死也筋肕堅強」。「筋肕」這兩個字是我們推測的，帛書乙本的寫法是「其死也䏐肕堅強」，「䏐」這個字寫出來沒有人認識。這個字顯然與身體相關，但到底是什麼字，歷史上沒有任何記載。經過後世的考證，認為這個字是「筋」字。因為這兩個字無法最終確認，所以這句話按照通行本來講。）這句話是什麼意思？

人活著的時候是柔軟、柔弱的，比如剛出生的小孩，身體摸起來特別柔軟，此時他是最有生機的，所以人在有生命力的時候身體是柔軟的；人死了以後，筋骨會變硬，所以人越「堅強」，越沒有生命力。這是老子觀察到的一個獨特的現象——人活著的時候比較柔

軟，死了之後會僵硬。

「萬物草木之生也柔脆，其死也枯槁。」這也是老子觀察到的一個現象，意思是萬物、草木活著的時候是柔軟的，隨著風來回飄搖。可是當草死了，就會乾硬枯槁，裡面沒有綠色，就剩黃色的莖在那裡立著。

老子透過觀察這兩個生命現象，得出了一個結論——「故曰：堅強者死之徒也；柔弱者生之徒也。」這句話的意思是堅硬的東西都屬於走向死亡的一類，柔弱的東西都屬於存活的一類。老子在這裡把萬物歸成兩類，一類是柔弱的，一類是堅強的。我們看了這段話也不用非得找出一個東西來說它死了很軟，活的時候很硬。

在這裡，老子只是大概講萬物分為這兩類，有時候我們觀察萬物也會發現確實如此，比如草木，它在活著的時候柔軟，因為它內部充滿了汁液，汁液可以不斷往上面輸送營養，每一根草都能被滋潤。當它死了以後，沒有營養往上輸送，裡面沒有汁液了，就只剩下外面的纖維組織了，所以會變得又硬又脆。

動物也是如此，比如有天我看到了一隻蛞蝓，黑黑的，軟軟的在牆壁上爬。牠活的時候特別柔軟，一點點地爬，像鼻涕一樣。如果牠沒有及時在太陽出來之前，藏到陰涼的地方，一旦爬到一個太陽出來能晒到的地方，比如爬到一塊水泥石頭上面一晒，很快牠就會被晒死。死了以後，牠的身體會特別堅硬，摸起來的感覺就像在摸一塊石頭。

因此，無論是動物還是植物，有生命力的時候，有液體滋潤的時候，它的組織會柔軟。如果失去了汁液，生命力也就喪失了。

古人怎麼形容生命力？說這是陰陽合和之氣，是一種精氣，人的肢體裡有精氣才得以運動，呈現出柔軟的狀態。如果你的精血或津液都喪失了，陰陽合和之氣沒有了，只剩下組織，人就會死亡，整個組織也會逐漸變得僵硬。

因此，這種合和之氣、滋潤的物質，是生命的基礎，至於外面的纖維組織，只是外在呈現的一個框架而已。一旦喪失內質，外面的框架是沒有用的。

老子這裡在講什麼是根基，什麼是外在的東西。並不是單純地在講花草動物，實際上老子在說我們的生命或者一個組織的運行，核心是那些柔弱、能滋潤大家的東西，比如關愛等道德方面的東西，這些才能真正讓組織有生命力。而那些看似堅硬的東西，都只是最後一個層面的防護而已。如果你單獨依靠它，沒有道德的滋潤，就是「死之徒」，最後你的組織就會死亡。

老子的《道德經》表面講的好像是自然界萬物，其實都是透過打比方，來講組織管理，組織怎麼才能正常運行。如果你懂得了這個道理，再去管理企業，再去做事，就會完全不同。

績效考核已經是西方二三十年前的管理手段了

記得有一次我在商學院講課，一位企業家聽完那堂課後非常激動，他說他們的企業是幾個人合夥做的，現在員工有上千人。以前，員工過生日時他們都送蛋糕，並且還有各式各樣關愛員工的福利，比如公司的專車等，大家的幹勁很足，企業發展也蒸蒸日上，迅速地成了這個行業裡不錯的企業。

後來，他們的一位合夥人（是這家公司的董事長，別的合夥人都是經理），不知道在深圳聽了什麼課，講的是企業的有效管理，如何管理能讓員工更有效率地工作。他聽完以後著迷了，然後從管理系統請了兩位經理專門來抓公司的管理，這兩個經理來了以後，先取消了生日蛋糕，又取消了專車……

很多員工上班很遠，取消專車以後，在路上就需要一個半小時。後來教員工健身的專案也逐漸取消了，從此績效考核第一。整個企業變得冷冰冰的，以各種方式對員工罰款，很多員工的收入開始減少。

本來他們的企業是逐漸走向道、德、法三個層面的，他們是有這個基礎的。因為沒有理論支撐，以前沒有聽過《道德經》，因而被那些所謂的西方管理引導向錯誤的方向。

其實績效考核已經是西方二三十年前的管理手段了，現在西方已經在道德層面大大加強，開始重視企業文化了。可是中國很多做理論的人，還將西方二三十年前的理念，當作先進理念分享給企業——必須績效考核，越省錢越好。

用這種方法管理企業之後，逐漸讓企業失去了道、德，只留了一個法，這是一種很低級的管理層次。

結果怎麼樣呢？原來企業每年的利潤都是成倍增長，就算在經濟下行的趨勢下，利潤也在不斷地增長，結果這兩個「專業」的管理人員來了以後，業績開始急速下滑，很多跟著創業的老員工都離開了，甚至包括很多高層，都覺得在這裡工作得不舒服。

這是什麼原因？這就相當於把植物體內的液體全部抽乾了，把道德層面的東西拿掉了，只留了一個「堅強」的法，本來應該是道、德、法三個層面一起運行的。我在前面講過，法的良好運轉一定要由道德層面來滋潤，才不會引起更多衝突。一旦你把滋潤的東西去掉了，就像把草的汁液抽乾了一樣，你說它還能活嗎？這是會出現問題的。

因此，老子講：「堅強者死之徒也；柔弱者生之徒也。」這些生硬冰涼的規定，導致了員工凝聚力喪失，企業開始走下坡路。

後來，那位企業家跟我說：「羅老師，我們回去一定好好學習，好好思考一下我們的方向是不是走錯了……」

我聽了以後說：「要盡快改變這種狀態，因為你的公司有一千多名員工，你要為員工的前途考慮啊。」

《道德經》的智慧已經傳承了幾千年，這些智慧都是由經驗不斷總結，最後提升得到的，如果我們能應用在企業管理中，會特別有好處。

老子講的道理應用在生活中也是如此，比如有的人性格特別強硬，他總是把強硬的一面展示在外面，實際上這體現的是一種爭奪之心。

只要有爭奪之心的人，就會顯得特別強硬，且很有攻擊性；另外一種人看起來很柔弱，因為他有愛心，他會以關愛去和別人溝通，好像做什麼都是為了大家。

你說這兩種人，在同一個組織裡，哪一種人能夠活得更好，而且為組織帶來更好的導向？一定是後面那種人，只有整個組織溫暖了，大家互相幫助，整體的戰鬥力才會提升。而一個有爭奪之心的人，在組織裡不斷跟別人爭奪，別人也會逐漸加強戒備之心，導致整個組織的凝聚力下降。

這兩種人生態度，會導致你生活的環境截然不同。老子的這句話很有意思，他說「堅強者死之徒也；柔弱者生之徒也」，如果你能夠仔細體會一下這句話，你會發現生活中就是如此，這是高度智慧的總結。

02 別太強了，會輸的

是以兵強則不勝，木強則烘。故強大居下，柔弱居上

管理層面上，你要先做到道和德，法才能良好運轉

老子接著說，什麼是「兵強則不勝」？意思是如果軍隊太強，最後反而打不了勝仗。這是什麼原因呢？兵強不是能打勝仗嗎？我在前面講過這個道理，如果軍隊特別強，管理者只是一個法層面的執行者，你的軍隊強，就會拚命和周圍打，從而不斷樹敵，最終你一定會全盤皆輸。

這種單純依靠軍隊四處征討的國家，春秋戰國時期有很多，但這些國家最後都敗亡得很快。這就是老子說的「是以兵強則不勝」。

從全域考慮，如果你沒有施行仁政，只靠軍隊，是無法長期維持勝利的。所以孟子說「仁者無敵」，說的是領導者要發出仁愛之心，讓大家來歸服你，這才是領導者的根基。如果你光靠法去運行會出現問題的。

「木強則烘」(古代的「烘」字和「恆」、「筋」都是同音借用),這句話的意思是,一旦木頭強硬,裡面的津液沒有了,只剩下了纖維組織,它就會變得很乾燥,很容易被人砍來點火、烘烤。

老子看到這些現象後,總結說:「故強大居下,柔弱居上」。這句話的解法有很多,有的人說「強大居下」的意思是強大就開始走下坡路,柔弱處於走上坡路,有上升的趨勢。我們要把握上升的趨勢。這種解法是一種比較合理的解法。

還有的人說強大的東西必須放在下面,柔弱的必須放在上面。比如樹根非常強大、強硬,所以樹根在下面,而柔弱的枝條都在上面。

這句話到底是什麼意思?按照我的看法,老子是在講順序的問題,就是說在道、德層面,這些看似柔弱的東西一定要放到上面,比如在道、德、法這三個層面的順序裡,最重要的是道、德,然後再講法,這種強制性的東西要放到下面。

老子講的這句話,如果你理解成柔弱的,要處於一種上升趨勢的,可以以此來指導我們人生。如果放到管理層面,我覺得「柔弱居上」指你要先做到道和德,法在下面才能良好運轉,因為最後一個層面是防止出錯,具有保護性的措施。

如果你能理解這個,在管理組織的時候,就會管理得特別好。

管理的真諦：把「道、德」層面的內容做好，將「法」（績效考核）放到後面

我在前文提到的企業，本來在關愛員工方面做得非常好，企業蒸蒸日上，可是請來了單獨靠法來經營公司的管理人員後，整天搞績效考核，把道和德層面的東西全去掉了，覺得沒有必要，浪費成本，結果短短一年企業的業績迅速下滑。

這樣做，企業就是把居上的「柔弱」去掉了，只留了一個「法」。

相反的例子也有，比如前一段時間我到溫州一家企業參觀，這家企業是一家影視有限公司，拍過很多影視劇。我為什麼會去影視公司參觀呢？大約在幾年前，我到上海的中歐國際工商管理學院講過一次課，當時是夏天，地點定在了長白山。當時我講的內容就是關愛的企業文化在企業裡的作用。這家影視公司的老闆也去參加了課程，他聽完後非常感動，找到我說：「我聽得都流眼淚了，特別感動。之前我的企業有十多個人，就是用績效考核來嚴格管理……」

聽完課以後，他認為管理企業應該關愛員工。於是回去以後，他完全改變了公司的經營方式，在很多方面都開始實施關愛員工的措施，比如買車給員工，幫助員工貸款買房子等。沒想到增加了這些福利措施後，公司不斷地有員工加入，人也越來越多，員工都煥發

出很高的工作熱忱。他說最讓他意想不到的就是，以前公司的一名普通員工，現在都能獨當一面了……現在拍劇也不用他親自去了，員工們都自己去負責專案，有的劇組他連去都沒有去過。

一批批的員工不斷地成長起來，公司的管理層都非常年輕，而且能夠獨當一面。公司的活力倍增，幾年前也已經上市了。

你看，這就是企業文化改變為公司管理帶來的改變。現在，他們企業的管理層都在聽《道德經》，在學習國學，每個人都覺得自己的改變非常大。所以後來他就對我說：「羅老師你一定要來，來參觀參觀我們企業，為我們講講課。」他邀請了我很多次，當時我覺得這家企業能真的這麼做，讓我很有感觸。沒想到去了以後我的感觸更深，真正接觸到他們的員工以後，有的員工跟我說，留在這家企業就是因為這家企業的文化跟自己之前做過的所有企業的文化都不一樣，在這裡工作覺得特別有希望，也願意留在這裡工作。

你看，這就是企業文化的力量。這種力量特別巨大，能讓整個企業煥發生機，這就是老子講的「柔弱居上，強大居下」。首先，你要做的一定是關愛，是道德層面的內容，你把道德層面的內容做好，將法——績效考核放到後面，法只是為了防止出現問題後的補漏措施，絕對不能作為一家企業的全部文化。一旦企業完全靠績效考核來運行，就變成了一家冷冰冰的企業，員工的積極性就會受到打擊。

當你把關愛放到前面，績效考核放到後面，你會發現企業想要績效考核的內容，可能員工早就做到，而且超額完成了。這就是老子講的領導者法則的奧祕。

「第七十九章」

大腦裡善惡並存——動念即人生

01 富人不會一直富，窮人不會一直窮

天之道，猶張弓也。高者抑之，下者舉之

天之道，就像開弓一樣

「天之道，猶張弓也。高者抑之，下者舉之。」這句話是什麼意思？老子說天之道就像拉開弓一樣，「高者抑之」，高的地方就把弓弦向下按；「下者舉之」，低的地方就把弓箭向上抬。為什麼說「高者抑之，下者舉之」？很多人對古代的弓不了解，所以對這句話的理解也不是特別透澈。

弓是弧形的，當你在拉弓的時候，弓的兩頭本來在低的地方，一拉會更低。真正的弓很複雜，它是半圓形非常堅硬的木頭，並不是在半圓的兩端拉根線，線一繃緊就可以了。而是要反過來，把兩個頭向另外一側扳過去，把整個弧形反過來，在另外一側拉一根線，這時候弓的張力會非常大，能把弓拉開的人，是不得了的。

因此，用古代的弓射出一支箭，能射得很遠很遠，甚至把人穿透，這就叫角弓反張，

實際上弓上面用手握著的地方是用動物的角來做的。一般真正熟悉兵器的人都知道，角弓反張才是拉弓的狀態。

在拉弓的過程中，弧形的最高處變成了最低的地方，弧形兩端最低的地方又推上去，變成了最高的地方，這叫「高者抑之」，高的地方給你往下壓，「下者舉之」指低的地方把弓弦往上推。

在中醫裡有一種病，叫「角弓反張」。當一個人患比如熱性病產生痙攣，有的時候是往前面拘攣，有的時候是往後反著痙攣，就是這個人頭、腳朝後，整個人像一張弓，背後突然繃緊的狀態，就叫角弓反張。這種情況，多數是因為這個人體內的津液不足，沒有辦法滋養經絡，導致經絡緊繃，處於一種痙攣狀態。如果在調理的時候，知道這是熱症，首先就要疏通經絡，同時補充津液。

我父親曾經有過這種狀態，他患有帕金森氏症，有的時候就會往後反，在椅子上繃起來，往後仰，沒有辦法在椅子上坐著，會往下滑。當時我想，怎麼會不斷地往後挺，腦袋一直往後用力？後來，我知道這是角弓反張，是體內需要補充津液。

我給父親用的是張仲景的方子，先用桂枝湯打底，再加上一些滋陰的藥，如天花粉、沙參、麥冬、生地等。給他用藥以後，情況立刻得到好轉，非常有效。

古人對這種情況總結得非常清楚，老子也利用了角弓反張這個詞來形容天道。

人的能量總會回到平均的狀態

老子用張開的弓來比喻天之道，到底想說什麼呢？如果你能把時間拉長，提高自己的視角，你看事物的眼界變得更廣時，你會發現世界上每天都在發生著各種跌宕起伏的變化。從整體上來講，人的能量總是會回到平均的狀態。

比如有的人特別富裕，他的家族會一直富裕嗎？不會的。只要家裡稍微揮霍一點，最終又會變成普通的老百姓。

我曾經講過，明朝末年時，有太多有錢的人家收藏古代的名人字畫，收藏量幾乎可以跟皇帝相比。可是這樣的家庭，不用多看，看第二代、第三代，基本上就都敗落了。因為家裡不斷花費大量的錢收這些字畫，傳到孩子那裡的時候，孩子也沒有正經工作，就開始揮霍，沒錢了就賣畫，結果賣來賣去，這些畫又很快回到了民間。

因此，你千萬不要以為富人會一直富，窮人會一直窮。都會改變的，富人不努力，只知道揮霍，則會變成窮人；窮人經過努力，一點點累積財富，則會變成富人。

如果縱觀人類，你會發現人類就像海裡的波浪，有時會翻起很大的浪潮，但終會退散歸於平靜；有的海會有波紋，但可能下一秒這個波紋就會消失。

整體來講，我們不要因為浪潮翻湧，就覺得自己了不起。比如有的領導者剛升上來，會覺得自己的地位這麼高，我如此尊貴，大家都要尊重我……

事實上，很多東西轉眼就會消失，無論過去你多有地位，退休後你還是會和普通人一樣去公園打太極拳。因此，不要覺得這些事是永久的。

老子說的「高者抑之，下者舉之」，真正的涵義是告訴大家，如果領導者處於高位，千萬不要覺得自己如此尊貴，如此聰明，如此有雄才偉略。你別這樣想，要懂得把自己放低，你要知道這些都是瞬間出現的，沒有那麼重要，你為大家多做點事才重要。而且作為領導者，不要覺得員工低下、員工都是笨蛋、員工怎麼不行……不要這樣想，每個人都有他的優點，盡量把員工抬高點，這叫「下者舉之」。

只有能夠經常想到員工的利益，為員工多去做事，把自己放低，把大家的利益看得重一點，才稱得上是真正的領導者。

順境時要時時低調做人

老子在《道德經》裡一直在講要把自己放低，多為大家做事的道理。有的人聽了之後會覺得困惑：「羅老師，你把如此玄妙的經典，講得這麼通俗，讓人覺得老子講的道理好像都很簡單。」其實，《道德經》真的沒有那麼玄妙，老子說「吾言甚易知，甚易行；天下莫能知，莫能行」，意思是我講的道理太容易了解，太容易做了，可是因為大家的私心太重，都不願意去做。

雖然老子講出了天之道，講出了世界本源運行的規律，這些內容看起來很深奧，但他將其都具體落在了簡單的日常操作上。我覺得老子的理念，重點就在如何讓大家團結起來一起好好做事，這是需要好領導者帶領的，所以老子不斷地講領導者法則，講作為一個領導者怎麼才能把大家凝聚在一起。

如果你看了《道德經》，會發現老子處處話中有話，每一個地方講的都是同一個道理，都能落到領導者法則上。

那麼，如果一個普通人按照天之道做事，要怎麼做呢？

「高者抑之」是說當你的地位處於上升狀態時，要盡量把自己的位置放低，認識到自己沒那麼重要。把自己放普通一點是沒有壞處的，一旦你把自己放高，就會覺得自己了不起，言談舉止中難免就會得罪人，長此以往你會失去大家的信任，大家會逐漸遠離你。

人心非常容易膨脹，一旦你產生自滿，很多你本應學到的東西就學不到，很多你該做的事你也不屑去做了。

因此，「高者抑之」是一個重要的法則，順境時要時時保持放低自己的心態。

「下者舉之」可以理解為當你處於低處時，盡量放輕鬆一點。另一種涵義是你對待周圍的人，尤其是地位不如你或某些條件不如你的人，盡量先考慮他們的利益。如果你這樣做了，大家一定會來成就你、支持你。

02 天之道，從來都是雨露均沾

有餘者損之，不足者補之

錢是一個通物，永遠是在不斷流通的

「有餘者損之，不足者補之。」這句話老子在告訴我們，整個社會處於一種平均的狀態，這期間雖然有起伏，但有餘的會慢慢減損，不足的會慢慢補足。

社會也是如此。前兩天有一則新聞，在一檔電視節目裡，一個女明星說：「我們家一個月的伙食費七萬塊。」我當時一看覺得很好玩，現在社會上這樣的家庭有很多，特別有錢。但是錢也在消耗，比如他們家一個月伙食費七萬，你說她吃了什麼東西？只不過是花樣不同而已。

錢是一個通物，永遠是在不斷流通的。比如你花一千多萬買一輛名車，這輛名車每天都在減損，終有一天會是一堆廢鐵。但你的這些錢分出去了，賣車的人、製造車的人得到了抽成，廠家、經銷商慢慢把這個錢就分掉了。所以，這些錢只是暫時在你的手中，之後會逐漸回到老百姓的手裡。

有時候因為某種遊戲模式，財富會聚集在一個地方，但是很快又會用另外的遊戲模式，將財富慢慢分解掉。

我曾向大家推薦過《保富法》，這本書講的就是曾國藩的後代，眼見著當年上海灘的富豪，到了第二代、第三代，基本上家裡已經破產了，很少見到有一家能保富的。這本書告訴我們一個道理，財物是在不斷變化的。這就是天之道，也是整個社會的運行規則。

這也是老子講的一個重要法則——公平，公平的法則非常重要，這個法則是我們與生俱來、遺傳在大腦裡的基因。人的大腦皮層裡會遺傳很多道德要素，以前我們認為這些道德要素是統治階級制定出來教化百姓的，其實不是，是遺傳來的、淘汰來的。

每個人生下來就有這些道德要素。國外的心理學家做過大量的測試，發現嬰兒是天生的公平主義者。比如分東西，讓沒有受過教育、六到九個月的小嬰兒分東西，如果涉及自己和別人的時候，嬰兒會多分給自己多，因為他的大腦裡有為自己的那一部分，我們稱之為邊緣系統，也就是動物性，這是本能；如果要嬰兒分給別人，不包括自己，比如說面前站了五個人，給嬰兒幾個梨子讓他去分，嬰兒則會平均分配。

研究顯示，比如你給一個嬰兒六份禮物，讓他分給五個人，嬰兒會先平均分掉五份禮物，對於多出來的一份禮物，絕大多數嬰兒寧可把它扔掉、破壞掉，也不會多給誰一份。

這個研究證明，人類是天生的公平主義者，這是與生俱來的。公平、忠誠、關愛，這些道德要素是非常重要的，為什麼人類會有這些道德要素呢？

在人類進化過程中，如果不公平，就沒有辦法結成團隊。比如我拿一塊肉，給你多點，給他少點，或者不給他，就會導致團隊解體，少給的或者不給的人會覺得不公平。因為公平，才讓大家得以存活，團結在一起，對抗惡劣的自然環境。

那些不公平的團隊，最終會散掉，在競爭中被淘汰出局。這是遺傳下來的基因，所以，公平是人與生俱來的道德要素。

做人做事，要盡量保持一個平靜、平均、平衡的狀態

致良知，是王陽明理論的重要學說，良知在哪裡？天理在哪裡？

王陽明認為天理就在你的心裡。實際上天理是人遺傳來的道德要素，當年沒有心理學實驗，大家不知道這個道理。王陽明說天理就在你的心裡，不要外求。比如你該不該孝敬父母？你的心裡是有答案的，一清二楚。

研究顯示，其實三到九個月的嬰兒已經知道什麼是善、什麼是惡了，這些道德要素是

與生俱來的。公平是這些道德要素的其中一種，它在一個團隊裡、社會裡特別重要，如果破壞公平，人類社會就不能稱為人類社會。

比如說公司裡發獎金的時候，大家的工作都是一樣的，但有的領導者就會出現這種問題——這個人是我表弟，我給他五千元；那個人我不太熟悉，反正他平時也不跟我說話，給他五百元……如果像你這樣分配獎金，你的公司會越來越團結嗎？絕對不會。

拿五百元那個人會說，憑什麼？這些人會心生不滿，團隊就沒辦法建立凝聚力，逐漸就會散掉。公平是一個團隊的基石，它和關愛、忠誠的重要性是一樣的。如果你把公平的原則破壞了，你的團隊會逐漸解散。

很多人以前沒有注意到公平的重要性，實際上公平是非常重要的一種人類運行原則，老子講的「有餘者損之，不足者補之」，就是在講公平。「有餘者」指領導者，已經到了高位，「損之」，就是要懂得盡量減損自己的欲望，比如追求名譽、地位、利益等，不要抬高自己的欲望。「不足者補之」的意思是對於團隊其他成員，要盡量給予優惠和好處，給他們福利，讓他們「補之」。

這樣做是符合天之道的，你明白了這個道理，按照這個原則去做事，你的組織就會越來越有凝聚力。天之道在哪裡？王陽明說，天理自在人心。天之道與我們的心裡、大腦裡遺傳的道德要素是吻合的。明白這個道理，你就知道，人世間就是按照這個法則運行的，你想生活得好，就按照這個法則去運轉，這是老子在《道德經》講的核心內容之一。

如果把《道德經》的核心拿出來，你會發現，這些內容跟王陽明講的天理是一樣的，跟現代心理學家講的大腦遺傳的道德要素也是一樣的，因為道是貫通的。只有按照天之道運行，才能在競爭中不被淘汰。

大家明白這個道理以後，如果在做事時，能按照這個法則去做，你會做得更好。因此，老子說「有餘者損之，不足者補之」，是在告訴我們，做人做事要講求公平，我們要盡量保持一個平靜、平均、平衡的狀態，這是非常重要的。

我們身體跟天之道也是相呼應的

「有餘者損之，不足者補之」這句話，用在身體的調理也一樣。比如你天天吃大魚大肉，這是「有餘」的狀態，你應該「損之」，要少吃一點，多消耗一點，盡量多吃蘿蔔、白菜，幫助身體做清理。

「不足者補之」的意思是，有的人很虛，比如說腎精不足，會出現上面有熱——突然口腔潰瘍、突然牙疼、突然嗓子疼、突然眼睛紅等症狀，下面有涼——腿腳冰涼等症狀，這類人的舌頭顏色通常是紅的。

在我的公眾號「羅大倫頻道」裡，我講了很多腎精不足的病例，非常有趣。這時候如果單純地治口腔潰瘍、牙疼，則效果不佳，但只要滋補腎精，火立刻就下來了，這些症狀會得到緩解，這就是老子說的「不足者補之」。

因此你就知道，我們的身體跟天之道也是相呼應的。

03「知善知惡是良知，為善去惡是格物」

故天之道，損有餘而益不足。
人之道則不然，損不足而奉有餘

公平的原則

「故天之道，損有餘而益不足。人之道則不然，損不足而奉有餘。」這句話是什麼意思？

我們前面講了「天之道，損有餘而益不足」，意思是「天之道」一定會慢慢趨向於平靜，你如果什麼地方多了，它會慢慢讓你恢復正常，你不足了，會慢慢為你補上。

事實上，天之道就是在講我們心中公平的原則。

人之所以和其他哺乳動物不同，就是因為懂得互相協調、公平交換，因為這些因素我們才能一起生活，對抗惡劣的自然環境。比如風來了我有房子住，這個房子是建築工人蓋的，我把自己透過勞動換來的錢，給建築工人、給開發商等，這是一種等價交換。

大腦有三重結構：腦幹和小腦負責基本的運動；往上一級是邊緣系統，下視丘、視丘、海馬迴、杏仁核等，這塊邊緣系統裡有很多動物性的東西，比如掠奪、獲取等；更高一層是大腦皮層，這塊區域的分布特別大，絕大部分內容負責溝通與協調，這裡面包含了很多遺傳的天性，如善、公平、關愛等，專門用來抑制很多自私、暴力的想法。

我現在跟大家講的理論內核，是由大量國外學者研究出來的，我們之前一直認為道德要素是統治階級制定出來教育百姓的，現在透過大量對嬰兒的研究發現，只要大腦開始發育，你的心裡就有道德要素，就知道要公平、要關愛。在這部分內容裡，特別重要的一個原則就是公平，如果有公平，大家的幹勁就多，不公平則會出現問題。

比如過去很多老人，不管家裡有幾個孩子，都會偏心兒子，感覺女兒好像不是那麼重要。我見過好幾個老人都是這樣，處處照顧兒子，對兒女分房子不公平、分錢不公平等。一共四個孩子，一個孩子多一套房子，一個孩子沒房子，這種不公平就會導致孩子之間出現矛盾。有的孩子境界高一些，不在意這些，自己奮鬥也可以，但是不公平會讓人的心裡不舒服。

這個不舒服從何而來呢？是遺傳來的，每個人的腦子裡都有渴望公平的基因，如果你對他人不公平，對方會覺得不舒服，除非他的境界特別高，不在意別人怎麼對待自己。

我見過的幾個這樣的家庭，都是孩子之間各種矛盾，和老人之間的矛盾也很多。我當時就想，為什麼會這樣？後來我發現，最重要的就是老人沒有做到公平，一個家庭裡，媳婦和女兒都是家裡的兩個女性晚輩，可是老太太就覺得我的女兒不能做事，媳婦到我們家來就是要做事的。

這種婆婆對女兒和媳婦會有兩套說辭，對女兒會說「你身子太弱了，別做事，男人才應該做事」，對媳婦則會說「女人就是做事的命」。她對待這兩個人是不公平的，所以媳婦就會感到不開心，「為什麼好吃的你都給自己女兒吃，做事的時候卻想到我了，我們都叫你媽，憑什麼這麼對我」，這種不公平會導致家裡出現各種問題。媳婦是很賢慧的，但是婆婆的不公平做法會引起她的反感，這是人的本性。

善和惡，每個人都有，盡量把善的留下，把惡的去掉

王陽明有四句非常著名的教言，他說這是他修練心學的核心內容——「無善無惡心之體，有善有惡意之動。知善知惡是良知，為善去惡是格物。」

「無善無惡心之體」，就是你的心裡本來是沒有善惡的，一個剛生下來的小孩什麼都不懂，只知道吃、哭、睡而已，他沒有別的念頭。

「有善有惡意之動」，當你的念頭一動時，就有善有惡了。這裡的善和惡指什麼？這個善和惡每個人心裡都有，孟子認為「人之初，性本善」，儒家大師荀子認為「人之初，性本惡」，究竟誰對誰錯？我們生下來，只要大腦發育，就有了善和惡，既有邊緣系統為自己撈取私欲的部分，也有協調、關愛、公平的這部分，所以每一個人的心裡、大腦裡，善和惡是共同具備的，孟子和荀子分別講了人心的兩面。

王陽明說的「有善有惡意之動」，講的是大腦的兩層結構，你有自私的一面，也有關愛、公平的一面。**大腦裡，善惡是並存的，意念一動就有了善惡**。

「知善知惡是良知」，良知自在人心，你要辨別哪個是好的，找到自己本初的善良狀態，就叫致良知。

「為善去惡是格物」，盡量把善的留下，把惡的抑制、去掉，這種修練的過程就叫格物。格物致知，格除的是惡念，致的是良知，大家一定要致良知。

只要你能將內心的善惡區分清楚，就很容易過得幸福，與大家協調得更好，做事更有成績。

老子一直在講這種原理，「故天之道，損有餘而益不足」。你悟道以後就知道，天之道是公平的，沒必要把自己提得那麼高，把名聲搞得那麼大，要懂得放低自己，為大家做事，才符合天道，叫「益不足」，這種狀態也是在鼓勵我們大腦中善的部分，這就是老子說的「故天之道，損有餘而益不足」。

人性的弱點：總想把不足部分撈足，把有餘的部分越堆越高

「人之道則不然，損不足而奉有餘。」這句話是什麼意思？人之道不是真正的道，而是普通人的運行思路，人之道是減損不足，奉獻有餘——總想把不足那部分撈足，把有餘的部分越堆越高，這講的就是人心裡私心的部分。當一個人私心膨脹時，就想把大家的資源都撈到自己這裡來。所以你看報導貪官的時候，貪官家裡錢確實特別多，動輒上億。有的貪官當官的地方，都是貧困地區，老百姓本來就窮得不得了，結果他還在不斷貪汙，上級撥款賑災的錢、救濟百姓的錢他都敢貪，這就是「損不足而奉有餘」。

其實，撈取那麼多有什麼用？「天之道」是公平的，一切最終都將恢復平靜。「凡所有相，皆是虛妄」，你處於這個位置，應該利用自己的位置，為大家多做事，這樣你得到的才是幸福。而不是自己有錢還要拚命撈取，最後鋃鐺入獄。

這句話應用在企業經營裡也一樣，有的企業領導者自己撈取了很多錢，但員工連基本的生活條件都達不到，你說員工在這裡工作能安心嗎，他起早貪黑地工作，結果你又買豪

宅又坐遊艇的，整天各種享受，他一無所有……這也是一種「損不足而奉有餘」。一旦你到了一家企業，看到基層的員工都面有菜色、整天抱怨的時候，你就知道這家企業基本上沒有什麼希望了。

這樣的企業我見過，員工牢騷滿腹，領導者把各種福利都扣掉，想方設法扣員工薪水，只要有別的公司能多給點薪水，這些員工就走了。為什麼會如此？因為企業沒有什麼關愛和公平存在。

一個真正的領導者，是懂得鼓勵團隊成員心中道德要素的人，這種行為就是王陽明講的致良知，你知道什麼是惡、什麼是善，然後盡量抑制自己的惡，鼓勵自己的善。這就是老子講的天之道——「天之道，損有餘而益不足」，放下自己，盡量不要考慮自己，為大家做事，這是本章的核心內容。

04 人生幸福的終極之道

孰能有餘而有以取奉於天者乎？唯有道者乎。
是以聖人為而弗有，成功而弗居也，若此其不欲見賢也

你的好處太多了，拿出來分給大家吧

「孰能有餘而有以取奉於天者乎？唯有道者乎。是以聖人為而弗有，成功而弗居也，若此其不欲見賢也。」這幾句話什麼意思？

先來看這句，「孰能有餘而有以取奉於天者乎？」（這句話有很多個版本，河上公本寫的是「孰能有餘以奉天下？」傅本寫的是「孰能有餘而奉不足於天下者？」我們這句話還是按照帛書甲本的寫法來講）。「孰能」，是誰能夠的意思，領導者「有餘」，卻能「取奉於天者乎」。「取奉於天」是按照天之道做事，「奉」是成天之道的意思。

在領導者的位置，資源會比普通人多一些，這時候有道的領導者，不會把好處占為己有，而是會幫助大家。

老子說「唯有道者乎」。只有明白了道的人才能這樣做。老子接著講「是以聖人為而弗有」，意思是聖人為大家作為，不把好處占為己有。

「成功而弗居也」，有了功勞也不自居。把事做好了，但是不居功自傲，我不居在成就很大、我是領導者、這都是我的功勞的位置上，這樣才是按照「天之道」做事。

「若此其不欲見賢也」，這個「見」，可以讀「ㄐㄧㄢˋ（jiàn）」，當不展現自己的賢德講；也可以讀「ㄒㄧㄢˋ（xiàn）」，當展露出來的意思。聖人之所以這樣做，是因為不想展露出自己有多麼賢德。他覺得大家的評價和結果沒有那麼重要，他為大家做事才重要。

老子講只有懂了「天之道」的人，才會放下自己的私利，不遺餘力地為大家做事，這樣的人才是真正的領導者，這是一種「為而弗有，成功而弗居」的境界。

這個世界就是這樣——「凡所有相，皆是虛妄」

學習了這麼久《道德經》，我深感《道德經》的內容非常簡單。有人曾問我，難道

《道德經》就這麼點內容嗎？這本書為什麼會被稱為「萬經之王」？

說實話，你要是能把這點內容做到了，就是非常了不得的一件事；如果每個領導者都能這麼做，公司發展會越來越穩固，員工會越來越有向心力；如果人人都能這麼做，社會就會變得和諧。**有的道理很簡單，但做起來其實不容易**。很多人學完《道德經》留言給我說，自己真的改變了很多，遇到很多事也不糾結了。之所以真的不糾結，是因為你看清楚了，世界就是這樣，「凡所有相，皆是虛妄」。

你說你為了撈幾套房子跟親人反目，你走的那天，這些都能帶走嗎？你也帶不走啊。宇宙茫茫，每個人在世界上只有短短的幾十年，和親人朋友之間就這點緣分，結果你為了帶不走的房子，和他們吵得天翻地覆，這麼多房子，你也只能住一套而已，其他都是多餘的，你得到了一些鋼筋水泥，卻失去了人世間的溫情，你覺得你的生活幸福嗎？

在辦公室裡，人與人之間為了上位互整，在領導者面前說對方壞話，有什麼用？你上位了到最後也要退休，所以很多朋友們學完了我講的《道德經》以後，這些事就想通了，「但行善事，莫問吉凶」，我們就踏踏實實地做好事，培養自己和他人心中的善念，不要計較回報。有時候你做好事，周圍可能有人諷刺、挖苦你，我們不要在意，就秉持心中的善念，利用自己的資源為大家做事，只要內心坦然，無論結果如何，都會感覺幸福滿滿。

那些罵我們的人，絕對是個別的，無須計較，等有一天他明白了，就會感受到你發出的溫暖，他也會逐漸被你感化，與此同時他也會把善念傳給別人。所以，不要著急，慢慢去做就行了，此後你會發現人生沒那麼多糾結了，哪有時間糾結啊，人生如此短暫。

老子在本章提到的「是以聖人」講的就是領導者，如果一個領導者能利用自己的資源，去為大家做事，不考慮自己，這樣的人「為而弗有」，作為，但是我不擁有它；「成功而弗居」，為大家做了很多事，卻不居功自傲。這樣的人，一定會獲得眾人的支援，你領導的組織也將越來越大，越來越有向心力，你說你能不幸福嗎？

老子告訴我們的是人生幸福的終極之道。一般人讀古籍，就是讀文字的涵義，我看古籍的時候，內心會有感動。我就想，老子一定知道我們會糾結，所以他反反覆覆用了這麼多文字把道理講得這麼透澈。當年刻竹簡是不容易的，老子也沒有什麼別的目的，就是希望大家能放下糾結，領導者能放下私利，這樣就能有更多的人獲得幸福，整個社會也會越來越和諧。

老子是多麼善良的人，多麼有智慧的人，他的這份用心，我在講《道德經》的過程中時常被感動。這麼了不起的人，居然被後人講成了消極避世的代表人物，我覺得是非常可惜的。

在歷史上，老子把自己的行跡隱藏得很好，沒有留下什麼明顯的行跡，大家都在考證老子到底是哪年的人、哪國的人，眾說紛紜，我認為這才是真正的高人。

我們作為後世之人，要心存感激，老子可能不在意這些回報，但我們仍要心懷感恩。

美國著名歷史學家、哲學家、作家威爾・杜蘭特博士說：「人類歷史上所有的書都可以燒掉，留一部《道德經》就夠了。」我不知道他是在什麼情況下說這句話的，我也不知道他是不是真的讀懂了《道德經》的涵義，但是他說的這句話切中要害。如果所有人都能按照《道德經》裡道的法則做事，就會生活得特別幸福。

—第八十章—

你的責任越大，所承受的就越多

01 做人要柔弱勝剛強

天下莫柔弱於水，而攻堅強者莫之能勝也，以其無以易之也

一滴水，看似柔弱，卻可以穿石

「天下莫柔弱於水，而攻堅強者莫之能勝也，以其無以易之也。」這句話很簡單，天下柔弱的東西沒有超過水的了，可是去攻克堅強的東西，沒有能勝過它的。

你看海邊的岩石，這些岩石應該是很硬的，你拿槌子鑿，都未必能鑿碎，但海水天天沖刷，岩石會被海水沖得圓圓的，或者有的岩石會被沖出各種溝壑等。再比如過去的建築有屋簷，下雨的時候可以滴水，有些屋簷的下面會有石頭，而石頭通常會被滴出坑來——水滴會穿石。

一滴水，看似柔弱，卻可以穿石，老子說「攻堅強者莫之能勝也」，意思是真正去攻克堅強的東西，還真未必有比水更強大的。無論多堅固的城池，只要洪水來了，可能城牆都會被沖垮。為什麼會如此？「以其無以易之也」，因為沒有東西能替代它的柔弱之性。

那麼，柔弱之性真的這麼厲害嗎？老子總是強調「柔弱勝剛強」，其實老子是透過這些東西打比方，大家不要爭論，比如有的人說我拿把寶劍跟一盆水比，寶劍一砍木頭，木頭就斷了；我用水往木頭上潑，木頭就沒斷……你不要這樣爭論，但現在還真的有這種水槍，用極細的水流沖出去，鑽石都能被切割開。這就是水的力量，只要能好好運用，確實很強大。

但是我們不要爭辯這個，因為老子不是在講物理，只是借此來打比方，講做人。

做人要柔弱，老子說的柔弱並不是我們想的軟弱、唯唯諾諾、什麼事都不出頭、什麼事都可以。他說的柔弱是一種生活態度——明白道以後，知道我們所有的回報，都是虛妄的，不要在意它。

有時，這種放下自己欲望，為大家做事的狀態，別人看起來會覺得你很柔弱，沒有為自己爭取。實際上，這種人就是為大家做事，把利益給大家，為大家提供條件，老子認為這種人具有像水一樣的德行。

它的對立面是為自己爭取、為自己撈取，當你展示這一面的時候，顯示出來的是剛強，是一種爭奪、奪取的態度。老子講的是另外一種態度，不為自己搶，而為大家去做事，有的人會覺得這種狀態看起來很柔弱，好像吃虧了。

很多人都在想，為什麼有這種條件不為自己爭取一下呢？你為自己稍微說句話，就能升一級；稍微給別人「幫」個小忙，就能收到兩百多萬，你收這錢誰能知道；你應該為自己爭取一下，把別人擠下去……

現在很多做學術的人，心都不純粹，只要他一當領導者，培養的全是自己的勢力。在公司裡也有這樣的人，培養、提拔的都是自己人，這就是一種爭奪的態度，處處為自己的利益考慮，這樣的人看上去特別強硬。

兩種不同的人生態度，決定了你在職場能走多遠

水有什麼品性？

老子在前面講過，水的品性「故幾於道」，跟道的品性很接近，都是滋養眾生，為大家做事。

我們在生活中離不開水，人體70%左右的成分都是水；水滋養萬物，花、木、草沒有水都不行；水往低處流，隨緣就勢。

人總是喜歡往高處走，討厭低的位置，但水往低處流，滋養萬物，正因為它滋養大家，大家都離不開它。

過去的遊牧部落就要跟著水走，當水源一改變，草木就都改變了。現在大家如果看《動物世界》等電視節目，看非洲大草原，會發現一旦哪裡有水，動物就往水那邊走，要去喝水。老子認為這種現象跟有道的領導者很像，他滋養眾生，為大家做事，不為自己考慮，把自己的位置放得很低，最後大家在你這裡受益太多，所以都離不開你、來投奔你，這就是最好的領導者法則。

「天下莫柔弱於水」的生活態度不是跟人爭奪，不用那麼強硬，當你把自己放低，為了大家做事，大家覺得你是真的為他們好，都向你投奔時，你周圍的關係是最和諧的，你的團隊也是最堅強的。

老子用水又講了一次這種關係，無論是領導者還是普通人，都要體悟這種人生態度。

我在前面講過，人生中有兩種態度：

一種態度是人們有為己的爭奪之心，這是本能。如果你將這種本能暴露得太明顯——凡是有利益的事我先上，我先撈取，榮譽得是我的，獎金也應該給我……你說這樣的人在公司裡能受歡迎嗎？我覺得未必，這種強硬的態度，會讓周圍的人遠離，而且也未必真的有好結果。

另一種態度是，放下爭奪之心，向他人發出關愛和善念。這樣的人像水一樣柔弱，會幫助大家、滋潤大家，結果大家反而會團結在他的周圍。而且這種人的格局大，能帶領整個團隊往前走，所以這樣的人在職場中就會受歡迎。

之前我有一個朋友，在大型企業裡做中階管理者，他有個副手一直覬覦他的位置，想把他「幹掉」。於是，這個副手就私下寫檢舉信，所以這個朋友就被調查了。他在長達半年的時間裡，必須隨時配合調查，不斷地去彙報，「你那筆錢回憶一下當時怎麼花的」。這個調查非常詳細，很多細節都要絞盡腦汁去想。

後來，大家逐漸都知道是誰舉報的了。很多人一看，這個副手為了自己上位，居然做出這種事。這位管理者後來也知道了，但他說：「沒事，我不能因此而去傷害他，他的業務能力還是不錯的，我該怎麼對他，還是怎麼對他。」所以，這個管理者還是把重要的業務給他做，對他還是不斷地關懷、關心，指引他走向正道。

這個領導者的做法就柔弱得像水一樣，沒有採取強硬爭奪之心，依舊以善良對待大家。這一點是非常不容易的，一般人在這種情況下，很難控制自己的情緒，你說你明知道是這個人整你，每天還對他那麼關心，一般人是很難做到的。但是他能做到，他沒覺得這是多大的事，不斷地去配合調查，反而是對自己工作的梳理。

最後經過了半年的調查，證明他沒有任何問題。你說像這樣的事，更高層的人會不會發現？你是什麼樣的胸懷，你是怎麼處理問題的，上面都看得一清二楚，沒過多久，就把他升到整個集團領導者的位置了。

這件事告訴我們什麼道理？真正有爭奪之心的人，有可能得勢一時，但是大家的眼睛都是雪亮的，每個人心中自有天秤。只有胸懷大，為大家發出善念，幫助大家幸福的人，才能真正獲得大家支持。這種人看似柔弱，不為自己撈取，但是他像水一樣滋養大家，大家怎麼會看不到呢？

這就是老子在《道德經》裡告訴我們的兩種生活態度。老子一直講柔可以勝剛，用各種例子來打比方，他講的不是物理，而是人心。這兩種生活態度，最後導致的結果截然不同，而老子是在告訴我們如何選擇讓自己和大家都幸福的生活態度，這是非常關鍵的。

02 沒有人是天生的惡人，相處之道是要將心比心

柔之勝剛，弱之勝強，天下莫弗知也，而莫能行也

柔弱最後一定會戰勝剛強

「柔之勝剛，弱之勝強，天下莫弗知也，而莫能行也。」是什麼意思？

老子說，「柔之勝剛」，柔弱最後一定會戰勝剛強。這裡不是說人不需要堅強，也不是說人堅強是錯的。所謂「柔」指付出，不在意自己的利益，為大家付出，其實這種不為自己爭取的柔弱是一種人生態度。「剛」則是另一種爭奪的人生態度。老子認為，這些強硬地為自己爭取的人，最後一定比不過柔弱地為了他人做事的人。為他人做事要比為自己做事「強」，這兩者不在同一個境界上。「柔之勝剛也，弱之勝強也」，弱的會戰勝強的，這講的是兩種態度。

老子接著說，「天下莫弗知也，而莫能行也」，類似這樣的話在《道德經》裡出現過，老子說「吾言甚易知，甚易行；天下莫能知，莫能行」，這兩句話的意思差不多，但

稍微有點區別。「吾言甚易知」表達的是我說的道理如此簡單，可是大家不知道，而「天下莫弗知也」這句話的意思是，沒有人不知道。

這兩句話講的實際上是差不多的意思，都是在表達這種道理很簡單，但大家不願意知道，不願意多了解，不願意去學習。

好比我們學習《道德經》，覺得受益良多，就想推薦給朋友，朋友卻覺得「什麼《道德經》，我學那個做什麼」，這個道理其實很簡單，但是他不願意知道，他覺得上班忙得沒有精力學這些。可是這個道理真的很簡單，就是無我利他，「天下莫弗知也」，他其實都知道，但是「而莫能行也」，他也不願意去做。

為什麼這種柔弱的態度一定比剛強的好呢？大家為什麼不願意去做呢？

因為我們大腦裡有兩部分內容：一部分是動物性，為自己撈取的一面，這是動物在自然界生存必須要去磨練的，因為不搶可能就沒得吃了，所以經過大自然不斷淘汰，最後磨練出的動物性非常強；另一部分是關愛、公平、忠誠等道德要素，這是人類在一起生活的基礎。

我們出生以後，大腦的這兩部分功能會隨著你的大腦一起發育、生長，我們所做的教育就是啟發心中善良的一面，抑制心中惡的一面。

比如孩子在小的時候如果沒有進行教育，會自發冒出來很多壞主意。我小的時候沒有這方面的教育，當時我們住的都是平房，一些孩子等大人上班了，就在院子門口拿鍬挖陷阱，當年沒有水泥路、柏油路，全是泥土路。我們就挖一個一尺見方的陷阱，往裡面放上點碎玻璃，再縱橫交錯地擺上冰棒的棍子，上面鋪雪糕紙，再拿乾土覆蓋在上面。看起來和正常的泥土路是一樣的，我們一幫人會一家家地挖，挖好以後第二天早上起來再看昨天誰家的陷阱被踩了，一旦發現有陷阱被踩了，我們就會哈哈大笑，覺得太開心了。

我現在回想，那時候的自己多壞啊，每次想起來都覺得很內疚，也不知道是跟誰學的。其實，這就是沒有經過正常教育，心裡就會冒出各種壞主意。

當年搶東西的事也經常發生，大孩子搶小孩子的，比如戴軍帽是特別時髦的，有的孩子沒有這個帽子就會搶別人的。有時我們幾個小孩走在上學路上，大孩子就會往那裡一站，「站住，把帽子拿來」，直接就把帽子搶走了。其實也不見得是誰教了他這些東西，搶是一種動物的本能，一旦沒有教育讓你往向善的方向走，你的惡就會爆發出來。

我們長大進入社會以後，如果沒有善良的教育，就會覺得爭奪是最該做的事，以為必須去搶、去競爭，在競爭的過程中就會有各種手段。比如設陷阱給對方跳，或者跟領導者說對方幾句壞話等，在沒有接受正常教育的時候，人們會更偏向在動物的層面去思考，這時候你讓他發出善念來為大家做好事，他會覺得這不是傻嗎，憑什麼？

在動物的層面看問題，層次是很低的，他看不到未來整個社會是怎麼樣的，看不到整個人生會有什麼結果，他只看眼前的。如果一個人被動物性占了主導方向，他就不願意按照道的原則做事。

老子說，「而莫能行也」。道理誰都知道，可是大家不願意去做，因為動物性占了非常重要的位置。因此，教育非常關鍵，學習也非常關鍵，我們要學習培養自己善良的觀念。比如《道德經》講的是道，是在告訴你原理，你知道了人世間的運行規律，就能夠放下自己為大家做好事。**道的原則告訴我們，人和人之間相處要將心比心，每個人的心都是肉長的，沒有人是天生的惡人。**

爲大家付出不是軟弱，而是眞正的做人之道

儒家的仁、義、禮、智、信就是在講具體怎麼培養人心中的道德要素，我們在學習儒、釋、道的經典時，不要把這些內容當作學問去研究，比如哪個字應該怎麼寫，天天和別人辯論。沒必要，這些經典實際上是一種啟發人心中善念、抑制惡念的工具。

老子的《道德經》把道的原理講清楚了，儒家經典是告訴你具體該怎麼做。我經常碰到研究儒家和道家的人互相「打架」，我覺得很遺憾，因為大家講的實際上是同一件事。

比如孟子，孟子講的內容都是啟發善念的，他講仁者無敵，核心思想就是仁愛，為大家做好事；而儒家的另外一位大師荀子，講人性是惡的，主張抑制惡念也是沒有錯的。荀子很多學生建立了法家，為什麼？道、德、法這三個層面，最後抑制惡念要靠法。

孟子啟發你心中的善念，荀子用法來抑制你的惡念，各有分工，如果你明白道以後再看，就會覺得豁然貫通。

之前我在講《弟子規》的時候，有很多人反對，不停地和我辯論。學完《道德經》，再學《弟子規》，你會發現《弟子規》其實就是從儒家經典裡摘取出來的一部分內容，具體涉及生活中的一些禮儀規範。

以前沒學《道德經》時我也不理解，等我明白《道德經》以後再看，就有一種豁然貫通的感覺。所以，我經常感慨，這個社會需要國學教育，需要提升善念。但是做國學教育時要講求方法，按照道、德、法這個順序來講，否則你單獨講法，大家會不接受；單獨講德，大家也不理解。

比如有的人天天罵孔子，說儒家就是在培養奴性等，其實你明白道以後再看，原來你為大家付出不是奴性，不是柔弱、軟弱，而是真正的做人之道。

老子講的這句「柔之勝剛，弱之勝強，天下莫弗知也，而莫能行也」。講的是人的動物性太強了，老子希望我們能克服動物性，盡量走向更高的層次。

03 上天讓你坐在領導者的位置，絕對不是來享受的

故聖人之言云，曰：受邦之垢，是謂社稷之主；受邦之不祥，是謂天下之王。正言若反

只有你比別人承受更多痛苦，才能做好領導者

前面的幾句話是老子在做鋪墊，後面老子接著說「故聖人之言云」。老子在這裡講得很清楚，這是過去聖人說的話，聖人指的是有道的領導者。

過去的領導者是怎麼講的呢？「受邦之垢，是謂社稷之主；受邦之不祥，是謂天下之王。正言若反。」這句話的意思是，因此有道的領導者說，能承受國家恥辱的人，才稱得上是國家的主宰；能承受國家災禍的人，才稱得上是天下的君王。正確的話好像相反。

你從字裡行間就能感受到老子說的這句話，是在告訴我們怎麼做領導者。「受邦之垢」的「邦」是國家的意思，「受邦之垢，是謂社稷之主」的意思是承受一個國家的災難、恥辱等，「垢」指不好的東西，你能承受國家的恥辱，才稱得上是國家的領導者。

「受邦之不祥」的「不祥」是倒楣的意思，你能承受國家災禍，「是謂天下之王」，你才稱得上是天下的君王。

最後，老子說「正言若反」，意思是真正的道理你聽起來像反的一樣。為什麼像反的呢？因為大家都覺得，你是社稷之主、天下之王，你要把自己抬得很高，你的地位要很高。可是老子說你要承受國家的恥辱和災難，你才能真正當領導者。這是什麼意思？

老子講的領導者法則直指人性，人性都有弱點，領導者一旦將自己放到很高的位置，稍微有一點動物性，老百姓就要承受很大的損失。

很多貪官的家裡一搜現金就能搜出好幾億，這麼多錢來得特別容易。他只要筆頭一動，把哪個專案批給這個人，這個人就能給他一億回扣。所以領導者的動物性一旦暴露出來，就容易給老百姓造成很大的損害。

老子是在告訴我們，要把自己放低，只有你比別人付出更多，承受更多痛苦，才能做一個好領導者。

在《淮南子》裡，有這樣一個故事，宋景公的時候，有一天他看星象，看到熒惑星處於心星的位置上，就很害怕，感覺不太吉祥。於是，宋景公就召懂星象的子韋來詢問，你看熒惑星處於心星的位置上，這是怎麼回事？

子韋一看，說這事壞了，這個心星處於宋國的位置，熒惑星如果跑到宋國的位置，跑到心星的位置上，就說明災禍要降臨到我們國家了。

宋景公聽完就很著急，說這該怎麼辦呢？有沒有什麼解決的辦法啊？

子韋說：「我有辦法可以把這場災難轉到宰相身上。」

宋景公聽了說道：「宰相是國家棟梁，和我的臂膀、手足一樣重要，怎麼可以讓他來承受這場災禍呢？」

子韋又說：「那就把災禍轉移給老百姓吧。」如果百姓死了，比如得瘟疫了，國家就可以免除災難。

宋景公仍舊不答應，說：「一國之君有了百姓才有了根基，不能讓他們來承受！」

子韋又說：「那乾脆就轉移到今年的莊稼上吧！」

宋景公擺擺手：「如果收成不好，百姓就要挨餓，國家就不穩定，到時候我還做什麼國君呢？」

子韋聽完後對宋景公很是嘆服，圍著宋景公轉了一圈，然後朝北拜了拜，說：「因為你有不愧於人君的言論，你的境界真正能配得上國家的主人，上天絕對能聽到你的聲音，並且會降福給你，所以，這顆熒惑星一定會退出心星的位置，你的壽命會延長的，不會有災禍降臨了。」

據說這天晚上，熒惑星果然退避三舍。

這個故事是《淮南子》裡記錄的，這說明領導者的人生境界，要以百姓為重，有了災禍要自己先承擔。只有你承擔更多的災禍，你才能保護百姓，這就是老子講的「受邦之垢，是謂社稷之主；受邦之不祥，是謂天下之王」的道理。

你的責任越大，所承受的痛苦，所付出的精力就越多

現在我在醫學界做的工作已經不多了，主要的職務就是在商學院替大家講國學。我接觸到很多企業家，我的感慨是什麼呢？

企業家是這個社會的寶貴財富，他們需要有很高的情商和耐受力，以及各種特殊的素養，只有這樣的人才能從千百萬人裡脫穎而出。

現在中國的社會有一個問題，大家普遍認為企業家老闆就是為了自己賺錢，把一般人的錢都剝削走了，他們就是替老闆打工而已。

大家千萬不要這麼理解，企業家賺再多的錢，他離開這個世界的時候也什麼都帶不走。而且一般的企業家都將賺到的錢投入了企業再生產，尤其有的企業家養活了幾千名員工，每個月要發很多薪水，而他自己的收穫和享受卻很少。

你說哪個企業家能買十套房子，一個晚上住一套的，沒有，頂多就是一兩套房子輪流住而已，買車也買不了太貴的。一個企業家養活幾千名員工，讓這些員工能夠養家活口，領薪水回家吃飯，是功德無量的事。

不要以為企業家就是享受，他所付出的特別多，很多企業家常年都沒有休息日，每天都在路上，上午飛日本，晚上再回來，然後又飛英國……很多人說那多好玩啊，全世界跑。你要是真的自己飛一飛就知道了，這是極其疲勞的事，在空中其實很難好好休息。那麼，他們為什麼要這麼折騰自己呢？

他們有責任在肩上，那麼龐大的企業等著他去思考如何發展。我見到有的企業家，真的是每天凌晨三點才睡覺，有無數的事要處理，然後早上八點半又要去上班，這種工作強度放到普通人身上，可能一個星期就受不了了。

像稻盛和夫先生這麼大年紀了，依舊每天看帳目。他為什麼要不斷地看帳目呢？因為他覺得有責任在肩上，這就是老子講的「受邦之垢，是謂社稷之主；受邦之不祥，是謂天下之王」。

你的責任越大，你所承受的痛苦、所付出的精力就越多。要知道，你在這個位置上絕對不是來享受的。

做領導者到底是不是好事？「好壞」參半，「好事」是你能在這個位置為大家做更多的好事，謀更大的福利；「壞事」則是你要比常人付出更多。這是老子所強調的，如果你不懂領導者的必備素養，到了這個位置上，你開始去爬山，每天去遊玩，這時你沒有「受邦之垢」，你不付出這份辛苦了，你還能做好領導者嗎？這樣一來，公司就會處於動盪中，公司的文化也會慢慢衰滅。

因此，老子講的領導者境界，豈虛言哉，絕對不是瞎說的。有太多的例子都可以用來證明這句話，如果你真的想要做一個領導者，就一定要有這種境界。與此同時，你也要知道上天讓你來當領導者，絕對不是讓你來享受的，這個位置是屬於眾生的，你在這個位置上，就要為大家謀福利，為大家付出更多、承受更多。

老子在兩千多年前，就講出了領導者的重要法則，到今天為止，這些理念依舊可以應用在公司經營上。一旦作為領導者能夠身先士卒，考慮員工的利益，把自己放下，你的公司一定會有向心力和凝聚力，這時候你的創業也一定會成功。我們的社會也需要有這種境界的人來做公司的領導者。

— 第八十一章 —

不管大怨小怨，都害人不淺

01 怨是人生的一個大敵

和大怨，必有餘怨，焉可以為善

只要心中有怨，做事就已經不在道上了

「和大怨，必有餘怨，焉可以為善？」這句話是什麼意思呢？古代的「怨」當憤怒、憤恨講，現在的「怨」字還有埋怨、哀怨、委屈的意思。現在有個詞叫「怨恨」，在古代「怨」和「恨」是畫等號的。

「和大怨，必有餘怨」的意思是你平息、調和了大的怨恨以後，一定會剩下一些怨恨，因為人心沒那麼容易忘記怨恨。老子說，這種處理方式「焉可以為善？」怎麼能夠算得上是完美的、妥當的？「善」是好的意思，老子這句話的意思是你讓大怨產生了，就已經不是在道的層面做事了，如果你按照道做事，是不可能讓大的怨恨產生的。一旦大的怨恨產生，無論你用什麼方法補救、調整，也一定會剩下一些小怨恨。老子的這句話到底說的是什麼意思，對我們有什麼指導作用呢？如果公司的領導者讓員工生出了大的怨恨，你

再採取什麼措施去調和，最終也未必能彌補裂痕。

老子的意思是，領導者讓員工對你產生了非常大的怨恨，就說明你已經不在道的層面做事了。之所以會產生矛盾，一定是因為你沒有照顧到員工的利益，沒有做到無我利他，如果你真的按照道做事，處處為大家考慮，應該不會有大的怨恨產生。

如果你看到一家公司的員工都在怨恨領導者，你就知道這家公司的領導者一定沒有按照道的原則做事，一定是你為了自己多考慮，傷害到了員工。怨產生的基礎是傷害，有傷害才會有怨，這兩者存在因果關係。

老子的這句話是要領導者按照道的法則做事，不要和員工產生大的矛盾，不要傷害他們，要保護他們。一旦產生了大怨，雖然你可以採取各種方式去補救，但是你記得，一定會有剩餘的怨恨殘留在人的心中。

怨是人與人相處中最大的「毒藥」

對於普通人來說，這句話有什麼指導作用？

我們可以將這句話理解為老子在告訴我們，不要與人產生怨恨，無論是大怨還是小怨。人與人之間的怨恨是怎麼產生的？同樣也是傷害帶來的，每個人都考慮自己的利益，都為了自己的利益想盡辦法去獲取，在獲取時難免就會傷害到其他人，這時怨就產生了。

怨的情緒是人與人相處中最大的「毒藥」，人與人之間如果存在怨恨，是無法和諧的，整個組織會缺乏凝聚力，很容易解體。一旦你的心裡有怨的情緒，你的身體也會出現問題。

怨是人生的大敵，我們要學會如何消除內心的怨。在民國時期，東北有一位叫王鳳儀的善人。這個人是專門講性理療病的，核心理論就是情緒會導致人身體生病。他還總結了什麼情緒會引起什麼病，他說怨的情緒特別容易引起消化系統疾病，比如脾胃的各種病症等。他認為所有的不良情緒裡，「怨」字是核心，一旦怨消除了，其他不良情緒會很容易消除。因此，怨是所有不良情緒的核心基礎。

在生活中，每個人都有各種怨，比如沒漲薪水怨公司領導者、怨同事，你們不重視我；家裡的孩子沒人照顧，怨老公、怨婆婆；自己的身體不好，也怨別人……

很多人的怨，是每當覺得自己沒有達到什麼的時候，怪別人而產生的——一切原因都歸結於外因不好，所以他會怨恨大家。只要有怨產生，這個人就沒有好情緒，會覺得事事不如意、處處不開心，整個生活的基調會變成陰暗的顏色。

因此，怨的產生就是因為你外求，有的人事事都找外因，從來沒想過有自己努力不夠，或是沒調整好的因素。

王鳳儀先生說：「凡事要找自己的原因，一旦你把自己的問題找清楚，你就不怨恨別人了。」比如兩口子離婚，妻子說是因為老公壞，可是她沒想過其中也有自己在婚姻裡不斷發脾氣的因素。

前一段時間有一則新聞，妻子要看丈夫的手機，丈夫不給她看，於是妻子就在水邊大叫要跳水自殺，很多人勸她，最後她老公過去把她抱過來，她拚命地喊……

這種情況，類似於民間的一哭二鬧三上吊，你說用這種方式來解決家庭矛盾，能解決嗎？這個老公最開始的時候，一定是愛妻子的，不然幹嘛要結婚呢？但他的愛已經被這種折騰逐漸消耗殆盡了。最後當他一想到妻子就害怕的時候，這個婚姻就離解體不遠了。

在公司裡，有的人沒漲薪水就怨領導者，「領導者怎麼就是看我不順眼？」、「我薪水沒漲全怪領導者」。

實際上，一旦你的努力到了，資歷也到了，薪水就會漲。如果你的努力不夠，把責任全推在別人的身上，你會越來越消極，所有的努力都是負向的。你要想到這次沒漲薪水可能是因為某種原因，尤其要多從自己身上找問題，剩下的隨緣，這才是一種好的人生態度，也是能化解自己心裡怨恨的態度。

老子說：「和大怨，必有餘怨，焉可以為善？」是在告訴我們，盡量別讓怨恨產生，尤其是大怨。**遇到事先從內找原因，外面的事隨緣，一切看老天安排，結果我們不必在意。**如果你能這麼做，心裡還會有怨恨嗎？

所有怨恨一定因傷害而產生，別人之所以怨恨你，是因為你傷害到了別人。如果我們能夠隨時反思自己，盡量按道的原則做事，無我利他，放下自己，你說大家感受到你的溫暖，都來支持你，還會有怨恨產生嗎？不會的。

老子講的「和大怨，必有餘怨，焉可以為善？」意思是你背離道的時候，你跟別人的關係就容易產生怨恨，如果你在心裡先把怨恨消除，讓自己內心變得坦蕩，然後對外再按照道的原則做事，盡量放下自己，為大家去發出善念，就不太容易產生怨恨了。

當你處於這種境界時，即使有個別小的怨恨，也是大家不理解你、不了解你所致。這是很正常的，有時候我們做好事，也會受到大家誤解，甚至有的人還會諷刺、打擊你，總之無論好的回報、壞的回報，我們都忘記它。你只要堅信，河水終究會向東邊流，人心最終會向善，誤解最終會消除就好。只要你按照道的方向做事，你的生命裡就不會構成大怨。

老子的這句「和大怨，必有餘怨，焉可以為善」看起來很簡單，實際上為我們指出了消除怨恨的法則，這裡面的道理是很深的，值得我們深思。

02 當負能量來的時候，我們要以正能量回饋

是以聖人執左契，而不以責於人。故有德司契，無德司徹

「得饒人處且饒人」

「是以聖人執左契，而不以責於人。故有德司契，無德司徹。」這句話在帛書甲本寫的是「聖人執右契」，在古代兩方定了合約以後，會拿一張紙寫出來，然後從中間分開，左右各一份，一人拿著一邊，比如兩個人寫的是欠條，等到將來還債時，將兩半紙合在一起，對得上才行。至於「聖人執左契」還是「右契」？很多學者有過爭論，比如有的學者認為「右契」是對的，因為「右契」是高貴的一面，給債權人的，「左契」應該是給欠債人的。這種說法對不對，我們不做更多探討，因為不影響我們理解這句話的意思。

我個人認為應該是「執左契」對，因為在古代很多文獻裡，出現過「右契」和「左契」的名詞，基本上我看到的都是主法令者去藏左契、左券，所以我覺得「左契」應該是債權人的。

「是以聖人執左契」，意思是有道的領導者，拿著債權的券，比如老百姓欠了稅、欠了錢，「而不以責於人」，卻不用這個券來求責、問責。這句話的意思是，有道的領導者，有債權的券，卻不向老百姓去責求債務。

「故有德司契」的意思是，有德的聖人掌管著債務，拿著契約在手裡，但不去責怪人們。「無德司徹」的「徹」當稅講，沒有德行的人會不斷加收稅務，向老百姓多收錢。

老子的這句話到底想說什麼？有債務了，欠錢就要還錢；有稅了，就要交稅，老子為什麼說拿著債權的證據，卻不去要呢？有道之人，拿著券不求稅，難道收稅的人就是無德之人嗎？

老子的這幾句話，有很多層面的理解。首先，我們中國有一句古話，「得饒人處且饒人」，雖然你占理，別人欠了你東西，但是如果你能夠放鬆，就盡量放鬆一些。

這裡，我想講個小故事。曾經，我們家裡有段時間住的房子，在一樓可以種花草，但因為擔心安全問題，就裝了幾個監視攝影機。起初，我覺得安裝監視攝影機沒什麼必要，後來一想，老人住還是裝上監視攝影機安心點。結果，裝完監視攝影機真的發生一件事。

有一天早晨，我母親要去鍛鍊身體，一出門，她愣住了，前幾天剛買的花不見了。這盆花我記得很清楚，是我花了兩百多塊錢買給她的，沒想到剛放到外面幾天，就不見了。我母親就覺得奇怪，明明前兩天還在呢。於是，她開始看監視攝影機錄下來的重播（這個監視攝影機是和手機連著的，可以直接看），結果她看完後大吃一驚，就在頭一天晚上，鄰居家有一位八十多歲的老太太，在晚上九點多鐘的時候來到了我們家放花的地方，圍著花轉了兩圈走了。將近十點的時候，老太太又過來了，把花盆抱起來就直接走了。

我覺得這真的需要一定體力，這盆花我抱著走可能都要出汗，老太太八十多歲抱起來就走了。

我母親一看，這監視攝影機裡錄得清清楚楚，她看了這個老太太就知道是哪家了。然後我母親就出門了，結果到這家一看，這個老太太已經把花盆砸碎扔了，把花種到他們家門口的地裡……

這時候怎麼辦？處理方式要講究方法。我母親是一個非常節省的人，有一次保姆跟我說，她圍著賣水果的攤子轉了好幾圈，就想吃奇異果，但是捨不得買。我聽說了這事覺得很心酸，老人就是節省，你怎麼要她花錢，她都不花。

你看她是這麼節省的人，而且她很喜歡這盆花，我本以為按她的性格，應該會上那家去交涉一下，畢竟她有錄影，應該要回來。我就一直觀察我母親怎麼處理這件事，結果第二天還是沒有動靜，我就忍不住問她：「你怎麼不去要花呢？」

我母親就和我說了她的想法，我聽完之後頓時感覺很佩服。她是這樣想的：你去要的結果是什麼？兩百塊錢的一盆花，老太太八十歲了，萬一她一看錄影，裡面她正偷東西呢，自己面子下不來了，高血壓上來了，心臟病再犯了，這樣兩家會結仇的。

這就很符合老子在前面講的「和大怨，必有餘怨」，你再怎麼處理，再怎麼跟她好，結果還是會有怨恨在，而這種怨恨是沒有必要的。

因此，這種「你犯錯誤了，就應該承擔」的處理方式，在此時是不合適的。因為你要考慮到對方已經八十多歲了，情緒激動就很容易出現問題。我母親從學醫的角度考慮得非常周到，盡管她喜歡這盆花，但是她能放棄，這是真正讓我佩服的。

有的人會覺得，你如果不把這件事說出來，對方還會繼續犯錯，反而是一種縱容。但我母親採取了另外一種措施，在鄰里聊天的時候，她看到那個老太太離得不遠不近，既不是當著她的面，也能讓她聽到的時候，我母親就跟別人聊天說：「我們家裝監視攝影機了，監視攝影機裝上以後還是比較安全的，可以監控到周圍的環境。」她這麼提一句之後，那個老太太心裡應該也明白了一些，但是沒有傷她的面子，這件事就這麼過去了。她沒有把這盆花還回來，但是也沒有再來偷花了。

我覺得這件事母親處理得非常好。一方面，制止了對方進一步偷花的行為，讓其心裡犯錯的念頭得以扼殺。人有善的一面，每個人心裡都有良知，會把惡的一面給抑制住，我母親講了監視攝影機的事，她的心裡就會警醒；另一方面，我母親沒有當面揭穿她，沒有讓八十歲老人的面子下不來，避免了因情緒波動導致身體出現什麼問題，或出現更大的遺憾或怨恨等。因此，我覺得在這種情況下，這樣處理是最佳的解決方案。

現在我能把這件事講出來，是因為這已經過去很多年了，當時在那裡住的人也幾乎都搬走了。透過這件事，我發現老人確實有她的智慧，我也很佩服我母親的處理方式。

我在讀《道德經》中這句話的時候，在心裡來回地想，什麼樣的例子才適合這句話。因為很多人會反對這句話，「明明她欠我錢就該還」、「明明她傷害我了，我一定要報復她」……這是很多人的想法。如果你換一個角度想一下，處理不當是不是會留下怨恨？這是不是最佳的解決方案？這樣做了之後，有沒有讓大家朝前面走？

在此，老子提出了一個新的思考方式，無論做什麼事，我們都該先換個角度思考，再決定怎麼做。

責罰孩子，未必是好的教育

在生活中，這樣的事也比較多。比如教育孩子，有時候孩子犯錯就一定要責罰嗎？大人總是覺得自己有處罰和獎賞的權力，站在道德的高地上，可是很多時候責罰未必能帶來好的教育。

有一位朋友講了一件他小時候的事給我聽，很多在農村的小孩總會去別人家的地裡偷玉米。有時小孩淘起氣來挺壞的，他不一定非得為了吃，就是故意去搗亂。結果有一次，我的這位朋友被鄰居家的大叔給逮著了，他就想：完了，這肯定是一頓暴打。過去的莊稼人很看重地裡的糧食，這個大叔要他過來，他就乖乖地跟過去，結果跟過去以後，發現大叔正在烤玉米，大叔拿了一根烤玉米給他，說：「吃點玉米，是不是餓了？先吃點再說吧！」於是，他開始很香地吃玉米，一邊吃，一邊開始心裡慚愧。大叔接著說：「你這樣，以後餓了就直接過來找我，我烤點給你吃，別到地裡去亂踩了，你要是吃飽了就回去吧。」他本來是等待一頓暴打的，結果人家卻給他吃烤玉米，還要他以後餓了上這裡來吃。他說，從那以後，他再也不上人家地裡去搗亂了。

你看，這種處理方式，就比暴打、責罰要好很多。這就是老子在《道德經》裡講的重要思想。當負能量來的時候，我們要以正能量回饋，不要以負對負，要報怨以德。當你明白這個道理，你在生活中再去體察，會發現一個問題其實有很多種處理方式，你總能找到更好的角度。

之所以有這麼多人罵孔子、罵儒家，是因為沒有人講道

在本章，其實老子講的是道、德、法三個層面，你不能光靠法來運行。

我在前面講過，在正常的體系裡，道、德、法三個層面要豁然貫通。比如在公司裡，領導者講道，就能做到無我利他，放下自己為員工考慮，多給員工福利。講德的領導者，會教育大家，讓大家互相關愛、忠誠。講法的領導者，則是搞績效考核，遲到了扣你錢，犯錯了扣你錢，多工作了給你錢。

在一個系統裡，道、德、法這三個層面缺一不可。如果領導者沒有做到，卻一直要求員工做到，公司的制度就無法推行，領導者要員工做什麼，員工也很難服從。

現在中國的社會也是這樣，為什麼這麼多人罵孔子、罵儒家？因為沒有人講道，一味地向你講德，讓你孝順、忠誠，人們往往恥笑，「這不是傻嗎？」、「賺到錢才是第一位的，別管別的，把錢撈到手才是本事。」

人們一直陷入這種狀態，認為學儒家就是在培養奴性，歸根結底是講道的人太少了，人們不懂道就會質疑德。如果道和德都沒有，光靠法來運行，就會產生很多怨恨——你罰他，他就不開心、會有怨氣，從而偷偷給你搞破壞等。因此，老子開始就講「和大怨，必有餘怨」，也就是說「怨」字在一個組織裡是非常負面的東西。有怨在，組織就沒有精神

共同體，沒有凝聚力。而之所以產生這麼多怨的原因就是領導者沒有道、德的滋養，光靠法來運行。

記得我小的時候發生過這樣一件事，我們隔壁的大樓有人跳樓了，很多人都過去看。當時我年輕氣盛，特別好奇，就拚命往前擠，結果擠到了最前面，一下就看到了從樓頂摔死的人。當時我嚇壞了，那個場景特別恐怖，摔死的是兩個人。為什麼會摔死呢？

摔死的兩人中有一個是廠長，這個廠長就是靠法來運行，搞績效考核。那時候已經改革開放了，結果在發放獎金的時候，有一個工人心生不滿，他覺得廠長總是罰他、針對他，怨氣越來越深。

結果有一天，廠長在頂樓運動，員工找到他以後，抱著他直接從樓頂上一起掉下來摔死了。這是一種非常極端的行為，為什麼會有這種行為？為什麼人會進入這個狀態？

原因就是沒有道和德的滋養，當你光靠法來運行的時候，人們就會心生怨懟，從而做出一些極端的行為，釀成了悲劇。

爲什麼歷史上法家往往結局都很慘

各位可以看，歷朝歷代，只要法家的人物，往往結局都很慘。比如商鞅，他用法令使秦國興盛，但最後自己被車裂而亡，因為所有的張力最後都會匯集到執行法或者制定法的這個人身上。如果有道和德的滋養，人們就會減少犯錯，會時常感到快樂。

老子講，「是以聖人執左契，而不以責於人」，這句話的核心就是，當你把道和德做好的時候，法這種條文性的東西，只是一個防範措施而已，很可能都不一定用到，因為有了道和德的滋潤，大家就都會主動執行，用不著再用法去責罰了。

「故有德司契」，有道、有德的領導者，已經做到了，他把「司契」，把合約放在這裡，不用等他拿合約責怪別人，別人就已經完成了。

「無德司徹」的意思是，你沒有做到道和德，只靠法來運行，你就要天天執行法。

這就好比一個組織社會，所有的老百姓都有飯吃、有衣服穿、有好的房子住了，又有道和德方面的教育，你說還會不會有人天天拿著合約去打官司？不會的，司法部門的工作會非常簡單。

而一個組織社會如果沒有道和德方面的教育，人們只認錢，又沒飯吃，也沒有好的房子住，這時候的社會，就會「司徹」，司法部門就會天天執行各種合約，這時候的法的張力就特別大。

並不是說用法不好，法也是必要的，只是一定要道、德、法三個層面豁然貫通才行。否則沒有道、德，光靠法來運行，會產生很多怨恨，這是本章內容的真正涵義。

如果你光靠責罰，孩子會越來越恨學習

這句話的涵義對普通人也非常有用。比如在孩子教育方面，我們經常採用責罰的方式管理，「你幾點必須學數學」。這種管理會產生怨恨，印度有一部很有名的電影《我和我的冠軍女兒》，我建議各位可以看看，影片講了父女之間的感情，非常感人，很多人都說自己是流著眼淚看完的。

影片裡的爸爸年輕時是一個摔角手，他一直想生一個兒子培養他摔角，可是生了幾個孩子都是女兒。後來他開始讓兩個女兒學摔角，全村人都嘲笑她們，學校的孩子也嘲笑她們。兩個女孩剪了短髮練摔角，她們的生活中充滿了各種約束，比如早上必須幾點起床，不可以吃什麼等，這兩個孩子恨爸爸恨得不得了，處處搗亂不想學——光靠法的運行，就會產生怨恨。其實這種時候要有感情的激勵，要讓她明白道理。

為什麼孩子最後願意練摔角了？因為別的小女孩說：「你的爸爸是愛你們的，像我們其他女孩，十四歲就要出嫁，沒見過男人什麼樣，嫁過去面對一個陌生的面孔，就要和他過日子，從此一輩子天天做飯，沒有什麼希望。我們只能過這樣的日子，沒有任何選擇的權利，而你的父親讓你摔角，你可以活出不一樣的人生。」

兩個孩子聽完流眼淚了，她們明白了，原來爸爸讓她們每天辛苦練摔角是這個想法——當道、德的層面感化了她們以後，兩個孩子開始自己早起，等著爸爸起床訓練她們，最後也不負眾望成了摔角高手。

作為父母，一定要反思自己的教育方式，如果你光靠責罰，孩子會越來越恨學習，越來越恨他所學到的東西。如果你讓他明白，為什麼要學習，為什麼考慮讓你學這個——從內心啟發他，把他心裡的發動機打開，孩子就會自己主動要學，這時候就不一樣了。

你說這種時候，孩子還會對學習有怨恨嗎？對家長還有怨恨嗎？不會的。

03 道是不講親疏關係的

夫天道無親，恆與善人

只要你發心好，天道就會來加持你

「夫天道無親，恆與善人。」這句話很簡單，老子在最後又講到了天之道。「天道無親」的意思是，天道是不講親疏關係的，它沒有跟誰特別親，也沒有特別照顧誰。天道支持誰的唯一標準是什麼呢？「恆與善人」。「恆」是一直的意思，天道會一直支持行善之人。

很多人認為「天之道」很神祕，因為看不到它，無法揣摩它，有可能它不是我們這個維度的力量。但是它的規律很清楚——「恆與善人」，它一直支持行善之人。你說天道玄妙嗎？你說它玄妙它便玄妙，說它不玄妙也不玄妙，老子在這裡講得很清楚，你行善，天道就會支持你。

在中國古代有一本書叫《尚書》，是上古時代國家領導者的言論集，裡面講的是領導者法則。很多人認為《易經》是群經之首、經中之經，因為《易經》講的是世界運行的規律。我覺得《易經》講的是規律，是一種工具，可是有些規律你是探求不了的，你說《易經》的源頭是什麼？《易經》的規律誰設定的？幾乎沒有人能講清楚。它更像是一種人類從某種管道獲得的了解世界運行規律的解碼器。而《尚書》則是核心，是領導者法則，《易經》是你以《尚書》為基礎按照領導者法則做事時，讓你怎麼做得更好的工具。像《詩經》、《禮記》等經典都是圍繞《尚書》運作的，只有領導者按照《尚書》的法則做了，其他經典才能起作用。

在《尚書》裡的領導者法則有兩個：

一個是天命。《尚書》裡總講天命，跟天之道有點類似，《尚書》說是天命讓我來做事，是天命加持於我，讓我去做領導者的。

另外一個是領導者必須放下自己的欲望，為你管理的老百姓做事。你放下自己的利益，不為自己貪求，為老百姓做事，就叫有德。

在《尚書》裡建立了一個規律關係——當領導者有德的時候，天命才會加持你。意思是天命是否加持你是有條件的，它只幫助有德的領導者，幫助為老百姓做事的領導者。

你看，《尚書》的這個規律和老子講的「夫天道無親，恆與善人」是一樣的意思。《尚書》裡把天命跟老百姓結合在一起了，告訴我們只要對老百姓好，天命就會加持你；你要是自私自利，就是失德，天命就不會加持你了，你會逐漸失去政權。

《尚書》裡有段話，「天視自我民視，天聽自我民聽」，意思是老天爺沒有眼睛，它看東西透過老百姓的眼睛看；老天爺也沒有耳朵，他的耳朵長在老百姓的身上。領導者是何種作為，都會在老百姓身上體現出來，所以《尚書》建立了一個體系，天命跟老百姓結合在一起。

如果領導者能放下自己的撈取之心，為老百姓考慮，為老百姓謀福利，就是有德之人，天命就會來加持你，這個思想體系和老子《道德經》最後的這句話是一樣的。「夫天道無親，恆與善人」，講的是能放下自己為大家做事的人，能行善的人，天道就會來加持你，「與」是給予力量，幫助你的意思。

對人，我們要主動發出善念

我在前面講過，人的大腦裡有兩部分內容：一部分內容是私心，為自己爭取；另外一部分是公平、溝通、關愛等，這是我們進化來的結果。

每個人生下來只要大腦一發育，這兩部分內容就會同步發育，哪部分內容會讓我們越來越好呢？如果我們只為自己，看到有人在銀行裡剛領了錢，你就去搶，當大家互相搶的時候，人與人之間的衝突就增加了，人們互相躲避，是無法和諧生活在一起的。

在很早的時候就有部落了，有的部落裡的人生活得很和諧，有的部落之間互相搶奪、打架。人們逐漸發現，只有關愛、溝通、公平這些因素，才能讓人與人之間更和諧。彼此我幫你，你幫我，部落與部落之間達成同盟，互通有無，不再戰爭，才能生活得更富足。

當你主動對他人發出善念後，你會發現人們之間不再衝突，而是會互相幫助，一起進步。所以，我們需要爭奪嗎？不需要，我們需要的是善念，是關愛，是公平。

如果你這麼做了，你會發現你的人生越來越好，並不是誰在加持你，而是自己在加持自己。**我們可以說天之道在天上，也可以說在每個人的心裡。**

我經常講，《道德經》裡面最大的祕密、最有意思的是什麼？就是老子在《道德經》裡講了天之道，實際上老子是根據世間的變化來猜測天之道的。老子講的天之道是為了指導世間人的行為。

坦誠地講，讀過《道德經》以後：第一，你知道了有天之道。比如道教遵循道，用各種儀式來表達尊重，普通人即使不懂天之道，但是你知道有它，能尊敬它，也是一件好事。

第二，有可能你還是不了解天之道是怎麼運行的，到底在哪裡。你不用多了解，我覺得你知道有它的存在，尊敬它就行。

同時你要知道天之道的影子就在每個人的心裡，如果你能夠按照天之道做事，你就能激起每個人心中的善念，大家就都會越來越幸福——這是《道德經》的核心內容之一。

如果領導者這麼做，你管理的組織會越來越好，大家會來成就你；普通人這麼做，你會活得越來越坦然、灑脫、幸福，這是《道德經》一直在告訴我們的道理。

這個道理老子來來回回講了八十一章，我也在來來回回地講。有位朋友留言給我說：「羅博士也真夠囉唆的，一直在講同樣的事。」

其實，道理來來回回地講，也還是容易忘記，因為每個人都有強大的私心，所以我們要時時護佑心中的天之道，時時清除私心雜念。

有時候，一旦你動了私心，犯了錯誤，再想回頭就難了，有時候回頭真的很難，所以我們要時時警戒，長養內心的善念，這是非常重要的。

學習完《道德經》以後，如果你能讓天之道常駐心中，就說明你沒有白學。我相信如果你能這樣做，你的人生一定會發生改變，越來越幸福，從此不再糾結，內心坦然，心態陽光地度過每一天。

後記

身處紅塵，無道不樂

《道德經》的全文我們已經學習完畢了。在大家的支持下，我把《道德經》講了一遍，我覺得這是非常不容易的一件事。

首先很感謝大家在學習《道德經》的過程中對我的稱讚之詞，我沒有那麼優秀，在學習的路上，我跟大家的級別是一樣的，我們都是在學習《道德經》以後，明白了道的原則。在學習的過程中，我也在不斷反省自己。所以，我和大家一樣，都只是一個普通人而已，千萬不要把我當作導師。

老子講的天道，才是每個人心中的導師。像老子這樣的人，都把自己的位置放得這麼低，隱身於背後，我的境界和老子差得太遠了。我只是一個和大家一樣，聆聽老子教誨，一起修行、學習的人。

應該怎麼學《道德經》呢？

很多人在學習的過程中，都會碰到一個問題：道的道理我都明白了，可是真的遇到事情時就又變回原來的樣子了，該怎麼辦？

很多人學習完《道德經》後，道理都明白了，也改變了很多，但有時遇到事，就又控制不住自己了。這就涉及了學習《道德經》的方法，我們要學會在每件事上都用道的原則去思考。在每一件事上，如果你都能按照道的方式思考，處理得好，你跟道就很接近了，你就是得道之人。

比如在有些事上你的私心占了上風，覺得沒事，反正別人看不到。一旦你這麼想，你就做錯了。王陽明講要「在事上磨練」，他最重要的思想就是不用講太多理論，要不斷地在事上磨練。王陽明管這個叫「知行合一」，這個「知」並不是簡單的知道，而是「真知」，是知道天道。你知道天道以後，要把這種良知用到行動上，這才是真正明白了道的原則。

王陽明認為，你要是說自己懂道，卻不按照道去做，跟不知道是一樣的。所以，王陽明特別主張「知行合一」，歷事煉心。

當年王陽明功成名就的時候，平定寧王叛亂，一下聲名大振。回到老家之後，有一天當地的老先生來見王陽明，說自己家裡有塊地，他也沒時間種，就想把這塊地便宜點賣給王陽明。王陽明一想，我又不在老家住，雖然這塊地便宜，但是我買來沒有用啊，於是他回絕了老先生，感謝了他的好意，這件事就過去了。

過了幾天，王陽明和弟子去遊玩，準備領略一下大自然的風景，他們走到了四處環山、前面有水、綠樹如蔭的地方。王陽明一看，這塊地風水太好了，說：「如果能在這裡休養生息，對人的身體健康會大有好處。」結果王陽明話音剛落，他的弟子就說：「王大人，這不就是前兩天那位老先生想便宜賣給你的地嗎，你要是買下來多好，現在賣給別人了……」

王陽明一想，是啊，風水這麼好的地，人家還便宜賣給我，我怎麼就沒有買呢？他心裡懊悔不已，深感可惜。隨後，王陽明突然驚醒，不對，我怎麼能動這種貪念？這件事跟我本來沒有關係，可是居然讓我心動了。於是，這天下午王陽明一直閉口不言，大家怎麼玩，他都保持沉默。

直到傍晚的時候，王陽明終於說話了，他說現在我已經把心中的貪婪和私心徹底去除了……原來這一下午王陽明沒做別的事，一直在清除私心——這塊地這麼好、這麼便宜，當初我怎麼就沒買呢？你看，聖人王陽明的心裡也會有這種念頭，但他用了一個下午的時間，把這個念頭徹底清除了。他想通了，無論這塊地好壞都與我無關。

這個故事說明什麼道理呢？沒有天生的聖人。王陽明是聖人，即使是他面對這樣的事也會有私心冒出來，那麼同樣都有私心，為什麼他能成為聖人？

第一，當他有私心的時候，他能馬上意識到；第二，他能夠有效地控制私心。所以，每個人都要在具體的事上磨練，按照道的原則想一想這樣做是否妥當。這種方式是王陽明推崇的修練方式，無論遇見什麼事，都要按照天道，也就是良知的思路去想一想，當你端正自己的態度，你的人生會逐漸完滿。因為你在做事時會形成習慣，形成習慣後，你再做，就會一次比一次容易，你也更容易按照天道做事。

老子在《道德經》裡一直在告訴大家要按照天道做事，這是人間幸福的法則。

你明白這個道理以後，如果能一件事一件事地調整自己，你會發現，你的周圍在一點點改變，無論是生活還是工作，你都不再會覺得茫然。

我們做事之所以茫然，是因為計較結果，如果不計較結果，按照天道做事，就不會茫然。無論別人怎麼看你，都無所謂，只要你堅持按照道做事，你慢慢就會影響他人。

有時候，我們越在意一件事，就越容易出現偏差；越不在意一件事，反而做起來會越容易。

實際上，你將《道德經》完整學習一遍後，你就知道悟道其實沒什麼難的，很多人都已經悟道了，道就在這裡放著，道理你懂了，你就是悟了。接著最重要的是行道，要將我們學到的道理應用在每件事上。

因此，學習完一遍《道德經》，並不是完結，而是行道的開始，爭取在做每件事時都問問自己，有沒有按照道的原則去做。如果做了一段時間，我們給自己的回答是肯定的，我相信你的人生就已經走上了正途。

我講《道德經》的出發點是什麼

經常有朋友問我，講《道德經》是不是隨意發揮的？其實，古代各個著家、學者來解釋《道德經》，也是根據他們的角度來解釋的，不是隨意發揮的，每個人講的都有他的道理。比如我講《道德經》的角度和古代的學者講的都不一樣，很多人認為我顛覆了老子的形象。其實，我也經過了嚴謹的推理，在講的時候，如果我按照過去大家講的思路講，會很簡單，我照著念或把文言文翻譯成普通話就可以了。但是我在讀《道德經》的時候發現，這麼重要的一部經典，在很多人看來，居然成了一個消極避世的避風港。一些人碰到挫折，就開始轉看老莊哲學，用逃避現實的方式，獲得心靈的解脫。

我是帶著一個問號開始讀《道德經》，讀各個學者對經文每一句話的注釋，我發現這裡有一個問題，很多學者在解《道德經》的時候是一句一句地解，完全按照字句表面的意思來解。而我的角度是把《道德經》的主要思想放在這裡，再按照主要思想來順每句話的涵義，這樣一來我就發現了很多新的角度。

我講每句話時都要斟酌，有的人認為我是自由發揮，其實不是這樣，很多話我要琢磨很久。我在出差的途中，包裡總會放一本《道德經》，很多原文我要不斷地斟酌，甚至有些話我半年前就開始琢磨它到底是什麼意思了。

我包裡的《道德經》，寫滿了各式各樣的思想記錄，很多思想記錄都被我否定了。我用了嚴密推理的方式來判斷老子每句話的涵義，很多話如果單純翻譯字面意思，跟老子的主要的思想是不一致的，只有翻譯出來的思路一致了，我才認可它。

這是一個嚴謹的推理過程，最後得到的結論是什麼呢？老子的《道德經》絕對不是消極避世的，而是告訴我們要用出世的心，做入世的事。你只有放下「包袱」，才能做得更好，從而讓大家和自己都獲得幸福。這才是老子的核心思想，絕對不是我們什麼都不做，美其名曰是在順應自然之道。如果你這麼理解，就把老子理解得太膚淺了。

我覺得時機成熟時，古代的某些東西就會被逐漸還原，還原以後就會讓歷史的某種思想大放異彩。雖然中國是文明古國，可是古代的思想到了今天到底還有多少為我們所用呢？比如儒家的「四書」——《大學》、《論語》、《中庸》、《孟子》，這四部經典是儒家最核心的東西，現在有多少中國人認真讀過一遍「四書」？這樣的人已經很少了，這是非常遺憾的事情。

同樣，我也在一節課上問過大家，有多少人認真讀過一遍《道德經》？基本上也沒有幾個人讀過，古代的思想成就，到今天，學習的人寥寥無幾。我們的國家號稱文明古國、禮儀之邦，可是有多少東西我們現在還敢稱道呢？

現在大部分人教育孩子的理念就是不要讓孩子輸在起跑線上，考試要超過別人，將來考最好的學校，畢業了賺最多的錢，當最大的官……這已經成了家長教育孩子的出發點和準則。所以，我們拚命地往前跑，跑的指標是什麼？錢和地位。

一旦我們用這些思想教育孩子，孩子以錢和地位作為他為人處世的目標，最終的結果往往事與願違。由於現代人缺少思想滋養，導致整個社會都在朝著一個方向狂奔。現在政府提出要學習國學，但很多人未必理解，大部分人認為這些東西是封建、落後的。中國的東西未必落後，古人的很多思想是在培養我們的道德要素，比如仁、義、禮、智、信等，這些是社會和諧必備的要素，如果大家的心中都有這些道德要素，人與人之間在一起做事會更容易、更和諧。

作為一個知識分子，我覺得國學經典應該多講一講，比如《道德經》，你把它講成消極避世的文化思想，對大家沒有什麼太大的好處。如果你能把內核講出來，有利於社會，大家學完後變得和諧，心中更加放鬆，從而坦然做事，我覺得是很有意義的。

《道德經》的全文，我講了一年半的時間，一直是免費講的，我付出了這麼多心力，為什麼不收費呢？如果我講中醫知識，我應該收費，因為我也要吃飯，我們的編輯部有很多人，大家也都要生活。但是我認為講《道德經》不是學術範圍內的問題，而是傳播一種思想，在這個過程中，我覺得應該最大範圍地去傳播知識，如果我收費，傳播的範圍就會受到限制，我希望這種思想能使每一個人受益。

我相信這麼好的經典，大家學完受益了之後，一定會分享給自己周圍的人，讓大家都知道老子的《道德經》並不消極避世，而且它對大家的生活會有特別好的指導作用。如果我們大家能擰成一股繩子，把這種思想傳播出去，也算是我們對社會略盡綿薄之力，同時也無愧於老子寫了這麼好的經典。

學習《道德經》，不僅是為了自己，更是為了整個社會，乃至所有人的未來。只要我們學了《道德經》後，都能按照道的原則做事，生起利人之心，終有一天，老子《道德經》的思想能夠大行於天下，從而讓更多人不再糾結，內心坦然。

凡事你不做，它一定不好；你做了，才可能會有好的希望。

很多朋友都說，《道德經》我學完了，道理也懂了，做事也能按照道的原則做，可是做一段時間就又回到原形了，怎麼辦？

通常，很多人會反覆地學《道德經》，用這種方式來不斷提醒自己按照道的法則做事，這種方式是可以的。

無論如何，我希望大家生活幸福，和道越來越接近。如果你能做到無我利他，那麼你的人生一定會不同，從而越來越幸福、從容，走向更高的境界。

感謝

在喜馬拉雅FM及羅博士微信公眾號

熱情留言並參與互動的朋友們

慎終如始

高寶書版集團
gobooks.com.tw

BK 052
老子說放下得失，人生更從容：
不計較、不強求、不執著，大家反而來成就你的正向生活指引

作　　者　羅大倫
責任編輯　林子鈺
封面設計　林政嘉
內頁排版　賴姵均
企　　劃　何嘉雯

發 行 人　朱凱蕾
出　　版　英屬維京群島商高寶國際有限公司台灣分公司
　　　　　Global Group Holdings, Ltd.
地　　址　台北市內湖區洲子街88號3樓
網　　址　gobooks.com.tw
電　　話　(02) 27992788
電　　郵　readers@gobooks.com.tw（讀者服務部）
傳　　真　出版部　(02) 27990909　行銷部 (02) 27993088
郵政劃撥　19394552
戶　　名　英屬維京群島商高寶國際有限公司台灣分公司
發　　行　希代多媒體書版股份有限公司/Printed in Taiwan
初　　版　2021年9月

ZITO®
原著書名：道德經說什麼4

國家圖書館出版品預行編目(CIP)資料

老子說放下得失，人生更從容：不計較、不強求、不執著，大家反而來成就你的正向生活指引/羅大倫著. -- 初版. -- 臺北市：英屬維京群島商高寶國際有限公司臺灣分公司, 2021.09
　面；　公分. --（Break；BK052）

ISBN 978-986-506-230-9(平裝)

1.修身　2.生活指導

192.1　　　　110014493

GOBOOKS
& SITAK
GROUP©